COPYRIGHT AND TECHNOLOGIES

新媒体时代的
版权与技术

龙井瑢 著

陕西师范大学出版总社

图书代号：ZZ16N0077

图书在版编目（CIP）数据

新媒体时代的版权与技术／龙井瑢著．—西安：陕西师范大学出版总社有限公司，2016.2
ISBN 978-7-5613-8356-8

Ⅰ.①新… Ⅱ.①龙… Ⅲ.①版权—著作权法—研究 Ⅳ.①D913.04

中国版本图书馆CIP数据核字（2016）第025751号

新媒体时代的版权与技术
XINMEITI SHIDAI DE BANQUAN YU JISHU
龙井瑢 著

责任编辑	高 歌
责任校对	巩亚男
封面设计	田东风
出版发行	陕西师范大学出版总社
	（西安市长安南路199号 邮编710062）
网　　址	http://www.snupg.com
印　　制	西安创维印务有限公司
开　　本	720mm×1020mm 1/16
印　　张	12.25
插　　页	1
字　　数	195千
版　　次	2016年2月第1版
印　　次	2016年2月第1次印刷
书　　号	ISBN 978-7-5613-8356-8
定　　价	30.00元

读者购书、书店添货或发现印刷装订问题，请与本公司营销部联系、调换。
电话：（029）85303879　传真：（029）85307864　85303629

前　言

从雕版印刷术到照相式复印机，从钢琴卷（piano roll）到 MP3 播放器，新技术从根本上改变了版权法；摄影、电影、唱片和广播也相继从版权法中取得一席之地。随着复制和传播技术的变革，它们在创造人类表达自己的新载体、新利益群体之外，也使已有的版权原则不断陷入模棱两可的境地。

当第一部印刷机出现时，有人就担心这种发明将毁掉美妙的手绘图书。事实证明，印刷机的确摧毁了手绘图书市场，但是并没有终结图书出版业；相反，这一发明使图书出版业更为繁盛兴旺。

19 世纪的艺术家们抱怨摄影技术给他们造成损失——那些原本会找他们绘制肖像的人都跑去拍照了！面对失去的市场，他们大声疾呼——艺术要枯萎、死亡了！摄影技术的确改变了艺术世界的面貌，但摄影使艺术朝着更好的方向发展了。

进入 20 世纪，"技术造成威胁"的指控出现得越来越频繁，而且越来越激烈。第一个十年出现的新技术是钢琴卷和留声机（gramophone）。美国著名作曲家和指挥家 John Philip Sousa 曾经撰文声称："这种梦魇般的设备是对自己的营生、整个国家（body politic）以及音乐品味本身的威胁。钢琴卷和留声机剥夺了鲜活的、精神性的人的表演的生命。"[1]他还在这篇文章中提出了为版权工业所熟知的论点："难道他们没有认识到如果一个通过自己的天赋和劳动获得名望的作曲家被拒绝支付他们所应得的报酬，那么所有的对于创作的激励就将消失，作品将不再从他们的笔尖流出？如果是这样，再先进的表演机械又能怎样呢？"[2]这种观点认为如果不再向音乐人继续支付报酬，就没

---

[1] John Philip Sousa, 'The Menace of Mechanical Music'（1906）8 Originally published in Appleton's Magazine（1906）278. 参见网址 http://ocw.mit.edu/courses/music-and-theater-arts/21m-380-music-and-technology-contemporary-history-and-aesthetics-fall-2009/readings-and-listening/MIT21M_380F09_read02_sousa.pdf, 访问日期 2015 年 7 月 26 日。

[2] Ibid.

有人会继续创作。当然这种担忧只是针对那些业余音乐创作者而言的,对于专业音乐人来说,他们仍然有能力支付利用这些新技术进行的音乐创作。留声机真的摧毁了音乐工业吗?事实证明,并非如此。

20年后,对文化产业的威胁来自于收音机。人们担心彻底免费的收音机会销蚀掉留声机市场的所有收益,正如20年前音乐家们指责留声机可能销蚀掉他们的收入一样。然而事实证明,并非如此。

进入20世纪五六十年代后,争论转向了视频工业。新兴的有线电视成为威胁当时电视行业的"恶魔"。这次"指控"与以往有所不同。之前版权产业总是认为自己收费的服务无法与新技术带来的免费服务竞争,相反,由于当时电视行业的经营模式为免费播送,因此,电视产业指控有线电视收费的服务将会抑制人们创作电视节目的热情,并最终导致无人光顾有线电视。但具有讽刺意义的是,有线电视既没有遭到关闭,各个电视台还竞相发展有线电视以抢占市场。

更激烈的争论发生于20世纪70年代。围绕着复印机将导致无人购买图书的问题,版权产业试图以一场诉讼阻止复印机的推广。最终,新技术在美国联邦最高法院又一次险胜。图书和期刊行业也并没有因为免费复印而消失,它们还在接下来的十来年中继续繁荣,直到数字技术出现。

20世纪70年代末期,家庭录像机(VCR)的出现让版权产业又一次陷入恐慌。免费电视的模式已经建立,但这种新兴的复制技术让人们可以在家里复制电视节目并可以随时播放或者收藏。版权产业警告说,必须要禁止家庭录像机。当时美国电影协会(Motion Picture Association of America,MPAA)主席Jack Valent在国会做证时表示,"……VCR对于美国的电影制片人和美国公众来说,无异于那个波士顿杀手(Boston Strangler)对于独自在家的妇女一样让人心惊胆寒"[①]。这明确表示了当时电影工业的立场:国会若不禁止VCR,而是允许其自由复制,那么将没有人再拍电影了。但是,在美国联邦最高法院终于以5:4的投票对VCR说OK以后,VCR以及其后来者DVD播放器,不但没有摧毁播放行业和电影行业,而且还使其继续生存,并在2002

---

① Civil Liberties The Subcomm. on Courts, and the Admin. of Justice of the H. Comm., *Home Recording of Copyrighted Works: Hearing on H. R. 4783, H. R. 4794, H. R. 4808 on the Judiciary*, 97th Cong. 8.(1982).波士顿杀手指的是20世纪60年代在美国波士顿行凶的一个连环杀手,他曾在法庭上供述了自己制造的十几起谋杀。但DNA证据最后显示,这些谋杀案的凶手并非一人。

年获得高达300亿美元的收益。

与此同时,在音乐市场,版权人担心的是录音带。唱片工业虽然没有被收音机毁掉,但是现在又面临录音带复制收音机上播放的音乐的威胁。虽然免费收听收音机播放的音乐没有打击音乐产业,但是在收听的时候录制歌曲被认为注定要将音乐市场的收益蚕食干净。于是,音乐产业发动了试图"严打"磁带生产的运动。但是,立法并未禁止家庭录制,而同时,音乐市场仍在20世纪80年代以及90年代继续发展。

从某种程度上说,数字技术和互联网是这种趋势的继续。数字技术和互联网从根本上扩展了版权作品的范围,并使其在多样性和数量上达到前所未有的高度。复制和创制数字作品的成本不单是降低了,而且在大多数情况下是可以彻底忽略不计的。这不仅仅是程度上的变化,还是类型上的更替。互联网时代作品数量的增殖已经不再是简单的量的问题,网络正使信息和文化产品的生产史无前例地"非中心化"。

数字技术的三个要素使其无法抗拒:保真度(fidelity)、便捷度(facility)和普遍度(ubiquity)。①把一段视频或音乐录制在CD或DVD上,其清晰度和耐久性就远远超过在录音带或者录像带上的模拟录制。数字技术还使修改和整合不同种类的艺术变得更容易。这种技术不仅能够把黑白电影变为彩色电影,而且不同影片中的角色一旦被还原成数字0和1,还能被无缝整合为一个新的作品。这种行为或艺术类型被称为"混合"(remix)。数字技术吸引人的地方还在于,它能够借助计算机的运算能力使互联网具有无限广阔的接入能力,使新类型的作品与传统作品一起得到几乎无边界的传播。

21世纪,互联网带给文化产业的不仅仅是使作品得到便捷快速的传播,而且也使版权人感到深深忧虑:广泛存在的未授权的复制行为可能摧毁他们的每一个市场。在个人复制领域,版权法从来就不是一个有效的工具,而互联网的逻辑就是让每一个复制行为都可能是私人所为。版权人万分沮丧,他们声称版权产业遭遇冰霜,自己将面临灾难。音乐唱片公司认为,由于网络P2P分享技术导致他们的利润下降,"我们无法与免费的东西竞争",唱片公司将要成为历史。影视公司也游说政府降低宽带网速,否则"没有人再拍电影了"!这些抱怨并不是第一次在版权产业中提出来,所不同的是,即便随

---

① Paul Goldstein, *Copyright's Highway: from Gutenberg to the Celestial Jukebox* (Hill and Wang 1994), p. 163.

着网络 P2P 共享软件 Napster 解散、Grokster 被推上法庭，版权人看到的是，无论是版权机构还是版权规则都无法让包罗万象的互联网停下脚步。

对于版权人来说，版权之外的某种解决办法似乎势在必行。也就是在这个时候，有人提出这样的问题：版权还能够或者应当在一个免费且容易获得复制的数字世界生存吗？这个话题成为 1995 年 6 月在阿姆斯特丹举行的为接下来签订国际条约做准备的信息科技法大会的热点。

参会者包括政府官员、业界代表、版权执业律师和学者。其中有一位是曾经的流行乐队的词作者 John Perry Barlow，他主张在数字时代应当彻底打碎版权。他说："我们在一艘正在下沉的船舶中驶向未来。这艘船上装满了版权法和专利法教条，而当初造它出来所要承载的表达形式和方法，完全不同于现在要它承运的不切实际的货物。"① 这一观点被当时的国际出版商协会版权理事会（International Publishers Copyright Council）的法律顾问 Charles Clark 以演讲的形式正式提出来。Clark 的演讲题目叫 *The Answer to the Machine is in the Machine*，即"技术问题要靠技术来解决"。以隐喻作为演讲题目表明 Clark 是个不错的作家，但在这样一个重要问题的讨论上，高明的作家还是显得心有余而力不足。他的演说不长，主要是一些项目介绍，而且充满了各种引用。在 Clark 看来，问题不在于如何阻止人们获取和使用享有版权的作品，而在于如何监控这些获取与使用。他介绍了自己正在积极筹建的一个项目，即记录付费系统（record and reward system），通过这个系统，可以追踪单个作品的使用情况。而技术保护措施就是这个系统的一项核心要素，它利用计算机代码将搭便车者排除在外。不过 Clark 也承认"强调技术保护的主导型立法尚付阙如"。

所谓"技术问题技术解决"在某种程度上就是对版权的一种激进的否定，就是试图用技术控制代替法律控制。正如英国教授 Carloes M. Correa 所担忧的，"法律的控制将会被技术的控制所取代，因此法律的设计也会被技术的设计所取代"。但是，版权法是一项财产权法，作为一个成本相对较低而效率相对较高的利益协调机制，专有权人与使用者之间的利益平衡永远是版权法的核心。版权法并非第一次遭遇技术挑战，也不是最后一次。虽然到目前为止，我们还不知道技术会朝着什么样的方向发展，但可以肯定的一点是，打击、

---

① Ibid, p. 170.

压制技术的发展并不奏效。每一种新技术都会改变工业模式,既能导致一种收益形式的衰落,也能开创一种新的收益模式。从历史的发展来看,所有的技术都走进了版权的视界,或多或少以法定许可或者集体许可的形式使版权人得到一定的补偿,同时允许技术在承担一定的版权救济的条件下继续发展。而单纯地禁止作品得以传播的技术创新(除非得到版权人许可),这样的体制将不会奏效。

根据传统的版权基本理论,只有在一个严格的版权保护体系中,版权才能够发挥其刺激功能,才可能有更多的产品生产出来。立法者必须在一点上做出决定,即版权控制要严格到什么程度才会抑制创作。而这种抑制出现的时候,创作者会做出什么选择。在过去的300年间,各国的版权法都依循着同一条路径制定自己的版权规则,那就是立法者不断地扩大作者和出版者的权利范围。在这样一个背景下,数字技术(尤其是P2P技术)带给版权的可能是另一番影响:版权保护大幅度弱化;而且,研究数据显示这种弱化不但没有打击作者和出版者对文化产品(尤其是音乐)的创制生产,反而展示出对社会有益的图景。[①]

本书从技术发展对版权影响的角度,回顾了版权300年历史中所遭遇的重大冲击以及版权法如何突围成功并形成当前的格局。本书以上述冲击所围绕的共同版权话题——合理使用而展开,详细描述了合理使用制度在相继出现的"版权之战"(copyright wars)中如何辗转腾挪,最终发展成版权体系中最重要的制度。在此基础上,作者的讨论转入在数字技术的新形势下,版权之战如何升级——"技术问题技术来解决"的论点出现并产生了一定的影响。本书选择了搜索引擎与P2P这两种具有代表性的技术,详细分析了其在与版权纠葛的过程中的冲突与妥协,而这种冲突与妥协恰恰证明了"技术不能解决技术带来的问题",同时版权法"加强版权控制"的传统思路似乎也显得力不从心。本书作者指出,弱化部分产业中的版权保护可能会为目前版权保护的困境提供出路。

[①] Felix Oberholzer-Gee and Koleman Strumpf, 'File Sharing and Copyright' in Josh Lerner and Scott Stern (eds), Innovation Policy and the Economy, vol National Bureau of Economic Research (University of Chicago Press 2010) 参见网址 http: //www. nber. org/books/lern09-1.

目 录

第一章 版权的安全阀——合理使用 ………………………… 001
引 言 ………………………………………………………… 001
第一节 合理使用 …………………………………………… 002
第二节 fair use 与 fair dealing ……………………………… 006
　一、国际条约中的"三步测试法"(three-steps text) ……… 006
　二、美国版权法中的合理使用制度 …………………… 007
　三、英国版权法中的合理使用制度 …………………… 012
　四、中国版权法中的合理使用制度 …………………… 016
　五、比较 ………………………………………………… 018

第二章 印刷术与版权的起源 ……………………………… 020
引 言 ………………………………………………………… 020
第一节 出版商之战 ………………………………………… 020
第二节 作者为争取权利的努力 …………………………… 027
第三节 版权法 ……………………………………………… 028
小 结 ………………………………………………………… 029

第三章 摄影技术与版权的扩张 …………………………… 030
引 言 ………………………………………………………… 030
第一节 摄影机的出现 ……………………………………… 031
第二节 照片是"世界之窗"还是"灵魂之镜"? ………… 031

第三节　摄影作品与版权的原创性 …………………… 034

　　第四节　照片与演绎作品 …………………………………… 037

　　第五节　*Horgan v MacMillian, Inc.* 案 ………………… 040

　　第六节　数字技术与摄影作品的原创性 …………………… 042

第四章　电影技术与版权 ………………………………… 045

　　引　言 ……………………………………………………… 045

　　第一节　电影与摄影作品、戏剧作品 ……………………… 045

　　第二节　电影声轨与机械复制 ……………………………… 046

　　第三节　录像带与机械复制 ………………………………… 049

　　小　结 ……………………………………………………… 050

第五章　复印技术与版权 ………………………………… 051

　　引　言 ……………………………………………………… 051

　　第一节　Williams & Wilkins 案 …………………………… 052

　　　一、争端的出现 ……………………………………………… 052

　　　二、曲折的初审 ……………………………………………… 054

　　　三、逆转性的再审 …………………………………………… 058

　　　四、从 Williams & Wilkins 案看版权的发展 ……………… 060

　　第二节　Sony 案 …………………………………………… 061

　　　一、家庭录制机（VCR）与个人复制 ……………………… 061

　　　二、结论相左的一、二审判决 ……………………………… 062

　　　三、纠结的终审判决 ………………………………………… 064

　　小　结 ……………………………………………………… 066

第六章　网络空间与版权法 ……………………………… 068

　　引　言 ……………………………………………………… 068

　　第一节　网络空间 …………………………………………… 068

　　第二节　网络世界的规则 …………………………………… 071

　　　一、模拟世界的规则 ………………………………………… 071

二、网络世界的规则 …………………………………………… 072

　第三节 "马法"与网络法 ………………………………………… 076

第七章 计算机软件的版权保护 ……………………………… 079

　引 言 ……………………………………………………………… 079

　第一节 版权保护还是专利保护？ ……………………………… 080

　　一、难以"读懂"的文字 ……………………………………… 080

　　二、国际性的分歧 ……………………………………………… 081

　第二节 版权保护的困境 ………………………………………… 083

　　一、计算机程序的文字复制是否构成版权侵权？
　　　　——第一代计算机软件侵权争议 ………………………… 084

　　二、计算机程序的非文字复制是否构成版权侵权？
　　　　——第二代计算机侵权案件 ……………………………… 086

　第三节 英美的司法实践 ………………………………………… 090

　　一、Whelan 案 ………………………………………………… 091

　　二、Altai 案 …………………………………………………… 094

　　三、Lotus 案 …………………………………………………… 096

　　四、Flanders 案 ………………………………………………… 098

　　五、Tradition 案和 Easyjet 案 ………………………………… 099

　第四节 反向工程与软件的兼容性 ……………………………… 099

　小 结 ……………………………………………………………… 103

第八章 反规避技术保护措施与版权侵权 …………………… 105

　引 言——"技术问题技术解决" ……………………………… 105

　第一节 美国 DMCA 和中国《著作权法》中的反规避技术措施条款
　　　　 ………………………………………………………………… 108

　第二节 加密与解密 ……………………………………………… 111

　第三节 版权的困境 ……………………………………………… 113

　小 结 ……………………………………………………………… 115

第九章　P2P 文件分享技术（Peer-to-Peer file-sharing network）与版权侵权 ………… 116

引　言 …………………………………………………………… 116
第一节　第一代 P2P 技术与英、美的版权间接责任 ………… 116
　一、Napster 的 P2P 技术 …………………………………… 116
　二、P2P 技术与合理使用 …………………………………… 117
　三、P2P 技术与美国的版权间接侵权 ……………………… 118
　四、英国的 Newzbin 案 …………………………………… 121
第二节　第二代 P2P 技术与美国的 Grokster 案 …………… 124
第三节　第三代 P2P 技术与英国的 The Pirate Bay 案 …… 126
小　结 …………………………………………………………… 129

第十章　搜索引擎与向公众传播权 ……………………………… 131

引　言 …………………………………………………………… 131
第一节　链接法律责任确认在欧美的分歧 …………………… 131
第二节　欧盟和英国版权法中的"向公众传播权" ………… 132
第三节　链接版权责任中"新的公众"的标准及其由此产生的疑问
　　　　 …………………………………………………………… 135
第四节　链接与复制权 ………………………………………… 138
　一、复制与作品的数字化 …………………………………… 138
　二、链接与暂时复制 ………………………………………… 139
第五节　链接与中国的版权责任 ……………………………… 141
　一、中国的信息网络传播权与共同侵权责任 ……………… 141
　二、2005 年百度案 ………………………………………… 143
　三、2006 年百度案 ………………………………………… 143
　四、"雅虎！中国"案 ……………………………………… 145
小　结 …………………………………………………………… 146

第十一章　网络服务商（ISP）的版权责任 …………………… 148

第一节　ISP 类型的划分 ………………………………… 148
  第二节　追究 ISP 版权责任的理由 ……………………… 149
  第三节　能否免责？ ……………………………………… 151
    一、美国 DMCA 中的安全港 ………………………… 151
    二、《欧盟电子商务指令》中的"安全港"规则 ……… 153
    三、中国的"安全港"规则 …………………………… 155
  第四节　ISP 责任的发展趋势 …………………………… 158

第十二章　后稀缺时代的版权 ………………………… 162
参考资料 ………………………………………………… 170
后　记 …………………………………………………… 182

第一章　版权的安全阀——合理使用

引　言

　　版权从来都不是绝对的权利。正如《伯尔尼公约》的奠基人之一 Numa Droz 所言，公共利益十分恰当地确定了对绝对保护的限制。①版权要求保持在作者控制并利用其作品的利益与传播自由思想等社会价值之间的平衡。版权法赋予版权人专有权利，目的是保护版权人对其已经发表的作品的控制，并从中受益，进而为进一步的创作提供激励。但是，版权法的天平并不只是一边倒地倾向保护权利人的利益。版权的限制制度是一种调整不同主体利益关系的专门制度。在版权权利关系中，主要有作者、公众以及出版者、传播者等中间者，三者的利益经常发生冲突。比如，英国《安妮法》(Statue of Anne) 颁布前爆发的"出版商之战"就是因为公众阅读需求的增长与政府控制言论以及出版者的独占出版利益之间发生了冲突。现代社会，如果对版权的每项利用都需要从版权人处取得许可，就会极大增加利用作品的困难，耗时费力地取得许可的途径会与公众对版权作品的需求形成矛盾。因此，版权法需要对公众利用版权作品的利益与作者和传播者的利益进行权衡，试图获得一个相对平衡的机制。

　　通常来讲，版权在获得这种利益平衡时，首先会考虑独占权利与后续创造自由之间的平衡。对版权作品的控制不应成为再创造的障碍。其实，任何人的创造活动都是在前人创造的基础上进行的，即所谓的"站在巨人的肩膀上"。后续的创作者对前人作品的引用、转述、模仿，都是再创作所必需的，没有模仿就没有学习，学习的过程就是模仿的过程。在允许作者控制作品的

---

① Carlos M. Correa, 'Fair Use in the Digital Era' (2002) 33 International Review of Intellectual Property and Competition Law 570.

使用的同时应该允许公众对其作品的模仿。因此，立法者都会考虑个人权利与公共教育政策之间的平衡。比如，考虑到公共教育，各国都会允许对作品进行教学、研究等方面的合理使用。一般来说，立法者还会考虑个人权利与流通自由之间的平衡。大多数国家在认定作者向公众提供作品复制件的专有权的同时，为了不妨碍作品接下来的自由流通，都规定了发行权在第一次行使后就穷竭、用尽的原则，以此来保障作品传播的畅通。

第一节　合理使用

版权中"合理使用"这一概念在英国和美国使用了不同的表述（分别是 fair dealing 和 fair use），含义接近但不完全等同。美国学者 Mitch Tuchman 为合理使用所下的定义简洁扼要——版权作品的合理使用是未经许可的非侵权使用。[1]从法律性质上说，合理使用是版权侵权行为的一种抗辩，在缺乏版权人同意的情况下，它允许对受版权保护的作品加以使用。也有人认为合理使用是对版权作品的四种使用方式之一，其他三种分别是版权持有人的使用、个人使用和侵权使用。[2]

合理使用原则源于司法实践，并在司法实践中得到发展，是一项普通法原则。合理使用制度最早出现在英国普通法法官对《安妮法》的适用解释过程中。法官认为，虽然《安妮法》明确表示其立法宗旨是促进知识传播（encourage learning），但规定知识的学习应该包括并不试图替代原作销售的未经授权的使用。这种使用包括对原作的合理改写（abridgement），因为改写者的学识、判断以及创新必然体现在改写过程中。在美国，直到 1976 年的《版权法》颁布，合理使用才成为制定法的一项制度。即便成为制定法，美国《版权法》也强调，这也不过是将法官长期积累的概念加以重述（restate），而并非对其"修改、限缩或者扩展"[3]。

美国学者 Wendy J. Gorden 则从经济学角度出发主张，合理使用是对"版

---

[1] Mitch Tuchman, 'Judge Leval's Transformation Standard: Can It Really Distinguish Foul From Fair?' (2003) 51 Journal of the Copyright Society of the USA 101.

[2] L. Ray Patterson and Christopher M. Thomas, 'Personal Use in Copyright Law: An Unrecognized Constitutional Right' (2003) 50 Journal of the Copyright Society of the USA 457.

[3] Sec 107 of 17 U. S. C.; P. Goldstein, 'Fair Use in Context' (2007) 31 Colum J L & Arts 433.

权市场失灵"的一种回应：如果无法就许可费用达成协议，或者存在如社会利益这类非用金钱衡量的价值，市场本身功能的不足便是合理使用存在的基础。①在作品的使用许可费用超过使用作品所获价值的情况下，合理使用制度就显得非常必要。版权法一方面赋予作者的版权排他权，另一方面也抬升了消费者消费作品的成本，同时也增加了后续创作者进一步创作的成本。对于有形产品来说，这些成本变成价格信号将产品配置给出价最高的人。然而，对于无形的作品来说，如果可以被重复消费而并不损耗其价值，那么版权排他权的设置也会导致无谓的损失，因为那些不愿意支付更高价格的人会被迫"不消费"，但是后者的"不消费"并没有影响到愿意出高价的消费者。

无论是美国的 fair use 还是英国的 fair dealing 都被描述为"整部版权法中最为棘手的问题"。②在版权制度中，合理使用是充满不确定性的一部分。虽然学者们长篇累牍地论述合理使用制度，但是这一制度仍然让人难以捉摸。美国著名知识产权教授 Paul Goldstein 曾精准地指出，合理使用判决的不确定性主要由以下两个主要原因造成。③

首先，在确定一个行为构成合理使用还是侵权时，法官们最终都要触及价值判断。判断版权法上的利益是否达到了平衡总是相对的、完全主观的，并由外部因素决定。④权衡的过程并不是将各方的利益放在天平上称重，只要当指针指向正确的位置就算达到平衡。事实上，任何时代的版权法都是主观价值判断的结果，因为很可能双方对平衡的认知是相互冲突的。在很多立法者看来，现状就是平衡，打破现状就是打破平衡。但是，任何平衡都是相对的，我们的现状也是打破之前的平衡获得的。因此，衡量版权各方利益是否达到了平衡根据的是外部因素，比如政治的考虑、经济的考虑或者技术的考虑。

首先，版权明显反映着政治因素在其中的力量：如何平衡各方的利益，要看某时某国对各方利益的权衡和考量。"合理使用和保障话语权是牢不可分的。"⑤法官必须谨慎权衡保护权利人的权利认定侵权和保障言论自由认定合

---

① Wendy J. Gorden, 'Excuse and Justification in the Law of Fair Use Transaction Costs Have Always Been Only Part of the Story' (2003) 50 Journal of the Copyright Society of the USA 149.

② Mitch Tuchman, 见 P002 注①。

③ Paul Goldstein, 'Fair Use in a Change World' (2003) 50 Journal of the Copyright Society of the USA 133.

④ William F. Patry, *How to Fix Copyright* (OUP. 2011), p. 136.

⑤ Robert Burrell, 'Reining in Copyright Law: Is Fair Use the Answer?' (2001) 4 Intellectual Property Quarterly 361; see also *Gyles v. Wilcox* (1741) AtK. 141.

理使用之间的关系。版权的合理使用制度基于这种信念，即版权保护的最终目的是繁荣创新，这正是公共利益所在。但是公共利益对于不同国家来说有不同的含义，就像"创新"的含义在各个国家并不相同一样。因此，为了明确版权的目的，必须明确其公共利益到底是什么，公共利益的特点有哪些，从而弄清楚如何保证公共利益以及如何繁荣创新。James Madison 曾经在 1788 年指出，"公共利益实际上恰好完全与个人在版权作品中的利益一致"。但是，事实却相反，社会公共利益与个体利益只在极少数情况下恰好一致。

不同国家对合理使用有不同解释，即便同一个国家对于不同案件也可能得出不同的结论，而且即便是在同一起案件中，各位法官也可能持完全不同的态度。例如，在 1958 年的一起关于合理使用的案子中，美国最高法院的法官们在就哥伦比亚广播公司（CBS）播放半个小时 Jack Bonny 对电影《煤气灯下》（Gaslight）的戏仿（parody）是否为合理使用进行裁决时，法官们的投票比率竟然是 4∶4。①而这种情况不止发生过一次。版权的历史中充满了这样的争端：利益竞争的双方都说自己是公共利益的代表。Google 图书、新闻搜索技术服务在美国就不被认为是侵犯版权，但是在法国就被认为构成侵权。两国皆根据本国的政治、经济利益来考量，其中，Google 是美国企业，其利益也代表了美国利益，这是美国法院考虑的重要因素。

其次，合理使用原则的适用总是反映了某个时代的时代特征和技术水平。②合理使用原则在平衡版权人利益与公众利益时总会受到当时技术发展水平的影响。对于处于公共领域的作品，任何人都可以加以利用，这很明显是一种公众利益。而公众接触版权作品的途径随着技术发展越来越多，公众需求也越来越大，这些需求可能与版权人的利益产生矛盾。例如，广播技术出现之前，公众接触戏剧作品的主要途径就是走进剧院观看演出，但是广播电影技术出现以后，人们可以在家里收听或收看表演，于是版权人通过授予表演权所获的利益就大为减少。这就是公众利益与版权人利益之间出现的矛盾。20 世纪 70 年代激光复印机出现以后，复制成为低廉方便的技术行为，版权人很难再通过授予复制权而获利，公众利益与版权人利益又一次发生矛盾。20 世纪 80 年代，以电视广播节目为内容的家庭录像带的产生，方便了公众录制电视节目以满足在自己选择的时间段收看的需求；20 世纪 90 年代，在

---

① *Columbia Broad. Sys., Inc. v. Loew's, Inc.*, 356 UA 43（1958）.
② P. Goldstein, 'Fair Use in Context', 2007, 见 P002 注③。

反向工程中复制计算机程序这一过程中,由于软件兼容性的要求,为了和其他在先软件及硬件兼容,程序制作者必须研究在先软件代码,但是完成这一工作的反向工程与版权人的控制权再一次产生冲突。

数字技术和互联网使合理使用制度在版权中的地位愈发凸显,这是因为,新技术允许对版权作品的部分复制而为其提供了互动的新平台和新途径。例如,在模拟世界中,你从报纸上剪下一篇文章并通过国家邮政系统寄送给朋友,并不会涉及版权问题;但是如果你将同一篇文章的数字形式"贴"到你的推特(twitter)或者微博上,则不可避免地要将其"复制",自然就会涉及版权侵权问题。再比如,当你浏览网页时,浏览器会在你使用的电脑上制作一份网页的复制件。文件数据在网络上传输的时候,实际就是文件包被不断复制的过程。Email 的传输也离不开复制,网络视频流传播(streaming)中的缓冲(cache)也是一个复制过程。这些"复制"是侵权还是合理使用?搜索引擎不间断地搜索网页然后复制整个页面(除非网页版权人设置像 robots.txt 这样的加密和阻止程序阻止被搜索),然后网页被分析排序,按照用户的要求向用户提供链接。搜索引擎也会向用户提供目标网页的一小段(snippet),以供用户决定是否确实链接到该网页。这些"小片段"是否类似于图书馆的目录卡片而构成合理使用?各国均不认为网络用户使用搜索引擎浏览网页的行为构成侵犯复制权,这是因为搜索引擎技术构成了目前整个网络世界的基础;但是,对待类似的数字传输技术——P2P 技术的合理使用判断却朝着相反的方向发展。

更有甚者,版权人通过数字加密和水印技术巩固自己的权利,控制他人获得作品,而无须考虑有关版权限制和例外的法律。这种对版权"访问路径"的保护同样打破了版权人与试图使用和获得版权作品的人之间的平衡,保护的天平开始向版权人倾斜。[1]

这些新技术给立法和司法带来前所未有的压力,我们不得不重新审视版权合理使用制度的有效性和范围。在数字背景下,争论出现了两极分化。一种观点确信,相对于极端强硬的版权制度,用户更需要保护;而另一种观点认为,版权权利需要加强,因为旧制度具有潜在的与其他重要利益造成冲突的可能性,而且会窒息人们的创造力。[2]

---

[1] Carlos M. Correa,见 P001 注①。
[2] Robert Burrell and Allison Coleman,*Copyright Exceptions The Digital Impact*(CUP. 2005),p. 56.

第二节 fair use 与 fair dealing

目前版权立法中的合理使用制度主要采取了两种体例：以美国为代表的开放式系统，立法者将确定对新兴作品的使用是否为合理使用的问题留给了法院；以英国为代表的封闭模式，立法提供一个包含具体的版权例外和限制规则的单一制度体系。面对这种差别，国际公约采取了折中的立场，只对合理使用制度的一般原则做出了规定，这就是《伯尔尼公约》(*Berne Convention*) 以及世界知识产权组织 (World Intellectual Property Organization，以下简称 WIPO) 两个条约——《版权条约》(WCT) 和《表演和录音制品条约》(WPPT) 中的"三步测试法"。

一、国际条约中的"三步测试法"(three-steps text)

《伯尔尼公约》在第 9 条第 (1) 款的"复制权"之后规定"联盟国家应该考虑允许特定情况下的该类作品的复制，只要这种复制不会与该作品的正常利用相冲突，也不会对他人的合法权益造成不合理的损害"。这一条款确立了著名的"三步测试法"，为合理使用确定了标准。WCT 第 10 条和 WPPT 第 16 条也做出了类似的规定。

所谓的"三步测试法"就是要求缔约国版权法在制定版权的限制规则时必须遵守这样的原则，即某项"使用"必须依次满足以下条件，才可以被认为是"合理"的：(1) 必须是在特定情况下；(2) 必须不能和作品的正常利用相冲突；(3) 必须不能对他人的合法权益造成不合理的损害。尽管 WCT 和 WPPT 两个条约与《伯尔尼公约》一样对于"使用"的特定范围问题未置可否，但是两个条约相关条款的《议定书》都清楚地表明在遵守《伯尔尼公约》和《罗马公约》的前提下，缔约国可以将其国内法的限制和例外规定适当地延伸适用于数字环境。[1]这是国际条约第一次规定将"复制权及其例外规则"完全适用于数字环境，尤其是对作品以数字形式的使用。[2]《议定书》的

---

[1] David Nimmer, 'A Riff on Fair Use in the DMCA' (2000) 148 U Pa L Rev 673.

[2] Agreed Statement concerning Art. 1 (4) WCT and Agreed Statement concerning Arts. 7, 11 and 16 WPPT. 两个《议定书》并没有就这一问题达成一致意见，而只是多数人的观点，因此这些条款并没有出现在条约条款中，对缔约国没有一致的约束力。

这一规定使问题变得复杂了。"三步测试法"在 2001 年被欧洲的《欧盟信息社会版权指令》引入,经由此,又被大部分欧盟国家写入自己的版权法。①有些欧洲学者认为,由于"三步测试法"的适用,欧洲拥有了与美国一样灵活的合理使用制度。②

从功能上看,"三步测试法"本身是对版权"限制与例外"制度的限制,是一种开放的规定,相关的国际条约并没有对测试法的适用细节做出更为具体的规定,因此其对版权限制制度的影响十分有限。在各个国家版权法的管辖权内,内国的版权合理使用制度仍然发挥着主导作用。

面对数字技术的挑战,两种合理使用体制都做出了各自的回应。这些方法分别在美国 1998 年的《千禧数字版权法案》(*Digital Millennium Copyright Act* 1998,以下简称 DMCA)和英国旨在实施 2001 年《欧盟信息社会版权指令》的 2003 年《版权条例》中得到体现。③美国的 DMCA 和英国的《版权条例》都是对世界知识产权组织条约做出的反应,尽管双方都按照条约的要求试图使立法尽可能趋同,但结果仍然保留了重要的差别。

二、美国版权法中的合理使用制度

任何法律安排都根植于它成长的法律文化土壤,并在这块土壤中得以实施。美国版权的合理使用制度被认为与美国保护言论自由的宪法原则紧密相连。④美国《宪法第一修正案》禁止政府制定法律减损公民的言论自由权利。而版权法一方面确认权利人的独占权,另一方面又必须避免与《宪法第一修正案》相冲突。合理使用抗辩就成为版权法与美国《宪法第一修正案》相妥协的途径之一。

在美国,传统版权立法的首要目的在于通过鼓励创作者为公共福祉而创作作品来促进文化知识的发展。人们相信对作者的保护是为了激发创造力,并确保作品在最大范围得以传播,而这正是公众利益之所在。美国 1961 年 7

---

① Art 5 (5) of the Directive 2001/29/EC of the European Parliament and of the Council on the Harmonisation of Certain Aspects of Copyright and Related Rights in the Information Society (2001), OJ L 167,AT 10-19.

② Christopher Geiger, J. Griffiths and R. M. Hilty, 'Towards a Balanced Interpretation of the "Three-step. Test" in Copyright Caw' (2008) 30 European Intellectual Property Review 489.

③ 即 UK Copyright and Related Rights Regulations,SI 2003 No. 2498(2003)。

④ Brian Fitzgerald, 'Underlying Rationales of Fair Use: Simplifying the Copyright Act' (1998) 2 Southern Cross University Law Review 153.

月关于版权法总修订案的记录报告,描述了建立版权限制制度的原因:"在合理的限制下,作者利益与公共利益相一致……在很多种情况下,版权的限制会制约作品的传播,这对作者是不利的。但是当作者的利益与公共利益相冲突时,前者必须妥协。"①

在英国版权司法的"合理改写"原则的基础上,19世纪的美国司法发展出了对侵犯版权行为的"合理使用"抗辩。早在19世纪中期的 *Gray v Russell* 案中,法官就面临了批评和改写原作的后续作品是否侵犯了受版权保护的原作的问题。②这个问题在两年后的 *Folsom v Marsh* 案中再次被提出,大法官 Story 驳回了被告关于"合理改写"的主张,重新界定了版权侵权。③在该案中,被告的《华盛顿传记》(共2册,866页)中的353页是逐字逐句复制原告的《华盛顿传记》(共12册,6763页)中的内容,除去其中的政府公文,被告复制了255页,占原告作品的3.8%。在判断侵权行为时,大法官 Story 认为,并非对原作的整体复制才构成侵犯版权,如果行为人对版权作品使用太多以至于原作的价值遭到贬损就可能构成侵权。这种认定并不总是依据所使用的量,还需要考虑其他要素,例如被利用部分的实质价值,对于推广原作起到关键作用的部分,等等。④在 Folsom 案之前,美国版权法上的侵权只包括"印刷、出版或进口"行为,不涉及 Folsom 案的"部分复制"行为。这一重新界定扩大了版权专有权范围,认为对于作品的部分复制也可能构成侵权,这成为后来合理使用的基础。

美国1976年《版权法》体现出国会将普通法原则变成文化的意图。该法第107条规定了合理使用原则,即专为以下目的的版权作品的合理使用不属于侵权行为:批评、评论、新闻报道、教学(包括为课堂使用的大量复制)、学术研究等。但是这个特定例外情形的列举并不能完全处理各种利益冲突的情形,因此《版权法》接着列举了法院在判断某个特定使用行为是否为"合理"时所要考虑的四项因素。它们分别是:(1)使用的目的和特征。包括该使用是否具有商业目的或者是为了非营利的教育目的。(2)版权作品的特性。通常来说,对科学作品的使用被认定为合理使用的可能性大。(3)与作为整

---

① Report of the Register of Copyrights on the General Revision of the US Copyright Law, 87th Congress, 1st session, July 1961, citing from Gillian Davies, fn. 15 p. 125.
② *Gray v Russell*, 10 F Cas 1035 (C. C. D. Mass. 1839).
③ *Folsom v Marsh*, 9 F Cas 342 (C. C. D. Mass. 1841 (No. 4901)).
④ Ibid, p. 348.

体的版权作品比较，所使用的数量和是否为作品的实质部分。"使用"并没有绝对的量的限制，关键看复制的量是否限于满足自己利用他人作品的目的，抑或是因为自己懒惰，属于根本没有创新的"抄袭"。(4) 使用是否会影响版权作品的价值市场。① 这一点主要是看被告的使用行为对原告作品的价值市场的影响。例如，一般认为书评、教学使用都不该由版权人控制，因为对于版权作品的价值市场并没有负面影响。但是，版权人可能希望控制将会替代原作的逐字逐句的抄袭，因为抄袭属于禁止之列。

这四个要素构成美国合理使用制度的核心，值得注意的是，任何单独一项都不具有决定性，该法"并没有提供关于哪一个因素更为重要的任何指导"②。但是，Melville B. Nimmer 教授在举例说明法院该如何考虑这四项因素时解释："对于一篇版权文章的具体使用是否为合理取决于具体情况，并且法院必须注意被使用的客体及其特性，……被使用的材料的数量和价值，使用的程度是否可能损害作品的销售或减少其利益，或者偷换了原作品的目的……是否构成合理使用就是这样通过考虑与案子相关的所有证据得以确定的。"③

美国 1976 年《版权法》留给法院很大的自由度，除法定的四项要素外，法院在认定合理使用时甚至还可以参考其他因素。这就是著名的"个案分析法"。四项因素中任何一项都不能单独适用，而需要全部加以探查，并结合版权目的进行综合判断。实践中，一系列典型案件塑造了美国合理使用制度的基本形态，其中最具有代表性的包括 1984 年的 *Sony Corp. v Universal City Studios* 案，1994 年的 *Campbell v Acuff-Rose Music Inc.* 案，2001 年的 *A & M Records v Napster* 案，等。Sony 案与 Napster 案将在下文专章介绍。

在 1994 年的 *Campbell v Acuff-Rose Music Inc.* 案④中，美国联邦最高法院澄清了这样一个问题，即因为合理使用涉及的是敏感的利益平衡问题，所以四项要素中没有任何一项是具有倾向性的，不应该被机械适用。

1965 年，世界最大的乡村音乐出版商 Acuff-Rose Music 从词曲作家、著名的流行歌曲明星 Roy Orbison 和 William Dees 那里取得了歌曲 *Oh, Pretty*

---

① Sec 107 of 17 U. S. C.; see also Simon Stokes, 'Leslie A. Kelly v Arriba Soft Corp.: A View From the United Kingdom' (2000) 22 European Intellectual Property Review 599.

② P. Goldstein, 'Fair Use in Context', 见 P002 注③。

③ Melville B. Nimmer, 'Does Copyright Abridge the First Amendment Guarantees of Free Speech and Press?' (1970) 17 UCLA Law Review 1180.

④ *Campbell v Acuff-Rose Music, Inc.*, 510 US 569 (1994).

Woman 的版权。这首歌曲成为 Orbison 最成功的热门歌曲。25 年后，一支充满争议的说唱乐队 2 Live Crew 未经 Acuff-Rose 同意，将这首歌曲加以改编并制做出自己的版本，命名为 Pretty Woman，与另外两首单曲一起灌录到他们的唱片中。在原歌曲中，创作者幻想自己在街上邂逅了一位美丽女子，而在 2 Live Crew 的歌曲里，浪漫的场景变成一些稀奇古怪的臆想：一个浑身长毛的肥大女人、一个秃头女人和一个脚踏两只船的女人。1990 年，当说唱乐队版的唱片卖到 25 万张的时候，Acuff-Rose 起诉该唱片的 Pretty Woman 侵犯了他们的名为 Oh, Pretty Woman 的音乐作品的版权。

因为"复制"行为在本案中是无可争辩的，因此争论就集中在一个问题上：被告对于原作的使用是否构成滑稽模仿（parody）从而使合理使用能否成立。所谓的滑稽模仿，也称为戏仿，是人们在模仿中带有演绎性的创造性表达方式。它保留模仿对象的某些可以辨识的特点，同时改变、利用另一些特点，形成一种对模仿对象的滑稽讽刺，从而达到幽默的效果。戏仿者要传达的是自己的意思，以期达到娱乐或警示的目的。尽管戏仿总是对模仿对象的某些要素加以利用，但是戏仿者要追求的是一种戏谑和娱乐的效果。在过去 20 年间的美国司法中，戏仿以及类似的幽默性评论逐渐走向美国文化的舞台中心，对其他国家的文化也产生了很大影响。尤其是互联网时代，对任何新闻事件的评论中总少不了戏仿性的"吐槽"，这成为互联网文化的一大景观。

在该案中，被告辩称，他们的作品是对原告作品的"合理"的滑稽模仿，而滑稽模仿的创作比起一般的创作允许创作者从原作中借用更多的东西。如果不能将之与原作品联系起来，滑稽模仿又如何能够表达创作者的观点呢？一审法院认为，虽然说唱乐队复制了歌曲的一些歌词和音乐，但是呈现形式大不相同。被告的这首歌曲，尽管开头部分与原创歌曲的歌词相同，但是接下来的部分完全替代了原本平庸无奇的歌词。一审判决支持了被告的主张，即滑稽模仿行为应该获得足够的空间，这不仅是因为滑稽模仿需要对原作品进行某种程度的复制，而且因为它服务于一个更高层次的文化目的——打破文化偶像。老牌的民歌演唱家也做证说，美国黑人音乐通常就是用新词替代的手法来取笑白人中产阶级。一审法院认可了这一点，认为 2 Live Crew 乐队是一支反传统的说唱乐队，这首歌曲就是以讽刺的手法表明，Obirson 的歌曲在他们看来是多么平庸、暗淡无光。①

---

① Campbell v Acuff-Rose Music, Inc., 754 F Supp. 1150 (M. D. Tenn. 1991).

面对这一判决,原告上诉,美国第六巡回法院审理了该案。1992年二审法院做出判决,推翻了初审判决,理由是2 Live Crew乐队的版本具有极其明显的商业目的,从而无法以滑稽模仿作为抗辩理由。① 对于这一认定,被告请求最高法院给予最终判定。1994年3月,美国联邦最高法院一致判决,撤销了上诉法院所做出的支持原告Acuff-Rose的判决。大法官Souter在他的法官意见中明确否定了"2 Live Crew使用的商业性否定其适用合理使用抗辩的可能性"这一观点。② 毕竟,合理使用的传统情形,如新闻报道、评论也都具有商业性。而关键的问题就是新作品是否仅仅是替换了创作的对象,而没有加入更多意图或不同特点的新式表达,是否用新表达、新含义或新信息来改变原作。新作品构成对原作的"合理使用",必须要求新作品在一定程度上是"创新使用"(transformative use)。因此,新作品的创新越多,那些用来否定合理使用的其他因素——如使用的商业性的作用就越少。换句话说,创作可以借用,但是创作者必须"连本带利还回来",必须对模仿的内容进行编排加工,使其具有一种比借用的对象更美、更好的形式。

Campbell案成为美国司法在认定滑稽模仿是否构成合理使用的转折点。在美国联邦法院的判决中,大法官Souter虽然并不欣赏说唱乐队版的歌曲,但是他仍然认为即便是低俗的改编也不能排除滑稽模仿所带来的社会价值,改编的口味高雅与否并不影响其是否构成合理使用。

一般来说,"创新使用"与对市场的损害(第四要素)成反比,因为一部作品中的创新使用因素越多,越容易构成新作品,这样就越不容易与在同一市场的原作形成竞争关系。由于"创新使用"标准可能成为支持或否定合理使用的要素,因此它成为美国法院判断是否构成合理使用的主导标准。这一标准突破了版权侵权认定忽视原创作品的读者(使用者)感受的趋势,特别强调"使用者"与原创作者可能具有的同等价值,这在用户创造文化产品的数字时代显得尤为重要。

"创新使用"标准适用在了1998年的 *Mattel, Inc. v Pitt* 案中。③ 原告拥有儿童玩偶超级明星芭比娃娃的头部塑像的版权。在网络上,被告将重新设计的芭比娃娃的形象用作一个色情故事中的人物。原告起诉被告侵犯其版权。

---

① *Campbell v Acuff-Rose Music, Inc.*, 972 F 2d 1429 (6th Cir. 1992).
② *Campbell v Acuff-Rose Music, Inc.*, 见P010注①。
③ *Mattel, Inc. v Pitt*, 229 F Supp. 2d 1206 (C. D. CAL. 1998).

法院认为，被告的玩偶是对原告玩偶的合理的模仿，这是因为被告的使用是创新的，是对芭比娃娃特点的一种解释性的模仿，而且色情玩偶的市场也不大可能侵占儿童玩偶的市场。

三、英国版权法中的合理使用制度

虽然英国与美国都是在案例法的基础上发展起了版权合理使用制度，但是英国的版权合理使用制度与美国的还是有很大不同。

1709 年英国的《安妮法》承认了作者的权利并赋予作者出版的绝对权，但是没有提及为公共利益考虑的合理使用。然而从那时起，英国司法却创制发展了一系列保护其他出版人利益和更为广泛的公共利益的例外规则。[1]非经版权人同意而对其部分作品的复制构成合理使用最早是在 1740 年的 Gyles v Wilcox 案中确定的。[2]在该案中，最高法院大法官 Hardwicke 在判决中确立了"真实并且合理地改写"并不侵犯版权的原则。Gyles 案以后，合理改写并不侵犯版权的原则的范围逐渐扩大。

然而，英国于 1911 年颁布的《版权法》取代了司法能动地创制版权例外规则的权利。此后，在具体案例中法官不再为保护使用者而采取开放态度，评论界则要么看重早先判决中的严格限制所使用的保护内容，要么强调用严格限制性的方式解读某些模糊的判决，反对扩大对未经审查的使用行为的保护。

朝着进一步限制版权例外制度方向发展的第一个案例是 1916 年 University of London Press v University Tutorial Press 案。[3]该案的争议问题之一就是复制原告的试卷是否属于版权的合理使用。法官 Peterson 在驳回合理使用主张时说，被告没有适当地将该案的使用与为"批评"目的的合理使用以及为"私人使用"目的的合理使用加以区别。[4]本案中的使用显然不是为批评之目的，而将试卷复印件在学生中进行流通已经超出了私人使用例外的范围，这里的"私人使用例外的范围"仅仅包括学生为私人使用而进行的复制。

更有影响力的案子是 Hawkes and Son v Paramount Servic 案。[5]该案

---

[1] Robert Burrell, 'Reining in Copyright Law: Is Fair Use the Answer?'，见 P003 注⑤。
[2] Gyles v Wilcox, (1741) 2 AtK 141.
[3] University of London Press v University Tutorial Press, [1916] 2 Ch 601.
[4] Skone James, *Copinger and Skone James on the Law of Copyright* (8th edn, Sweet & Maxwell 1948), p. 137.
[5] Hawkes and Son v Paramount Film Servic, [1934] 1 Ch 593.

涉及音乐作品版权人与在电影院放映的新闻影片的制片人之间的争议。原告将自己创作的音乐作品在一所学校的开学典礼上进行了表演，而被告录制了开学典礼的新闻片，新闻影片恰巧包含了 20 秒钟的原告在开学典礼上的表演内容。被告为自己辩解，认为其所使用的这部分音乐作品并不构成该音乐作品的实质内容，而且，使用的目的符合"新闻报纸摘要"的规定，因此影片对音乐作品的录制已经构成合理使用。

在上诉中，大部分法官主张对 1911 年英国《版权法》关于合理使用例外规则的范围采用限制性解释，并得出结论：该案中的新闻影片并不属于合理使用。大法官 Hanworth 指出，"批评性评论或新闻报纸摘要"这一措辞显然是指登载在报纸上的评论或书评。大法官 Slesser 认为条文必须严格适用，当讲"报纸摘要"时，它的意思只是报纸的摘要而不是其他。虽然司法是否准确地解释了 1911 年英国《版权法》的版权例外范围的意图需要更多的证据加以证明，但是，英国司法对版权合理使用例外的谨慎态度是明显的，这种谨慎的态度一直影响到今天英国版权合理使用制度的整体面貌。

英国 1988 年《版权、设计和专利法》（*United Kingdom Copyright, Design and Patent Act 1988*，以下简称 CDPA）将版权的"例外与限制"描述为不需要任何许可的"允许行为"。而这些"允许行为"中的一部分构成英国版权法中的合理使用（fair dealing）。

CDPA 第 29、30 条规定了三种目的的合理使用行为：研究或私人使用，批评或评论，时事报道。[1]该法第 29 条规定，为研究或私人使用一部文学、戏剧、音乐或艺术作品不侵犯该作品的版权。必须注意的是，这一条款仅仅适用于第 29 条所列类型作品，不适用于其他类型的作品。因此，对于像唱片或电影这类作品即便是为研究或私人使用的目的的复制仍然需要得到唱片或电影版权人的同意。然而，第 30 条规定的为批评、评论或时事报道之目的的使用则覆盖所有种类的作品，唯一的例外是用于时事报道的照片作品。显然，这些合理使用例外规则仅仅在作品用于"法定目的"时才可适用。其他形式的使用无论怎样"合理"，也是不被允许的。

尽管英国也是由法院决定一项特定的使用是否构成版权法上的合理使用，但是与美国的合理使用抗辩不同，英国法院并没有在上述特定条款之外提供一个开放式的权威解释用来解决具体案件。法院一直对合理使用条款做出严

---

[1] Sec 29, 30 (1) (2) of CDPA 1988.

格解释。也就是说，事实上，在大多数案件中，被告举证证明被诉行为属于合理使用常常并非轻而易举。①

在1999年 *Pro Sieben Media AG v Carlton UK Television, Ltd.* 案中，被告播放了一档关于时事新闻事件的节目，该节目以批评的方式调查了新闻业存在的向媒体出售私人生活经历故事的问题。②节目中有一段30秒钟的采访片断，这段采访是原告采访一位名叫 Mandy Allwood 的妇女时录制的。这位妇女当时身怀八胞胎并利用自己的境遇大赚其钱。原告认为被告侵犯其版权而采取了诉讼行动。被告则依据"为批评或评论目的合理使用"为自己辩护。上诉法院解释说适用于合理使用问题的一般原则应该是"程度、事实和印象的问题"，③"即某种对版权作品的使用如果使得与版权人对自己作品的利用相竞争，那么对后者的挑战程度就是一个非常重要的考虑因素。另外相关的考虑因素是对版权作品使用的范围，但是这种相关性根本上取决于具体事实情形。版权作品使用者的动机和意图也同样与合理使用密切相关"。④

法院最后考虑了本案关于新闻业电视节目的批评性、相关事件明显的时事性以及引用的少量性。另外，法官还考虑了被告的引用并没有给原告的权利行使带来任何不公平的竞争。据此，法院得出结论，30秒钟的引用构成合理使用。在该案中，CDPA第29条和第30条被法院解释为"两步测试法"。第一步，必须证明其使用确实是为了法律授权的"目的"之一。这一点确认后，第二步就是检查该使用是否事实上为"合理"。我们看到，在这里没有基于任何目的的任何合理使用不构成侵犯版权的一般条款。

与 Carlton 案不同，上诉法院却在2000年 *Hyde Park Residence v Yelland* 案中认为合理使用抗辩并不成立。⑤该案涉及被告报纸登载关于威尔士王妃黛安娜（Diana, Princess of Wales）和其男友 Dodi Fayed 车祸前一天在巴黎的照片。这些照片是用装置在黛安娜及其男友住宿的酒店中的安全摄像头拍摄的。照片被一位酒店保安偷走后卖给了一家报社，报纸在一年多以后将其公开。原告认为被告报社侵犯版权而向法院起诉。被告提出为时事新闻报道之目的的合理使用抗辩，初审法院支持了被告的主张。

---

① J. A. L. Sterling, *World Copyright Law*（2nd edn, Thomson Sweet & Maxwell 2003）, p. 451.
② *Pro Sieben Media AG v Carlton UK Television, Ltd.*, [1999] 1 WLR 605（CA）.
③ Gillian Davies, *Copyright and the Public Interests*（2nd edn, Sweet & Maxwell 2002）, p.60-61.
④ Ibid.
⑤ *Hyde Park Residence v Yelland*, [2000] 3 WLR 215, [2001] L R 143（Ch.）.

但是上诉法院却做出了相反的判决。大法官 Aldous 在判决中说:"我相信考虑下列因素是适当的:被诉侵权人的行为动机、使用的范围和目的以及使用是否为该案时事报道所必需。而且如果作品并没有发表或在公众中流通,这表明对作品的使用就是非合理的。法院必须用客观的标准判断一个有公正思想和诚实态度的人为了报道时事事件的目的而适当地利用了版权作品。"

在 2002 年的 *Ashdown v Telegraph Group, Ltd.* 案中,原告起诉一家报纸,认为被告未经授权发表一部秘密日记记录的节选是侵犯版权的行为。[①]日记中涉及自由党前领导人与首相的一次秘密会议。在裁决合理使用抗辩不能成立时,上诉法院指出了在平衡公众的言论自由与版权人权益的问题中应该考虑的因素,其中包括商业竞争、先期的发表和引用的数量与重要性等。法院最后裁决,案件的事实表明言论自由并不比适用已经建立的合理使用的认定规则更为重要。

尽管上诉法院在 Hyde Park 案和 Ashdown 案中的判定都认定合理使用抗辩不能成立,但是 Ashdown 案就公众利益抗辩的范围给出了一个与 Hyde Park 案不同的解释。Hyde Park 案中的大多数法官认为并不存在版权侵权的一般公共利益抗辩。"1988 年 CDPA 没有赋予法院一般权力,使其可以授权一个侵权人为了公众利益使用他人财产,即版权。因此任何不在 1988 年 CDPA 之列的公众利益抗辩,即便存在,也是通过其他途径产生的。"[②]然而,在 Ashdown 案中,法院对公众利益的解释没有像 Hyde Park 案中那么严格,并认为在少数情形下,言论自由的权利可以作为一项公众利益而超越 1988 年 CDPA 所确定的权利。尽管公众利益抗辩在 Ashdown 案中并不成立,但是也不至于完全被抹杀。

值得注意的是,公众利益抗辩的范围因为 Ashdown 案和 Hyde Park 案而被大大限制了。[③]然而不同的是,正如上文所提到的,对公众利益的考量却是美国版权合理使用制度的根本原则。而英国判例法对合理使用例外规则的严格解释的真正原因,正如英国学者 G. Davies 所说,"为了公众,明确的法定版权例外规则提供了比美国法中开放式的合理使用抗辩更多的法律安全性,因此也被认为是更可取的"[④]。

---

① *Ashdown v Telegraph Group, Ltd.*, [2002] L R 149 (Ch.).
② *Hyde Park Residence v Yelland*, 见 P014 注⑤。para. 43
③ Robert Burrell, 'Reining in Copyright Law: Is Fair Use the Answer?', 见 P003 注⑤。
④ Gillian Davies, 见 P014 注③。p. 283.

在 2013 年的 *Newspaper Licensing Agency, Ltd. and others v Meltwater Holding BV and Others* 案中，被告人 Meltwater 公司向其注册用户提供在线新闻检索服务，即根据注册用户提供的关键词搜索、定位网络上的新闻文章。[1]在持有原告的访问许可的情况下，被告在其网站 Meltwater News 中设置超文本链接，链接到其他新闻网站上的相关文章，这些文章的版权属于作为原告的各新闻出版人。被链接的新闻网站设有访问条件，只允许个人或非商业的使用。被告人网站的用户通过两种途径访问 Meltwater 网页：打开被告人发送的电子邮件或者直接访问 Meltwater News 网站。原告主张，被告的用户在通过链接访问这些新闻内容时也需要获得相关许可或者得到出版人的同意。法官认为，通过设置超文本链接链接到原告文章的行为并不构成合理使用，因为被告的唯一目的就是使用户可以决定是否愿意阅读原告的文章，如果没有这些服务，用户就没有选择必须直接找到网络上的该文章。总之该使用的目的并不在立法所列的目的范围之类，因此不构成合理使用。

四、中国版权法中的合理使用制度

中国版权法中的合理使用制度规则体系接近英国模式。《著作权法》第 22 条规定了作品合理使用的 12 种情况，在这些情况下，公众使用作品可以不经过版权人许可，不向其支付报酬，但应当指明作者姓名、作品名称，并不得侵犯版权人依照版权法享有的权利。这 12 种合理使用具体包括：

为个人学习、研究或者欣赏，使用他人已经发表的作品，即私人使用。这里的个人可以包含家庭，在家庭范围内的学习、研究和欣赏使用也属于合理使用。与有些国家规定只能复制一份才算合理的要求不同，中国版权法没有明确限制个人使用的数量。以个人研究学习为目的的使用方式主要是复制，但也不限于复制，比如家庭范围内的朗诵表演等。

为介绍、评论某一作品或者说明某一问题，在作品中适当引用他人已经发表的作品。值得注意的是，这里评论的对象必须是已经发表的作品，并且评论或介绍作品不得损害被引用作品版权人的利益，所引用的部分不能构成被引用作品的主要部分或实质部分。

为报道时事新闻，在报纸、期刊、广播电台、电视台等媒体中不可避免

---

[1] *Newspaper Licensing Agency, Ltd. and others v Meltwater Holding BV and Others*, [2010] EWHC 3099 (Ch); [2012] Bus LR 53 (Court of Appeal).

地再现或者引用已经发表的作品。报纸、期刊、广播电台、电视台等媒体刊登或者播放其他报纸、期刊、广播电台、电视台等媒体已经发表的关于政治、经济、宗教问题的时事性文章，但作者声明不许刊登、播放的除外。

报纸、期刊、广播电台、电视台等媒体刊登或者播放在公众集会上发表的讲话，但作者声明不许刊登、播放的除外，在公众集会上的讲话一般具有宣传性质，如果允许刊登或转播可以增加宣传的效果。

为学校课堂教学或者科学研究，翻译或者少量复制已经发表的作品，供教学或者科研人员使用，但不得出版发行。新东方英语培训学校曾被美国教育考试服务中心 ETS 告上法庭，因为前者复制后者进行版权登记的 TOEFL 及 GRE 考试的试题，其行为被认定为侵权而非合理使用。

其他被认为是合理使用的还包括：国家机关为执行公务在合理范围内使用已经发表的作品；图书馆、档案馆、纪念馆、博物馆、美术馆等为陈列或者保存版本的需要，复制本馆收藏的作品；免费表演已经发表的作品，该表演未向公众收取费用，也未向表演者支付报酬；对设置或者陈列在室外公共场所的艺术作品进行临摹、绘画、摄影、录像；将中国公民、法人或者其他组织已经发表的以汉语言文字创作的作品翻译成少数民族语言文字在国内出版发行；将已经发表的作品改成盲文出版。

凡是超出这个权利限制体系范围，任意使用作品的行为即构成侵犯版权。虽然版权法规定的个人使用、引用、媒体宣传报道、教学使用、公务使用等情形都可以适用于网络数字环境，但是我国版权合理使用规则体系过于具体，解释较为严格，而且缺乏在若干情形之外的认定合理使用的一般标准，因此更难适应网络信息时代出现的版权使用的新问题，在司法实践中失于僵化。

即便是国际上对国际公约中的"三步测试法"还有争论，中国在 2002 年的《著作权法实施条例》第 21 条还是引入了"三步测试法"，即要求未经许可使用不能与版权作品的正常使用相冲突，并且不得因不合理使用而损害作者的合法利益。这条规定被解释为"中国式的两步测试法"，因为国际上通行的"三步测试法"中的第一步"在特定情况下"并未出现在这一条中。不过因为立法明文规定了 12 种具体合理使用的情形，因此实践中不会使该条与国际条约相冲突。

虽然在中国版权实践中超越《著作权法》第 22 条的情形并不太多，但是适用"两步测试法"的做法仍然出现在有些案子中，而且这种趋势还在不断增加。例如，在北京荣宝拍卖一案中，法院就认定在拍卖中向消费者用幻灯片展示美术作品使消费者熟悉拍卖品的行为，并不与作品的正常使用相冲突，而且也不会侵害版权人的合法权利。[①]在山东省高级人民法院审理的杨洛书案中，原告认为被告未经授权使用了原告十六幅摄影作品作为后者创作的传记图书的插图的行为构成侵犯版权。[②]法官认为，虽然版权法中有"为了介绍或评论"的目的而"适当引用"的例外规则，但是该案中的使用并不构成介绍或评论，而是用来展现杨洛书家庭的历史和事件，而且这种未经许可的使用增添了作品的审美价值和商业价值，造成了对原告作品潜在市场价值的损害。因此，被告的行为不构成合理使用。

五、比较

通过对美国版权合理使用原则和英国版权合理使用例外规则的介绍，我们可以得出这样的结论：两国版权使用例外规则采用了不同的模式。美国提供了一个寥寥数字的合理使用抗辩原则，这一抗辩原则适用于任何法院认为是合理的非侵权使用版权行为；同时还附带一个法院在判定是否为合理使用时应该考虑的一系列非排他的政策因素。而英国则是提供了一个有明确范围的例外条款，版权法列举了禁止作者行使其独占权的具体情形。

在美国的模式中，制度体系是开放式的，这是因为它允许出现新的限制例外。美国法院有权在法定的特定因素之外出于保护公众利益和言论自由的目的而判定某一使用是否为合理。因为这一特点，美国的合理使用规则体系是不断发展的，并且没有建立任何一成不变的界限。[③]这种模式在面对新技术对版权的冲击时为未授权的使用行为提供了一定的空间，而且这种有利于保护创造环境的更加灵活的合理使用规则可以消除不同利益相关者之间的利益失衡的危险。但是采用这种开放的模式不可避免地带来一定程度的法律不确定性。相反，英国和中国的模式被认为是一个封闭（closed lists）的版权例外体系，其被限制在一个狭窄的排他范围之内。这种模式能最大限度地保证司法的确定性，这也是英国和中国不会轻易放弃这种模式而转向个案分析的美

---

① 北京荣宝拍卖公司案参见北京市第一中级人民法院民事判决书〔（2003）一中民初字第12064号〕。

② 杨洛书诉中国图片社案参见山东省高级人民法院民事判决书[（2007）鲁民终字第121号]。

③ Severine Dusollier, 'Exceptions and Technological Measures in the European Copyright Directive of 2001——An Empty Promise' (2003) 34 International Review of Intellectual Property and Competition Law 62.

国模式的主要原因。

  版权的合理使用制度自产生起就不断遭遇新技术的冲击而成为版权与新技术对抗与妥协的主战场。而目前的合理使用制度也正是在新技术的不断围攻下突围而形成的格局。无论是美国的开放模式还是英国及中国的封闭模式，如何面对新技术的挑战？由于充满活力的创新以及技术和市场的原因，静态的行为模式（比如评论者在报纸上评论文章时可以适当引用，消费者在购买一本书后可以自由处理它等行为，均可以预见其再发生）显然并没有提供太多的版权腾挪的空间，尤其是在具有非计划性、发散性特点的极具活力的网络空间。虽然网络并没有像 John Perry Barlow 在他的"网络空间独立宣言"里宣称的"网络世界是不需要规制的"那样发展，[①]但是我们在规制网络环境时必须考虑网络的特点。只有灵活的、多元的、具有活力的，才有创造性。在讨论数字技术与版权的关系问题之前，我们将先回顾历史上版权应对新技术挑战时的挣扎与突围。

[①] John Perry Barlow. A Declaration of the Independence of Cyberspace'，参见网址 https: //projects. eff. org/~barlow/Declaration-Final. html，访问日期为 2015 年 9 月 25 日。

第二章　印刷术与版权的起源

引　言

历史表明，没有印刷术的改进就没有版权的产生。版权法自产生之初就与技术结下了不解之缘。随着印刷特权的衰落，"独占权"终于在英国确立。在版权法产生的最初阶段，一系列的诉讼行为最终奠定了版权法的基石——版权并非天赋权利、也并非绝对权利。

第一节　出版商之战

从历史上看，版权与出版有紧密的联系。世界上第一部版权法——1710年的《安妮法》在英国颁布时，还没有copyright一词，copy和right合成为copyright是在1740年的一场诉讼中。copyright最初的含义"翻印权"（right of copy）是随着印刷术从雕版印刷发展到活字印刷后出现的。在中世纪，印刷数量限制了读者的数量。有限的复制件限制了人们获得物质形态的书籍的机会。一些修道院凭借一种技术手段阻止未经授权的取得或者翻印：他们把书籍锁在墙上。[1]

1455年，古登堡（Gutenberg）在德国的美因兹（Mainz）第一次采用活字印刷术印刷《圣经》。这项技术很快传到英、法等国家。但是，欧洲的活字印刷术真正推广起来是借了在这个时候传入欧洲的中国造纸术。[2]原本印制一本《圣经》要用掉300张羊皮纸，如果没有更为便宜的纸张出现，活字印刷

---

[1] 这种锁链和钩子今天还可以在西班牙的波夫莱特（Poblete）看到。
[2] 郑成思. 版权法［M］. 北京：中国人民大学出版社，2009.

术在欧洲的前途还是会因为印制成本高昂而殊难预料。

活字印刷机的产生使复制成本降低,从而导致阅读公众数量增加。同时,大量的、潜在的、无法控制的对作品的复制行为也随之产生。保护印刷商的翻印权就显得很必要了。在印刷机出现之前,盗版者以手抄的方式复制某一作家的手稿,其付出的体力劳动与作者或者誊录原始手稿的抄写员相同。可以说,盗版复制本的成本优势几乎等于零。可是印刷术的改进彻底改变了这一现象。便宜的复制件很容易制作,市场上开始出现盗版活动。印刷商开始认为有必要保护自己的翻印权了。但是,仅仅有印刷商保护自己权益的需求并不足以促使版权的产生。而恰好这种保护自己权利的需求与当时英王室的政治目的不谋而合,这才最终催生了版权法。

英国在引进活字印刷术后不久,于1483年颁布法令鼓励印制以及进口图书,其中没有禁止随便翻印的内容。但是半个世纪以后,情况发生了很大变化。随着图书贸易的发展,国内的图书出版商不断排挤国外的竞争对手,甚至使用武力达到目的。16世纪四五十年代,英国先后取消了进口图书和印制图书的自由。虽然图书的出版可以推动经典作品的复兴,也能够加强当时拉丁语与本地文学及学术的交流,但与此同时,处于控制之外的出版印刷活动也传播了不受统治者欢迎的思想和观点。英王室认为:文学作品与政治文章若不加控制地传播可能引发政局的动荡;而且,印刷业成了王室新的财政来源——通过向某一书商授予印刷特定文学、法律或者教学作品之独占权,英国政府就能获得源源不断的收入。

其实,当时的英国王室不但控制了图书发行,而且还垄断了其他很多产品的生产和销售,比如食盐、淀粉、醋。由于王室对这些产品的垄断遭到了议会与司法体制大规模的抨击,不久之后便相继瓦解,但是,图书的垄断一直被容忍长达百年之久。导致这一稳定的垄断格局形成的主要原因在于,英国王室与出版商公会之间的精明合作。

在印刷术传入英国之前,出版商公会(Stationers' Company of London)是一个紧密连接了伦敦的抄写员、装订工和书商的强大组织,其目标是维持出版商公会成员在出版行业的秩序与利润。英国女王玛丽(Queen Mary)统治时期,出版商公会就替代王室成为授权图书印刷、装订与销售的直接权力来源。一切图书出版之前,必须经过出版商公会登记,若无出版商公会的同意,该公会的任何成员均不得出版任何作品。公会还有权检查、没收与销毁违禁作品。除了受英国王室权力节制之外，出版商公会在英格兰出版行业中的权力是绝对的，它控制着任何图书的出版。

1662年，英国颁布《许可法》（Licensing Act），将登记制度改为许可证制度，凡是从政府取得图书出版许可证的，均有权禁止他人翻印或进口有关图书。出版商公会获得垄断的经济报偿的同时，也成为一个无情而有效的书报审查执行官。

这个时候，保护作者权的要求还没有出现。在出版商公会那里，并无作者的位子。印刷技术的改进极大地改变了作者身份的意义：作者的创作活动的价值历史性地超过了抄写员劳动的成本。更加便宜的复制件意味着更多的读者，而更多的读者则带来了在总体上获得更大收入的前景。图书售价与制作发行成本之间的差额可以看作是作者创作的价值。那么，谁有权来分享"作者创作的价值"这一部分的收益呢？对这个问题的回答在当时并不像现在这么明确。因为出版商在出版图书的时候投入了资金，并且承担了收不回投资的风险，因此，出版商认为应该由自己享有这一部分收益。也有人认为，在作者和出版商已经获得报偿的情况下，分享这部分利益的应是公众——让公众从较低的图书价格中受益。早期的英国版权法对这个问题的回答显然是，由出版商来分享这部分利益。出版商通常向作者一次性付款，买断印刷与发行某一作品的权利，只有出版商才被允许印刷图书，而作者享有的对作品唯一的权利就是控制手稿的首次出版。

另外，欧洲采用活字印刷术之初，绝大多数印刷品的付印原稿是古人作品的手稿或抄本，像《圣经》这种作品，也并不存在作者权需要保护。

由于《许可法》赋予出版商公会的权力过大，从而阻止了一些有用图书的出版，终于在1694年被废止。随后，出版商公会的制裁手段也被终止，即丧失了对违禁作品和出版社进行扣押、销毁和罚款的权力。留给出版商唯一的救济手段就是向法院提起损害赔偿的诉讼。但是，关于出版的"独占权"概念并没有随着《许可法》的废止而消失。

面对猖獗的盗版行为，出版商公会一直试图通过国会恢复其审查权，但是都无疾而终。在这种情况下，出版商公会不得不改变思路。他们不再声称自己的利润受损，而是将作者与读者的利益推向前台。从1706年开始，出版商们就向议会提出请愿书，声称若不能保障作者获得一种易于实施的财产权的话，他们就不会再创作新的作品。经过三年的密集游说，1709年世界上第一部版权法终于诞生了。

《安妮法》确认了出版商的版权：在王国内的任何人，无论是作者还是出版商，只要将某一作品在出版商公会的登记簿上进行登记，即可拥有该作品的版权，并且被赋予强制性法律救济。同时，该法将出版商早先享有的一些补贴重新分配给了公众与作者。与以往的永久性垄断权不同，《安妮法》为作品提供最长 28 年的保护，即自作品出版之日起算（在第一个 14 年期满后，如果作者仍在世，那么可以继续延长 14 年），28 年之后，任何人均可以复制该作品。《安妮法》的这项重大变革，目的就是要把版权与出版商公会的成员资格分开。

虽然《安妮法》的出台在当时看上去是出版商公会的胜利，但是后来的历史证明，出版商对这个成果"相当地不满意"（thoroughly unsatisfactory）。立法的最终版本已经与最初的建议稿有很大区别。例如，建议稿中"作者对其作品的无可置疑的财产权"被最终的"立法赋予作者翻印其作品的独立权利和自由"所替代。[①]《安妮法》在最初的十几年中执行得还算顺利，但是到了 18 世纪 20 年代末，在该法实施后第一个版权期 28 年快到期的时候，出版商公会再一次向议会请愿，企图重新享有永久性垄断权。在遭到议会的断然拒绝后，他们转而求助于英国法院。出版商公会提出了一项精心设计的法律主张，由此在英格兰引发了关于版权保护期的争议，并且影响到日后的美国，甚至今天的版权争论。

出版商公会提出了关于作者精神权利（moral right）的主张：作者创作完成作品之后，就像农场主对其土地一样，应该拥有永久性的权利，这种权利是道德上的自然权利。当作者将其手稿售予某一出版商时，他出售的不仅仅是物质的手稿，还有一项关于出版该手稿内容的单独的、永久的权利，即作者的精神权利。

出版商公会不单单提出自己的理论主张，而且还策划了行动方案。首先，由出版商公会中的一位出版商在衡平法院（the Court of Chancery）提起诉讼，声称由于作者的转让，该出版商拥有了某一作品在普通法（属于《安妮法》之外）上的版权，而被告未经许可出版了该作品的复制件，侵犯了此项权利。出版商公会的意图很明显，即因为衡平法院有权授予禁止令，如果衡平法院

[①] Ronan Deazley, 'The Myth of Copyright at Common Law' (2003) 62 Cambridge Law Journal 106.

对这一主张没有怀疑，就会颁发禁止令，出版商可以借此禁止被告的行为；如果衡平法院对适用法律有所怀疑的话，他们会将案件移送给普通法法院（Common Law Courts）。

但是，这种禁止令仍然属于临时性的，如果有一位作为被告的印刷商在普通法法院提出诉讼，不确定的诉讼结果仍无法确保出版商公会的利益。于是，出版商公会决定主动出击，冒险提出了一项串通合谋的诉讼。他们让一位名叫 Tonson 的英格兰书商起诉一位未经授权的苏格兰印刷商 Collins。① 均由出版商支付律师费的双方律师在法庭上对于版权永久性权利的存在与否进行辩论。按照出版商公会的设计，Collins 的律师应该显得逊色一些，然后在诉讼中落败，而且 Collins 将不再上诉。这样，通过在诉讼中胜出而由法院宣布确定的一项永久性权利将会成为英格兰法律。② 但是，出版商公会的精心策划在一个细节上出现了纰漏。在经过两轮律师辩论之后，首席法官裁定在全体法官面前再进行一次辩论。由于这一拖延，法官们在最终辩论开始之前得到消息，串通的假诉讼终于败露。于是法官将诉讼驳回。

十年之后，出版商们终于在 *Millar v Taylor* 案中得到了他们在 Tonson 案中没有得到的东西。③ James Thomson 脍炙人口的史诗《四季》（*The Seasons*）的版权由作者于 1729 年出售给了出版商 Andrew Millar。在法定版权期限届满之后，非出版商公会成员 Robert Taylor 发行了一个便宜的版本。1766 年，Millar 提起诉讼，主张由作者出售给他的权利是已经存在并继续存在的权利，并没有因为《安妮法》而被剥夺。被告则主张，"作者永久性的版权在普通法上找不到依据，即便是有这种权利，也是属于出版者而非作者的"。被告坚持认为"一旦作者同意出版，实际上是他将作品出售给了公众，任何购买者都可以翻印以及做其他用途的使用"。这个真实案子的争议焦点对准了"作者的权利到底是否为永久性的"这一问题。

主审该案的大法官 Mansfield 就是当年审理 Tonson 假案的法官。而在他进入法律界之前还担任过书商的代理人，所以他对出版商永久性版权的主张

---

① 当时，苏格兰的格拉斯哥成为继伦敦之后英国另一个出版业中心，但是苏格兰并不受《安妮法》约束，因此，很多苏格兰出版商会翻印在英格兰地区出版的图书。参见 Simon Stokes, 'Publication Reveiw on On the Origin of the Right to Copy（Deazley, Ronan）'（2005）16 Entertainment Law Review 41。

② *Tonson v Collins*, 96 ER 169；（1761）1 Wm Bl 301。

③ *Millar v Taylor*, 98 ER 201；（1769）4 Burr 2303（Court of King's Bench），pp. 2304-2359。

抱有同情。在王座法院（Courts of King's Bench），Mansfield 非常有威信，很少有法官的意见与他相左。在这个案子中，他认为，普通法中存在一种永久性的版权，这种权利并不因为制定了《安妮法》就丧失，这是一种建立在自然权利理论基础上的权利。

没有料到的是，本以为会得到其他全体法官支持的 Mansfield 遭遇到他在王座法院任职 12 年以来的第一次挑战，而挑战他的就是法官 Joseph Yates。富有戏剧性的是，这位 Yates 法官就是 Tonson 案中 Collins 的代理律师。在 Millar 案中，法官 Yates 的发言让人印象深刻。在一个礼貌谦逊的开场白后，他花了三个小时详细阐述其观点。Yates 法官承认在文学作品中存在作者的财产权（property），没有人可以强迫他发表其作品。但是，这个财产权涉及的对象只是其短暂易逝（fugitive）的手稿，作品一旦出版，其权利就终止了。一部文学作品、一项表达，一旦公开，就可以为任何人所获得。作品的手稿或许可以获得永久权利的保障，但是手稿中所表达的思想没有物质范围，它们既不能被占有，也不能获得普通法权利的保障。作者可以选择不出版作品，但是，一旦出版，他的作品就变得像空气一样自由。"你能因为自己自觉自愿放飞的小鸟而抱怨自己的小鸟丢了吗？"他认为，作者因为其劳动当然有获得报酬的权利，但是制定法已经规定了报偿，这种报偿也不能是无限的，既然制定法给了 28 年的期限，作者已经获得回报，就没有什么好抱怨的了。

即便 Yates 的慷慨陈词颇具说服力，但是王座法院还是做出了支持原告的判决，禁止了被告的复制行为。被告向上议院（House of Lords）上诉，但是，书商们迅即与被告达成和解。在案件结束前，原告 Millar 不幸去世，他的继承人将其获得的永久性版权出售给了其他出版商。

但是，这项永久性版权并没有存在太久。英国上议院在 *Donaldson v Beckett* 案中否定了出版商公会关于永久版权的主张。[①] 在这个案子中，一位名叫 Alexander Donaldson 的成功的苏格兰出版商，在已经两度遭英格兰书商起诉的情况下，又故意翻印了几年前曾经引起争议的诗集《四季》。拥有《四季》版权的出版商 Thomas Beckett 向衡平法院申请禁止令。由于 Millar 案中已经确立了永久性版权，因此，衡平法院颁布了禁止令。对此，Donaldson 上诉。该案引起了巨大反响，据说在上议院审理该案的三个星期里，议院的围栏外挤满

---

① *Donaldson v Beckett*，（1774）1 Eng Rep. 837（HL）838.

了好奇的人。

　　法官面临着两个关键问题：第一，英国普通法是否给予作者一项永久性的版权？第二，如果英国普通法已经给予了作者一项永久性的权利，这项权利是否会随着《安妮法》的颁布而被取消？最终，英国上议院以22∶11的多数票支持了上诉人Donaldson，推翻了衡平法院的禁止令。上议院认为，如果版权属于普通法上的自然权利的话，那么它就是普世的，不但存在于英国，而且存在于古希腊、古罗马，但事实上，版权并不是这样。"《安妮法》并没有宣告（或者取消）普通法上的权利，而是赋予了有才华者一项不曾拥有过的新权利。" Donaldson案正式拒绝了出版商的永久性版权主张。

　　在这个案子的审理过程中，Yates法官已经去世；大法官Mansfield也一直保持沉默，因为其在之前的案子中持有明确立场，不便在该案中表态，因此最终没有在判决时投票。不过，如果Yates地下有知，他也会感到欣慰，因为曾经在Millar案中和他针锋相对的大法官Mansfield在十多年后的另一案中评述道："我们必须注意，应当对以下两种同样有害的极端均保持警惕：其一，那些富有才识之人，耗时费力为社会服务，因此不应当剥夺他们的正当要求，以及因其才智与劳动而获得的回报；其二，世界不应当被剥夺发展的机会，艺术的进步也不应当受到阻碍。"[①]这表明，曾经极力鼓吹版权自然权利的人已经改变了自己的观点，转而认为版权在事实上要求在私人与公共利益之间保持一种微妙的平衡。这一观点实际上奠定了后世版权法的基石——版权并不是一项绝对权利。Donaldson案也因此不断地被后世评论，包括律师、印刷商、作者、文学理论家、马克思主义者、后现代作家以及后工业时代的批评家。

　　在Donaldson案中，英国上议院认识到，版权体系首先体现的是广泛的社会利益。作为一件单纯的立法事件，版权从根本上关心的是作为阅读者的公众，关心如何鼓励和发展教育，关心对社会有益的图书的持续性生产。在定案过程中，这些18世纪的议员兼法官们并没有期望寻求对个体作者的保护，而是明确地否定了作为自然权利的版权的存在，他们以促进更为广泛的社会目标和原则为行动目的。版权规则从产生之初就是建立在这样一种对公共利益保护的基础上的。[②]版权中公共利益的核心角色在版权历史中被长期误

---

① *Sayre v Moore*, 102 ER 139（Court of King's Bench, 1785）.
② Ronan Deazley, *Rethinking Copyright: History, theory, language*（Edward Elgar Publishing, Ltd. 2008）, p. 6.

读，而事实上这才构成版权法的基石，决定了后世版权法发展的整体走向。这正是我们今天反思不断扩张的版权法的基准点。

第二节 作者为争取权利的努力

在英国，随着《许可法》的废止，保护作者权利的呼声也高涨起来。很多学者、作家呼吁要保护创作者的权利，有的甚至身体力行。但是在《安妮法》颁布之前，还没有出现作者主张对自己作品的财产权的诉讼，无论是已发表的作品，还是未发表作品。[①]直到《安妮法》认可了作者对其手稿的权利之后，才逐渐出现了作者为自己的作品争取权利的行动。其中最著名的就是查尔斯·狄更斯（Charles Dickens）。

在早年的案例 *Dickens v Eastern Province Herald* 中，原告是当时以及后来都很著名的作家查尔斯·狄更斯，而被告是一家名为 Eastern Province Herald 的报纸。[②]在没有得到任何合法的授权和允许的情况下，被告就在其 1861 年 3 月 5 日的报纸上开始连载狄更斯的小说《远大前程》（*Great Expectations*）。在英国的维多利亚时代，作者首先在报纸上连载其小说是一件很普通的事情。狄更斯也不例外，而且是其中的代表人物。在继《双城记》（*A Tale Of Two Cities*）之后，狄更斯将其小说《远大前程》在其自己创办、编辑并管理的刊物 *All the Year Round* 上连载。狄更斯本人最初是打算将小说《远大前程》以完整的小说形式出版，但是在《双城记》连载结束以后，刊物的销量一直不好，于是狄更斯就决定连载，希望通过连载自己创作的小说来提升刊物的销量。果然，《远大前程》连载后刊物大销。狄更斯在 1860 年 9 月底开始创作这部小说，11 月份开始在刊物上连载。同时，狄更斯还和美国一家周刊签订合同，小说在美国同步连载。显然，被告取得了连载周刊样本，编辑翻印了小说并在其报纸上刊出，提供给当时的英属殖民地开普敦的读者。狄更斯阴差阳错地知道了好望角这家报纸的行为，于是在好望角提起诉讼。报纸编辑接到诉状后写信给狄更斯致歉，说自己刊登狄更斯的小说的初衷完全是为了

[①] Jane C. Ginsburg, '"Une Chose Publique"? The Author's Domain and the Public Domain in Early British, French and US Copyright Law' (2006) 65 Cambridge Law Journal 636.

[②] *Dickens v Eastern Province Herald*, (1861) 4 Searle 33.

让更多偏远地区的人能够读到这部伟大的作品。狄更斯回信说他可以原谅对方的做法，但是对自己的权利还是一定要捍卫的，无论是世界上哪个角落的人侵犯了他的权利。从狄更斯的回信中我们可以看到，这不是作家唯一一次卷入或潜在地卷入维护自己权利的诉讼。事实上，在他整个职业生涯中，狄更斯都是一位在版权法系统发展初期，致力于完善版权法的领军人物，目的是使版权法能够更明确地保护像他自己一样的创作者。

据历史学家考证，第一个对印刷商无偿占有作者的精神创作成果提出抗议的是德国宗教改革的领袖马丁·路德（Martin Luthet），他指责印刷商盗用他手稿的行为与拦路抢劫的强盗毫无二致。至今，英文中"盗版"一词正是 pirate，原意为"海盗"。之后，德国陆续有创作者从法院获得保护其艺术作品不被复制的禁止令。但是现代版权制度并没有在德国产生。

第三节　版权法

虽然《安妮法》被公认为世界上第一部版权法，但还是有学者对这部法在版权历史上的地位持怀疑态度。英国法史学家 Ronan Deazley 就认为，《安妮法》虽然承认了作者享有一定权利，但它仍然是一部以印刷商、出版者为核心的法律，这部法并没有在作者的财产性质和权利范围方面给出更多的指引。[1]作者与公众的权利范围并没有因此而划定。美国著名知识产权学者 Jane Ginsburg 比喻说，如果认为版权领域是一个轮廓模糊的海岸线，虽然《安妮法》给我们划分出了水域和陆地的界限，但是并没有清楚地告诉我们哪边是水域哪边是陆地。[2]《安妮法》的核心价值在当时来说就是维持现状。议会并不关心之前是否已经存在作者的自然权利，也并不关心图书贸易，而是要通过保持一种经济、社会和文化之间的平衡，鼓励有识之士去创作出更为有用的书籍。因此，从财产法角度看，英国 1735 年的《雕刻者法》(*Engravor Act*) 作为版权法源头更为合适一些。虽然延续了《安妮法》的体例，《雕刻者法》特别将法律保护与原作"出版"的概念联系起来，承认作品的价值存在于设计本身，这是第一次将权利与无形财产创作联系起来，因此，该立法在版权

---

[1] James Boyle, 'The Second Enclosure Movement and the Construction of the Public Domain' (2003) 66 Law and Contemporary Problems 33.

[2] Jane C. Ginsburg，见 P027 注①。

法发展史上被称为"无声的革命"。

欧洲大陆的版权法发展将版权法推向了一个新阶段。继英国的《雕刻者法》之后，1791年法国颁布了保护作者权的《表演权法》，1793年又颁布了全面的《作者权法》。这样，版权法从标题到内容都离开了出版商权利的基点，成为保护作者的法律。自此，版权法都首先强调作者的经济权利专属于作者，至于出版商、印刷商的权利，是通过合同由作者转与的。所以，在欧洲大陆大都将版权法称为"作者权法"。

值得注意的是，从版权产生的历史我们可以看出，保护作者福利并不是版权产生的最初动机，而加强对版权的保护会提升出版人等传播者的市场价值，从而有益于社会，但这是自发的结果，并非版权有意为之。

小　结

由于印刷机的产生，作品的复制件制作变得容易，公众的阅读也开始增加。这一历史进程催生了人们对无形的作品的财产性的认识，人们开始认识到"知识产品"是独立于传统意义上"物"的另类客体。但是，在《安妮法》颁布之初，人们并不十分清楚这种"知识产品"与其物质载体的关系。《安妮法》规定的保护客体为"任何书籍"（any book），而在几十年后的一起版权案例中，英国大法官Mansfield才将其解释为"书籍以及其他文字作品"（books and other writings）。[①]而在另一起案子中大法官Lord Harwick第一次分析了对"未发表的信件"的物质载体的权利与对其文字的权利的区别。[②]由此，版权法初具形态，并从此与技术结下了不解之缘。

[①] *Bach v Longman*，（1777）2 Cowp. 263.
[②] *Pope v Curl*，（1741）2 Atk 342.

第三章 摄影技术与版权的扩张

引 言

从版权发展的历史进程来看,仅凭较高的文学艺术发展水平不足以促使版权法的产生。比如世界四大文明古国都曾有辉煌的文学艺术历史,但由于技术水平的限制,作品的复制和传播成本太高,以至于人们难以通过作品的使用获得财产利益。这也是为什么中国虽然有灿烂的文学成就,但是并没有版权保护的历史的原因。回顾版权法发展的 300 年历史可知,版权总是有规律地随着新技术的发展而不断前进。自欧美各国在 18 世纪建立版权法以后,随着 19 世纪工业革命的到来,版权就开始面临那些无法预见的新技术的挑战。法院和国会都被迫不断地面对这样的问题:要不要扩大作者的权利?19 世纪向版权理论框架提出的最严肃挑战来自于新技术——摄影。

通过对早期版权案例的回顾分析,我们可以看到,立法落后于技术发展的事实并不能阻止法庭将已有的立法适用于新技术的进程。分析这些涉及版权一般性问题与技术关系的案例,我们可以将其大致分为两类:一类是利用新技术的创作行为构成侵犯利用已有技术创作的版权作品的侵权行为,另一类是寻求对利用新技术进行创作的作品的版权性保护。对于前一类案件,法院似乎在将现有法律适用于被告利用新技术创作行为时并没有多大困难,但是对于后一类案件,法院在将已有法律解释新技术进行创作的作品的版权性方面遇到了很大困难。摄影技术之所以对版权构成威胁,是因为这项技术卷入了创作过程,并使人们对创作时间和创作人的判断变得困难,从而导致人们对照片的"作品"属性产生怀疑。通过将光线反射到一块经过化学处理的感光板上所形成的一幅图像,它能有资格成为作品吗?它对我们通常理解的作品的"原创性"提出了质疑。

第一节　摄影机的出现

1839 年法国人 Louis Jacques Mande Daguerre 发明了银版摄影法（Daguerreotype），这一发明举世震惊。这种最早的摄影方法所动用的器材昂贵、笨重，只能在镀碘化银的钢版上印制无法复制的单张照片，因此，那时候的摄影基本上跟版权还沾不上边。几乎同时，由 William Henry Fox Talbot 发明的光力摄影法（Calotype）解决了单张印制的问题，这种方法使用可复制的底片，而且可以通过碘银冲印纸质的照片。光力摄影法使摄影价格大幅度降低，摄影迈出了走向大众化的第一步。1854 年，法国人 Andre Disderi 发明了"肖像名片"（Carte-de-visite）的冲印方法，它将照片制作成名片的格式，可以在一张底片上印制八份同样的图像。这一技术改进进一步使摄影在普通公众中流行起来。

随着技术发展，照相机越来越便宜，也越来越易于操作，照片越来越贴近平常人的生活。因为不需要专门培训摄影技术，普通人就可以完成一张照片的拍摄，因此摄影被很多人认为是一种机械工作。这正好印证了 100 年后柯达公司的广告语：你只需要摁动快门，剩下的就交给我们（You press the button, we do the rest）。

也正是在这种情形下，照片的制作者开始认识到，由于技术本身给他们的竞争对手提供了分享自己良好信誉和劳动果实的机会，因此有必要控制对其劳动成果的发行销售。摄影师们开始关注用法律来保护自己的权利和利益。但是，即便在当时，也不是每一位摄影师都希望通过法律来保护自己的照片，因为他们对"一张照片是艺术还是机械制品"这一问题的回答并不统一。

第二节　照片是"世界之窗"还是"灵魂之镜"？

最初的摄影主要是人像摄影，人们将其看作是肖像画的替代。早期几种摄影方法的发明者不约而同地都是艺术家。Daguerre 在发明他的摄影方法之前是巴黎一位非常成功的画家和歌剧制景师。Talbot 曾经也是一位业余的艺术家，他总是将用照相机拍摄作为绘画的辅助手段。不难理解，这些具有艺术家身份的发明者从一开始就认为,摄影是一项艺术创作活动。但是持这种观点的艺术家在当时只占少数,属于摄影师中的精英群体。而大部分传统艺术家对于新生的摄影术心存敌意,他们对照片能成为艺术嗤之以鼻,他们不屑承认照片能够成为绘画的竞争对手。虽然有少数艺术家开始利用照片进行创作,但是这一部分人都被认为是二流的艺术家。因此,那个时候,摄影就开始分化,形成了三个群体:第一类是非技术型的摄影业余爱好者,第二类是批量生产的专业摄影师,第三类是自诩为高雅艺术创作者的艺术摄影师。

前两类人——业余摄影爱好者和那些为大众拍摄人像的照相馆摄影师并不关心摄影的版权问题。但是,为了让自己跻身艺术家行列,第三类高雅艺术摄影师总是尽量使自己的摄影作品看起来更像艺术作品。例如,画意摄影(pictorialism)的摄影师会故意使影像模糊以达到影影绰绰的效果;他们推进冲洗技术来控制摄影作品的效果;他们精心设计场景、光线、表情等,使摄影作品具有绘画的效果。[1]这在今天很多摄影师看来就是一种所谓的"刻奇"(kitsch)。另外,高雅艺术摄影师们还非常关心他们摄影的价格,试图使其作品保持一个高价以区别于其他摄影师的拍摄。同时,他们也积极地寻求法律手段来保护自己的作品。

照片是"世界之窗"还是"灵魂之镜"的争论从摄影技术产生之初就出现了。有些摄影文化学者认为摄影只是将客观事物放入照片,拍摄是一个完全科学和商业的操作过程,他们将照片视作一个视觉"报告手段"而不是一种视觉"艺术表达",甚至有些人相信"一幅很差劲的绘画也比一幅好的照片更具有艺术性"。[2]而摄像机是比画笔更好的复制现实的工具,所谓"耳听为虚,眼见为实"就是对照片再现客观世界特性的概括。

而另一些摄影文化研究者一直对照片传达的自然的真实抱有疑问。比如,同一幅照片挂在博物馆的墙头和作为犯罪证据时,观者的解读可能是不同的。因此,照片被认为既是自然的记录,也是摄影师精神的表达。一幅照片既是"世界之窗",也是"灵魂之镜"。[3]摄影师的确会对拍摄的距离、焦点和曝光

---

[1] Teresa M. Bruce, 'In the Language of Pictures: How Copyright Law Fails to Adequately Account for Photography' (2012) 115 West Virginia Law Review 93.

[2] Kathy Bowrey, 'Copyright, Photography and Computer Works-The Fiction of an Original Expression' (1995) 18 University of New South Wales Law Journal (UNSWLJ) 278.

[3] Christine Haight Farley, 'The Lingering Effects of Copyright's Response to the Invention of Photography' (2004) 65 U Pitt L Rev 385.

时间以及摁下快门的时机做出选择。这其实非常类似于我们确定自己在辩论中的论辩观点和论辩思路。对照片中"事实"的判断其实要依据对照片的"解读",而这种"解读"受到拍摄器材、拍摄背景、内在的摄影语言以及影像学的影响。这就是为什么说我们无法从照片本身解读照片。看起来散乱不着边际的摄影,很可能包含了摄影者特定的讲述内容,也可能反映了广阔的社会背景。

到了20世纪初,"纯粹摄影"(straight photography)流派出现,他们主张:要寻找摄影的艺术性应该从照片本身出发,而不是使其靠近绘画;单纯而清晰的对自然世界的光影再现,其艺术性正是摄影师精准地捕捉到了"有意义的瞬间"(a moment of meaningfulness)。因此,对摄影属性的界定就成了一个文化妥协的过程——发生在作为艺术的照片和作为事实证据的照片之间的妥协过程。而这种紧张关系也直接影响到了照片的版权规则。

法律在这种紧张关系中扮演了什么角色呢?一方面,如果认为照片只是对客观世界的机械复制,那么照片就是一个自然的"目击证人"。事实上,在法官们为照片的"版权性"绞尽脑汁之前,照片已经被法庭认为是一种可以采信的证据。① 而另一方面,如果照片被看作是摄影"作品",那么摄影师就可以获得法律上的独占权。

这从关于摄影的两起案件的不同结果就可以看出来。*Wood v Abbott* 案和 *Rossiter v Hall* 案都是在1866年判决的,也都是关于如何将美国1831年《版权法》适用于摄影技术的案件。② 在 Wood 案中,被告将原告的一幅摄影作品直接复制到他自己的作品中。法院拒绝了原告的救济请求,因为照片并不属于《版权法》赋予保护的"印刷品"。显然,摄影作品被排斥在了美国1831年《版权法》的保护范围之外。美国法院不认为摄影属于当时受《版权法》保护的"印刷"或"雕刻"作品,而是"完全原创的、独立的创造和复制图片的方法"。而这一认定被紧随其后的 Rossiter 案否定。

在 Rossiter 案中,原告的作品是一件有版权保护的雕塑作品,而被告对其进行了拍照。法院支持了原告,认为被告为雕塑所拍摄的照片"复制"了原告的雕塑,因此侵犯了雕塑作品的版权。Rossiter 案讨论的是完全不同的另

---

① *Luco v United States*, 64 US (23 How) 515, 541 (1859). 在这个案子的上诉审理过程中,只有照片作为呈堂证供,但是法庭还是依据照片中的签名和印章认定其为伪造行为。

② *Wood v Abbott*, 30 Fed Cas 424, No17,938 (C. C. S. D. N. Y., 1866); Rossiter v Hall, 20 Fed Cas 1253, No 12, 082 (C. C. E. D. N. Y., 1866)。

一个问题。在 Wood 案中，法院认为利用新技术创作的作品不属于版权法保护的客体；而在 Rossiter 案中，法院认定对新技术的利用侵犯了版权法保护的独占权。即便如此，Rossiter 案的意义在于，法院采取一种务实跟进的立场，解释了当时的版权法条款，法院认为如果不将这种新技术带来的创作活动成果纳入版权法的范围可能会出现危险。

美国国会最终也在摄影技术发明 26 年之后（即 1865 年）修订《版权法》时将版权保护的对象扩展到摄影作品。[①]而直到照相技术发明 45 年之后，也就是 1884 年，美国最高法院才有机会来讨论这个问题：照片到底是艺术还是科学。著名的 Burrow-Giles Lithographic Co. v Sarony 案被认为是美国版权法历史上甚至世界版权法历史上第一次版权与技术的交锋，而在这个案子中，美国法院确立了一项至今仍在世界版权司法中适用的原则——技术中立原则。[②]

第三节　摄影作品与版权的原创性

原创性也称为独创性，是此作品区别于彼作品的重要标志，也是作品取得版权的最主要条件。所谓独创性，指作品是作者独立构思而成的作品，完全不是或基本不与他人发表的作品相同，即不是抄袭、剽窃或者篡改他人的作品。独创性是作品取得法律保护的前提条件，只要作品是由作者创作产生的，体现了作者的思想感情，非单纯模仿或抄袭他人的作品，就可以得到版权的保护。在要求独创性表达作为保护条件的同时，对于独创性的高低，各国所持态度不一。作者权传统国家对独创性的要求往往高于版权传统国家。但是独创性的高低是一个审美性的社会评价，很难有统一标准。一般而言，版权法对作品的独创性要求不像专利法对专利的技术方案那样要求有高度的创造性。只要是独立完成而不是抄袭别人就具备了得到版权保护的条件。

英国著名作家、诗人奥斯卡·王尔德（Oscar Wilde）有一张经典照片，在照片中王尔德一手托腮，一手握书，放在屈起的膝盖上，他打着领结，穿着精心剪裁的丝绸绲边的天鹅绒外套、及膝的马裤和当时流行的高档皮鞋及丝袜。照片上的王尔德显得真诚、俊美、优雅，照片背景中的物件也无不奢华

---

① Copyright Act Amendment, ch. 126, sec 1, 13 Stat. 540（1865）（repeal 1870）（1865）.
② *Burrow-Giles Lithographic Co. v Sarony*, 111 US 53（1884）.

有质感。显然这是一张摆拍的照片，摄影师不但精心设计了王尔德的姿势、服装、道具，还对光与影进行了特意的安排和处理。拍摄这张照片的就是当时纽约著名的摄影师 Napoleon Sarony。极具个性的 Sarony 本人先是在纽约学习平版印刷，后来在巴黎学习绘画，接着去了英国，跟他哥哥学习摄影，并在伯明翰开了一家照相馆。后来 Sarony 于 1866 年回到纽约专门从事人像摄影。不拘泥于传统规则的 Sarony 以拍摄人像著称并因为王尔德的这张照片而名声大噪，成为当时美国最知名的摄影师之一，据说让他拍过照片的名流超过 40,000 人。

一家平版印刷公司（Burrow-Giles Lithographic Company）未经摄影师授权复制了王尔德的上述照片，用来制作男士帽子的广告，并发行了 8.5 万张广告海报。Sarony 遂指控该公司侵犯了他自己对照片的版权。被告对此予以还击，他们的第一项抗辩理由是：一张照片所包含的是图像而不是文字，所以不可能成为法律保护的"作品"（writing）。但是，这个观点很快遭到美国最高法院的否定，因为并不是没有保护图像的立法，比如地图、海图等。

被告的第二项主张看起来更为棘手：一张照片不过是把某个自然物品或者人物的特征"复制"在纸上，并非由某一位作者创作所产生的作品。也就是说，照片是对现实的纯粹映射，而摄影师对人物和背景造型的设计都是无关紧要的，摄影师并没有创造"前所未有的新东西"，其本身并非艺术创作。被告的逻辑很清楚，如果照片只是光影转换的科学过程，并不构成凝结了摄影者艺术才能的创作，那么就不受版权保护。

但是大法官 Samuel Miller 认为被告误解了摄影工作，所谓的"摄影只是拍照"是对摄影的完全机械性的看法。大法官 Miller 认为，普通的快照可能不是作品，但是本案原告 Sarony 在其工作室完成的王尔德的照片显示出了摄影师独特的精神观念，属于创作性的艺术。

法院是怎样得出这种结论的呢？一般来说，我们在扩大版权保护的时候，都尽力将试图要保护的对象解释为通过辛苦劳动而获得的创造性成果，即"作品"，这种创造性的劳动要么是一种艺术技巧，要么是创新的表达方式。但是，在照片中很难证明这一点。正如前述，由于摄影技术的迅速推动，摄影活动中对摄影师个人技巧的要求越来越低，而需要机器完成的部分越来越多。因此，很难说照片中的创造性来自于摄影师高超的拍摄技巧。从表达方式上看，照片最初是作为绘画肖像的替代品的，在表现手法上大量继承了绘画的技巧，因此很难说摄影是一种创新的表达方式。

美国最高法院在面对这一困难时，将照片的创造性定位在摄影师摁动快门前的活动阶段。除了摁动快门，法院在其他任何摄影环节没有认定创造性。而这种摁动快门前的制景活动也正是大多数高雅艺术摄影师所从事的活动。大部分为普通公众拍照的摄影师则没有那么多选择，他们通常都是固定机位，设置一两个可以选择的背景和动作，并在五分钟之内完成一张照片的拍摄。[①] 而 Sarony 的制景类似于导演所从事的活动：安排布景、调整光线，要求被摄者摆出一个姿势，而这个姿势则需要恰当地体现出其社会声誉、地位和身份。

美国最高法院做出这种判断的方法概括起来就是两个方面：一方面，将艺术照片与普通照片区分开来；另一方面，将对作品本身（照片）美学价值的判断与制作作品的活动区分开来。大法官 Miller 在判决中没有讨论被告所提出的"摄影的过程不同于绘画的过程"这一问题，但是法官暗示了"工具就是工具而已"的立场，"照相机和画家的画笔和颜料没有什么实质区别"。

有趣的是，美国最高法院在 Burrow-Giles 案中将照片的版权赋予了 Sarony，人们可能会以为 Sarony 就是那个摁动快门的摄影机的操作者。但事实是，Sarony 本人并不碰摄影机，他有一个助手每天帮他操作摄影机。这在当时是很常见的一种现象，相当于技师的摄影助手从早到晚工作 10 个小时，只拿一周 2 到 3 镑的薪水。[②] 那么，为什么法院没有认为创作者是这位真正摁动快门的摄影助手呢？可能是法院考虑到，如果做出这种判断，那么公众可能会认为，一个技师就可以成为版权人。

值得注意的是，美国最高法院的这一判决是建立在这样一个前提之下的，即立法者和法院都有能力区分那些具有足够艺术性从而具备版权保护资格的作品和那些不具备版权保护资格的作品。但是，法院在这个案子中没有明确给出区分的办法。不过，我们今天仍然能够看到法院在认定摄影作品的版权，即摄影作品的原创性时所考虑的类似的问题：摄影师对背景、光线、阴影和拍摄对象的位置等的选择，对拍摄器材和拍摄镜头的选择，对拍摄对象某一表情的激发，等等。无论是美国还是其他国家的法院，在对摄影作品原创性的认定上基本没有脱离"摁动快门前的活动"这一标准，只是在适用这一标

---

① Helmut Gernsheim, *The Rise of Photography 1850-1880: The Age of Collodion* (*The History of Photography, Vol. 2*) (Thames & Hudson 1988), p. 195.

② Ibid, p. 198.

准时不断丰富了其标准本身的内容。然而,数字技术的到来却改变了这一点。

第四节 照片与演绎作品

照片中的版权问题既包含照片的内容也包括了对照片的使用,前者是摄影作品原创性问题,后者是利用新技术进行创作的侵权问题。

成立一项版权侵权的指控要求原告证明其对作品享有版权而且被告复制了其原创作品的某些要素。原创性的标准其实并不高,并没有要求所谓的新颖性。但是照片的复制问题比其他作品的复制要复杂很多。所涉及的问题概括起来即:将一部作品的载体转换成照片的形式是对版权作品的记录,还是构成演绎作品。

所谓演绎作品是基于在先一部或多部作品的创作。如果照片属于演绎作品,那么认定侵权的办法就是认定照片是否与原作实质上相似。而实质相似的要求是,两件作品是否足以相似以至于一位普通的公众能够辨认出新的作品是从版权作品中"挪用"(being appropriated)来的。这种判断主要是从整体上看相似性,而不是细节的不同。例如,如果照片包含一部分艺术作品的成分,但其分量非常少而且外行很难辨认出来,那么这种照片就不被认为是复制。但是如果照片包含了他人艺术作品的部分,无论这部分有多大,只要能被公众辨认出来,就构成复制。

作为演绎作品,也并不排除照片可能会构成版权侵犯。因为在先作者享有演绎作品的权利,因此,创作演绎作品必须取得原作作者的许可。为一位正在表演的演员拍照仍然可以构成版权侵权,因为虽然拍照的角度和光线可以有变化,但是表达的主题仍然与版权作品相同。有人认为,虽然有些照片是基于之前的"作品",但是照片没有使被摄对象"变形",摄影只是将作品从 3D 转换为 2D,拍摄一个篮球并没有从物理性状上改变篮球,只是将其转换成一个图像,因此照片不构成演绎作品。如果将照片看作是对被摄对象的客观"记录",就不具备"再创作、变形或者改编"一个原创作品。版权法并不保护对客观事物的记录。拍摄客观存在的非版权保护的事物通常被认为仅仅是对客观事物的记录,并不是基于该事物创作的,因此不属于演绎作品。演绎作品之所以成为演绎作品,是因为它对在先作品的创作(authorship)做了改变，而不仅仅是对在先作品的记录。

在拍摄艺术作品的情况下，艺术作品的审美性还在，而审美性正是这些作品的目的，虽然一幅画的照片将2D的画转化成2D的照片图像，审美性没有变，但是，照片仍然不是画，那么它是画作的记录还是画作的演绎作品？

在 *Ets-Hokin v Skyy Spirits，Inc.* 案中，第九巡回法院认为照片不应该属于演绎作品，因为他们不是在版权作品的基础上创作出来的。[①]在该案中，被告雇用原告为蓝色Skyy牌伏特加酒瓶拍照。双方在协议中约定，摄影师保留关于照片的所有权利，而许可一部分给被告使用。后来，被告将照片使用在广告中，引发争议，双方都声称自己有对该摄影作品的版权。

纽约南区法院在初审中认为，原告对产品的摄影是对伏特加酒瓶作品的演绎，而照片只要不是对在先摄影作品的"裁切"（crop）就构成独立的演绎作品。但是，第九巡回法院撤销了这一认定，理由是伏特加酒瓶本身并没有特别的设计，仅仅是一件实用艺术品而已，因此不受版权保护，其上的文字和图标都不受版权保护。摄影师可以对其摄影作品享有版权，而对酒瓶并不享有任何演绎权。第九巡回法院认定该照片属于享有版权的作品，因为"任何摄影作品都包含了摄影师就角度、光线和拍摄时间的判断，因此是满足版权作品所要求的最低限度的原创性要求的"。尽管拍摄方法本身与其他摄影师没有太大差别，但是因为其对光影和背景的选择，从而能获得版权的保护。第九巡回法院暗示了这样的观点，即虽然此案中的摄影并不构成演绎作品，但是如果拍摄对象为受版权保护的作品，则照片就可以被认为是演绎作品。

纽约南区法院在 *SHL Imaging，Inc. v Artison House，Inc.* 案中增加了两个认定照片构成演绎作品的条件。[②]他们在这起案子中认为，要构成演绎作品，照片还必须"重塑、变形或者改编"了原作中的原创性。法官 William H. Pauley 敏锐地注意到，Jeff Koons 的关于位于曼哈顿洛克菲勒中心 Puppy 雕塑的照片仅仅是对雕塑的"记录"，而不是"重塑、变形或者改编"雕塑的原创性。根据这一观点，摄影作品的原创性完全不同于雕塑本身的原创性。如果拍摄对象是版权保护的作品，那么照片只是对摄影对象（版权作品）的记录，是对原作创造性（审美性）的呈现，它并没有改编原作，因此并不是演绎作品。但是如果在拍摄中改变了某些表达的要素，则可以构成演绎作品。

---

① *Ets-Hokin v Skyy Spirits，Inc.*，225 F 3d 1068，1078（9th Cir.，2000）.
② *SHL Imaging，Inc. v Artisan House，Inc.*，117 F Supp. 2d 301，306（S. D. N. Y. 2000）.

伊利诺伊州北区法院与第九巡回法院持有相同观点。在 2008 年的 *Schrock v Learning Curve Int'l, Inc.* 案中，伊利诺伊州北区法院同意照片属于演绎作品。①在该案中，Learning Curve 国际公司雇用 Daniel Schrock 为他们的享有版权的玩具产品拍照。他们的发票合同中注明，照片只能使用在产品目录和产品包装上。在双方的雇佣合同届满以后，摄影师 Schrock 对其照片进行了版权登记，并要求 Learning Curve 公司支付照片的使用费。后者拒绝了这一要求，而且继续将照片在其网站上发表。于是摄影师将 Learning Curve 公司告上法庭，认为后者侵犯了其版权。而 Learning Curve 公司认为这些照片是对该公司产品作为版权作品的演绎，因此在行使版权权利之前应该取得公司的同意。

该区法院认为，与 Ets-Hokin 案不同，此案中的被摄对象玩具是享有版权的作品，而为这些玩具拍摄的照片是将三维立体转换成了二维照片，是对作品的"重塑、创作或改编"，属于演绎作品。接着，该区法院讨论了 Ets-Hokin 案没有解决的问题，即版权作品的照片是否属于版权作品？区法院认为，一件演绎作品可以受版权保护，但是要得到这种保护必须获得原作品作者的同意，而仅仅得到"为原作拍照"的同意还是不够的，必须同时获得"对原作加以演绎"的授权才可以。在该案中，因为原告只是获得拍照的授权，而没有获得演绎的授权，因此他不享有对照片的版权。根据伊利诺伊北区区法院的意见，只有获得原作品（被摄对象）作者的同意，照片才可以作为演绎作品享有版权。

但是在二审中，第七巡回法院虽然也认可了区法院关于演绎作品的判定，但是撤销了对被告有利的判决，认为即便未取得原作品作者的同意，原告的摄影作品也有足够的独创性可以受版权法保护。

总之，摄影师可以自由拍摄那些具有实用性的对象，例如建筑、服装、汽车等，因为这些拍摄对象不享有版权。即便拍摄对象是受版权保护的客体，摄影师也可以因为合理使用而免责。但是，如果摄影对象是动态的，那么摄影作品本身又如何认定呢？这就是美国法院在 20 世纪 80 年代所面对的一个难题。

---

① *Schrock v Learning Curve Int'l, Inc.*, 531 F Supp. 2d 990, 994（N. D. I 11.2008）.

第五节　*Horgan v MacMillian, Inc.* 案[①]

美国纽约市芭蕾舞团（NYCB）的芭蕾舞导演和设计师 George Balanchine 将俄国的民间故事《胡桃夹子》（*Nutcracker*）改编为芭蕾舞剧在纽约上演，大获成功。这一芭蕾舞剧是在俄国民间故事作家 Hoffmann 于 1816 年发表的故事《胡桃夹子和鼠王》以及 1892 年俄国芭蕾舞导演 Ivanov 搬上舞台的芭蕾舞剧《胡桃夹子》的基础上创作出来的。1981 年 Balanchine 在版权局登记了自己的舞蹈作品的版权。Balanchine 在版权局登记的版权视频包含除舞蹈动作之外舞剧的所有艺术要素，例如服装和制景。而这些要素的版权归属都在芭蕾舞团与创作者之间的协议中做了明确约定。

1985 年 10 月，出版商 MacMillian 公司决定出版一本儿童图书《胡桃夹子：一个故事和一部芭蕾舞剧》。该书分为四个部分，第一部分是经作者改编的 Hoffmann 的故事。第二部分是关于芭蕾舞剧《胡桃夹子》的历史。在第三部分，也是最主要的部分，图书通过 60 幅芭蕾舞剧《胡桃夹子》的剧照来表现整个舞剧的内容。而这些照片是在舞剧彩排时由专门摄影师拍摄的剧照。图书第四部分是对部分演员的采访。

在编辑这本书的时候，该书作者专门征得纽约市芭蕾舞团和其摄影师的同意，可以使用这些剧照。但是，图书出版在即，Balanchine 的遗产继承人（Balanchine 于 1983 年去世）却提出诉讼，指控这些照片侵犯了芭蕾舞剧的演绎权，要求法院禁止该图书的出版。

1985 年 10 月，区法院驳回了原告的诉讼请求，主要理由是"照片并没有也没有试图使用或者引用舞蹈作品，舞台上的舞蹈剧无法通过照片再创作"[②]。但是，第二巡回法院撤销了区法院的判决，并将案件发回重审，要求区法院重新调查原告的作品是否构成版权保护作品以及照片是否存在侵权的问题。

第一个问题较容易解决。关于芭蕾舞作品是否受版权保护的问题，二审法院认为在 Balanchine 的芭蕾舞剧中，虽然借用了 Hoffmann 和 Ivanov 的创

[①] *Horgan v MacMillian, Inc.*, 789 F 2d 157（2d Cir. 1986）.
[②] *Horgan v MacMillian, Inc.*, 621 F Supp. 1169（S. D. N. Y., 1985）, p. 1170.

作以及自己的记忆,但是舞步、动作、表情的设计必须通过演员的动作和表演等芭蕾舞语言来传达故事情节。而通过舞蹈来讲故事和传达情绪是舞蹈设计者智力创作的结果。融合了演员的动作、人物在舞台上的空间关系、音乐以及演员的戏剧表现力等因素的舞蹈表达方式形成了整体的舞蹈作品,所有这些要素都是作品的实质构成部分。因此,舞蹈作品《胡桃夹子》是具有原创性的演绎作品。

那么,图书中的照片是否构成侵权呢?

要证明侵权,首先要证明复制,而要证明复制,必须证明两个要素:能接触到原作品以及两个作品有实质相似的部分。关于复制的第一个要素不证自明,因为争议图书的作者曾经出席过《胡桃夹子》的彩排。而证明"实质相似"就成为本案的核心。法官 Feinberg 也认为,本案的关键问题不是舞蹈作品是否能够被摄影作品再创作的问题,而是摄影的复制是否与芭蕾舞剧实质相似。是否实质相似应该看"除非仔细地观察,普通的公众是否能忽略二者的区别而认为它们在审美上是相同的"。第二巡回法院在这个问题上十分谨慎,不过还是指出:"尽管复制使用了不同的媒介,但是不同的媒介不能成为侵权的抗辩。"对舞蹈的某一瞬间的拍摄不仅仅是一个动作或姿势,它也可以向观众传达舞蹈的意境,而观众可以就此浮想联翩。比如,在其中一张照片中,一个故事人物 Sugar Cane 穿着条纹戏服手拿条纹大圈,正在跳圈,法官认为,根据地球引力,观众会联想到一连串的芭蕾舞动作,如跳起、落地等等。二审法院要求区法院回答这样一个问题,即照片是否在量上不足以构成对舞蹈作品的复制或者演绎,即便构成,是否能得到合理使用的保护。

这些照片可能侵犯了受版权保护的舞蹈作品的权利,但是图书中的每张照片都包含了大量的视觉形象,而这些形象可能不属于原告所有。第二巡回法院在"复制的量"是否达到了侵权标准这个问题上遇到了麻烦。法院注意到,虽然图书收录了 60 张照片,但并不是每一张所拍摄的内容都属于版权保护范围,有些并不属于侵权范围的照片应该排除在外。但是,法律没有提供一个具体标准来判断剩下对整个舞蹈的片段、瞬间动作的捕捉是否构成版权作品的实质性部分。

第二巡回法院还要求在重审中考虑合理使用的适用问题。在考虑合理使用四个要素中第一个要素"使用的特点和目的"时,法院注意到,争议图书属于给孩子看的儿童图书,照片实际上是讲述俄国童话故事《胡桃夹子》的配图。虽然图书是出于商业目的而出版，但是美国最高法院曾经认定，为营利而使用作品只是认定合理使用中的一个因素，它并不会排除对合理使用的认定。从第二个要素"版权作品的特点"看，作为芭蕾舞剧的《胡桃夹子》和图书中的芭蕾舞显然是不同的。图书和芭蕾舞剧有不同的受众，而且，也没有人会以为静态芭蕾舞场景的照片与律动的芭蕾舞表演是一回事。被告显然并没有替代原告芭蕾舞的意图。第三个要素是从"使用的量"上看，60张分割的舞剧照片不足以排除合理使用。最后，在证明"对原告市场的影响"时，原告主张自己应该保留出版演绎图书的权利。但是，法院却认为，一方面原告出版关于芭蕾的图书仍没有付诸行动，另一方面图书恰好为那些买不起芭蕾舞剧表演门票的公众提供了了解《胡桃夹子》故事的机会。原告的版权应该与普通公众更大的利益相妥协。因此，法院得出结论认为合理使用可以在本案中得到适用。

在本案中，美国第二巡回法院实际上提出了关于照片版权的一些本质问题：一张2D照片是否构成对3D动态事物的复制？如果是这样，那么，这种复制是否侵犯了舞蹈作品（在先版权作品）的版权？或是这些不连贯的对一瞬间的光影捕捉是否足以构成对拍摄对象的侵权复制？这些照片是否从质和量上都侵犯了原告的演绎权？在这个案子中，"实质部分"应该是解决案子的关键。而那些排除了跟舞蹈本身没有关系的照片之外的照片似乎不足以构成侵权的"实质部分"。

第六节　数字技术与摄影作品的原创性

从19世纪柯达公司引领普通大众走上摄影之路到20世纪90年代，胶片摄影一直占主导地位。但是，一项新的摄影技术的出现彻底改变了已经建立起来的摄影世界版图。20世纪70年代，无胶片照相机在美国获得专利，而第一部数码照相机也于1975年诞生。[①]这部数码照相机重达8磅，可以拍摄黑白照片，拍摄一张照片需要23秒。但是，技术发展的脚步以难以置信的速

[①] Jason Row, 'A Brief History of Digital Photography'（Oct. 22, 2012），参见网址 http://www.lightstalking.com/a-brief-history-of-digital-photography.，访问日期为2015年7月15日。

度向前飞奔。数码摄影最主要的技术推进就是在拍摄时像素的提高。1986年,柯达公司制造出世界上第一部百万像素(megapixel)的照相机。1990年,美国政府送入太空的哈勃(Hubble)望远镜上就装配了250万像素(2.5 megapixel)的照相机。①直到20世纪90年代初,普通消费者才开始广泛使用数码相机。而2003年以后,佳能数码技术进一步促使数码相机价格下降。数码相机的销量终于在2005年不可逆转地超过了胶片相机。有人做了一个有趣的估算,现在每2分钟全球拍摄照片的量大致与19世纪整个100年间拍摄的照片量相当。②

本来,版权法选择了摄影师作为版权人享有照片的版权,可是随着计算机技术的出现,这个问题变得困难了。使用交互的原创性复制技术创制作品,计算机用户能否创造出新颖的、独立的表达形式?或者整个计算机作品无法归为某一个人的成果,所有参与人是否都能享有平等的版权?是否每个人的行为都可以被认为是一种表达?

数字技术使专业摄影师可以在很短时间内以低廉的成本拍摄出大量的照片。这一改变直接挑战了我们关于照片"抓拍到有价值的场景"的观念。数字技术允许我们不用考虑胶卷成本而进行大量拍摄,可以说,数字拍摄和传统的使用胶卷拍摄的区别就好像机枪和手枪的区别。新闻摄影师现在要做的就是拍摄海量照片,然后将选择的工作留给编辑。

而无所不在的数字技术,尤其是数字摄像机以及数字软件如PHOTOSHOP和GIMP也给我们基于刻意"策划"拍摄(intentionality)的原创性提出挑战。一张照片上的细节,例如人的面部表情和背景中天空的颜色都可以迅速便捷并不着痕迹地加以改变。而一些来源不同的零碎图像也可以被整合到一张照片中。照片中不需要的部分可以被"剪裁"或者被其他形象"替代"。相反,比较满意的地方也可以被复制。电脑甚至可以凭空绘制出一幅很写实的"照片"。而所有这些技术也可以结合使用并创制一幅照片。数字滤镜技术也可以用来美化照片:色彩可以变得浓艳,焦点可以更加明确,以此来模仿用某些特殊镜头拍摄出来的照片,光线走向甚至照片上的时间也可以改变。

从技术上看,一张模拟格式的照片首先通过扫描将被转化成计算机可以阅读的数字模式;而数字相机直接拍摄数字格式的照片,更方便计算机用户

---

① Ibid.
② Thomas B. Maddrey, 'Photography, Creators, and the Changing Needs of Copyright Law' (2013) 16 SMU Sci & Tech L Rev.

的编辑。每一张数字格式照片的像素都是可以按照编辑者的意图改变的，而且电脑文件可以在任何时间向任何人开放。

可是，这些加工全部都是在摁动快门后完成的，这就彻底撼动了Burrow-Giles案中给我们树立的信念——摄影作品的创造性来自于摁动快门前。人们开始怀疑，创作摄影作品的还是摄影师吗？

而彻底让这一认识改变的是光场相机（light field camera）的出现。光场相机是采用一组微距透镜，通过调整这组微距镜头，使朝着一个特定的像素感应器发出的光线落在不同的感应器位置上。也就是说，它可以用复杂的方式将来自前方场景各个部位的光线记录下来，而不像普通相机那样只能找到一个焦点。因此，它可以对焦于照片中任何深度的场景。但这个对焦过程是在拍摄之后交由电脑完成的，并且这项工作可以在拍摄若干年以后完成。

摄影的发展历史显示，我们秉持着"照片可以客观地记录我们的世界"这一观念走了很长的路。然而，今天我们终于可以通过使用照片编辑软件操纵照片的内容。拍摄只是完成了作品的第一稿，而大量的实质性的修改工作还没有开始。最终的作品已经不再取决于所拍摄的客观世界，而取决于我们的意愿，我们终于可以使一张普通的照片变成一件艺术作品了。然而，这恰好是绘画艺术之路。这是一种回归还是偏离？

作为一门年轻的艺术，摄影通过对瞬间动态时空的固化，让人们有了全新的视觉体验和审美享受。也正是因为这种对动态时空的固化，产生了一系列前所未有的版权问题。当人们还没有对这些问题做出清晰回答的时候，一种新的技术产生了，而这种技术不是让动态时空固化，而是将动态时空以动态的形式记录，从而形成一种全新的视觉艺术表现形式，这就是电影。版权又忙不迭地开始应付电影带给我们的新问题。

第四章 电影技术与版权

引　言

　　电影技术的发明者应该不会料想到这一发明给版权法带来的变革以及所涉及的范围是如此之广,而版权法的立法者们也完全无法在 20 世纪初的版权立法中预见电影工业在技术和投资上的飞速发展。在电影产生之初,主要的版权问题是其与摄影作品及戏剧作品的界线问题。随着有声电影的出现,有声电影的声轨问题被提上了议事日程:有声电影的声轨是否构成版权上对音乐作品的复制?录像带技术的产生使得对这一问题的讨论进一步升级。

第一节　电影与摄影作品、戏剧作品

　　在 1889 年 Thomas A. Edison 发明了第一部活动电影放映机(Kinetoscope)的接下来几年中,发明家们一直致力于改进这种机器。1927 年,电影结束了默片时代,有声电影(talkies)出现。1935 年,彩色电影问世。英国在其 1911 年的《版权法》中首次承认电影为版权保护的作品之一。但是,即便是电影技术已产生了 20 年,美国 1909 年的《版权法》也并没有提及电影,虽然之前美国联邦法院已经在多起案子中将电影视作摄影并认为其可以得到版权保护。1903 年的 *Edison v Lubin* 案中引起争议的是一部于有利位置拍摄的为某游艇命名并启动这一游艇的新闻短片,而被告复制了原告影片的主要部分。法院认为,摄影机的瞬间拍摄与持续不断的工作之间的区别就像连续不断的图像一样是无法用肉眼区分的,这种区别是如此之小以至于观众在看到大量的连续照片后仍然认为它们是一回事。只有将每一张连续的照片分开放置并进行比较时，其中的不同才可以被发现。① 显然，电影技术在当时被看作是摄影技术的"升级版"，是"利用光线的书写"（light-written）。

这一原则在两年后的一起 *American Mutoscope & Biograph Co. v Edison Mfg. Co.* 案中得到进一步发展。这起案子涉及从不同角度拍摄的故事片电影，法院认为，通过不同角度的拍摄，影片呈现了作者在一个完整故事中的思想和概念。② 美国最高法院在 1909 年的 *Kalemn Co. v Harper Brothers* 案中，更是将电影看作一种文字作品（writings），因为电影制作者试图将作家用文字表现出来的思想通过艺术的可视图像呈现出来。在该案中，法院还进一步认定通过电影放映机播放拍摄的戏剧《宾乎》（Bin Hur）侵犯了小说的改编权。

但是电影本身是否构成戏剧作品这一问题最终是在 *Metro-Goldwyn-Mayer Distributing Corp. v Bijou Theatre Co.* 案中被提出来的。③ 在这一案子中，法院得出结论认为，电影剧本属于戏剧作品。法院进一步强调了 Kalemn 案中的原则：即便不是戏剧作品，放映电影也是对非戏剧作品的戏剧化（即改编）处理。

第二节　电影声轨与机械复制

有声电影的诞生为电影的版权带来了一个更为棘手的问题——音乐、对话以及其他声音的机械复制问题。那些被记录在胶片边缘配合画面的声音，或者被记录在唱片上与胶片同时播放的声音被称为声轨（sound track）。而后者虽然从技术上更为便捷，但是带来了更多的矛盾。从技术上看，声轨已经构成电影不可分割的一部分，因此有人认为有声电影是电影的一个类别（a species of genus of motion pictures）。这一观点最早出现在 *L. C. Page v Fox Film Corp.* 案④ 中。在该案中，法官认为，为银幕配合声音的机械进步是电影艺术的一大发展，正如原告所说，有声电影只是电影的一个种类，它们都在电影院放映，被同样的观众观看，只是同一艺术形式向前迈进了一步，而基本形

---

① *Edison v Lubin*, 122 Fed 240, 242（3d Cir. 1903），p. 604.
② *American Mutoscope & Biograph Co. v Edison Mfg. Co.*, 137 Fed 262, 266（D. C. D. N. J. 1905）.
③ *Metro-Goldwyn-Mayer Distributing Corp. v Bijou Theatre Co.*, 59 F 2d 70（D. C. D. Mass. 1931）.
④ *L. C. Page v Fox Film Corp.*, 83 F 2d 196, 199（2d Cir. 1936）.

式和利用的范围都是一样的。

但是这段评论只是法官的附带意见，因为这个案子本身是关于电影独占权的合理配置中是否包含了有声电影的版权，而并非电影的声轨是否受版权保护的问题。因此，后者并没有成为法官考虑的问题。虽然 Page 案被后来几个案子引用，但是都没有涉及电影版权是否保护声轨的问题。也有很多学者认为，通过这种方法制作的唱片与普通唱片除了用途不同外，其他都是一样的，因此，记录有声电影的声音部分的唱片是一种机械复制，享有版权。即电影是一个有机的整体，而不是各部分的组合。

但是反对者认为，当最初将电影作为版权保护作品写入版权法时，电影技术并没有发展出有声电影。直到 16 年后，电影声轨是否构成电影中享有版权的组成部分的问题才被真正提出来。因此声轨并不构成版权保护的一部分。这一主张所依据的是一起与电影无关的案件 White-Smith Music Publishing Co. v Apollo Co. 案[1]。在这个案子中，法院判定"钢琴卷"（piano roll）并不是被包含其中的乐谱的复制件，因为从钢琴卷中无法认读出乐谱来。

音乐产业与其他艺术产业领域有些不同。一首歌曲可以分成两部分：音乐本身的创作，包括以书写的形式记录下旋律和歌词；还有录音，即以唱片、磁带或 CD 形式制作的最终产品。以传统音符谱写（composition）的音乐作品，19 世纪初以来就受到版权保护，这就意味着，任何人复制乐谱都会构成侵权行为。但是很长一段时间的版权立法并没有提及音乐录制（sound recordings）的问题，这是因为录制仅仅被看作乐谱的复制件，因此并不需要版权法的任何保护。但是，随着新技术钢琴卷的出现，谱曲与录音的区别就变得明显了。那么，制作像钢琴卷或者唱片之类的录音，是否侵犯了乐谱的版权呢？

钢琴卷是一种在自动演奏的钢琴上使用的织带。它是将乐谱用一种类似翻译的手段转换成细孔，记录在织带上。当织带被自动演奏的钢琴驱动时就会产生旋律。生产自动演奏钢琴的制造商必须同时生产钢琴卷。

面对用钢琴卷复制他们的音乐的行为，作曲家和音乐出版商必须向法律寻求救济。1907 年，Apollo 公司被诉至法庭。Apollo 是一家自动钢琴与钢琴卷的生产商，被指控生产的自动钢琴卷没有取得授权就复制了别人的音乐。本案的问题并没有直接涉及所谓的钢琴卷是否构成作品而受到版权保护的问

---

[1] *White-Smith Music Publishing Co. v Apollo Co.*, 209 US 1 (1908).

题，而是钢琴卷是否构成对乐谱的复制，从而构成对乐谱版权的侵犯。被告为自己辩解说，所谓的复制，对音乐作品来说，就是对作曲家在纸上所写的乐谱符号以清晰易读的方式呈现出来，而法院不能在此意思之外任意扩张法律的含义。既然钢琴卷所呈现的仅仅是一组无法清晰读懂的散乱排列的细孔，那么它就不可能是一个侵权复制件。而作曲家和音乐出版商则站在自己的立场认为，如果不保护它们在谱曲时所产生的智力成果以及演奏时所产生的旋律，那么将违背版权的宗旨。要从打有一系列不为人懂的细孔从而驱动自动演奏钢琴的织带中，或者从更加不为人懂的唱片凹槽中找到这样的人格印记，对美国法院来说这是一个全新的问题。

美国最高法院最后支持了 Apollo 的观点，认为这种机械复制并不构成对音乐作品的复制，因为音乐的旋律并不是我们人眼识别的乐谱的复制件。事实很清楚，即便是制造这些钢琴卷的技术人员也无法"阅读"这些纸卷上的"符号"，这些符号并不是作为普通的乐谱作品用来阅读的。法院继续解释自己的判定："钢琴卷仅仅是与其他机械装置配合演奏音乐的装置的一部分，而版权不保护智力概念或智力产品，除非该产品是以复制件的形式出现的。"美国最高法院在这里暗示，可以阅读的智力成果并能传达一定视觉信息是侵权复制件的基本要素。当这一判决遭到评论者的严厉批评时，美国最高法院却为自己解释：全美国在 1902 年使用此类乐器有 7 万到 7.5 万台，而该年生产出来的音乐纸卷更多达 100 万到 150 万个，因此，我们需要协调这其中的利益关系，不能一纸禁令让成千上万拥有自动钢琴的人们期望尽失。

在 White-Smith 案做出"只有可以复制的作品才能得到版权的保护"的判定后一个月，美国国会再次启动了关于机械复制问题的版权修正案程序。最终，1909 年国会在修订《版权法》的时候为乐曲的创作者增加了一项权利，即未经授权禁止对音乐作品进行机械复制，并且把唱片与钢琴卷一并纳入新法的调整范围。① 值得注意的是，虽然修订的新法禁止未经授权的机械复制，但是显然也并没有认可这种机械复制品可以得到版权保护。美国立法者非常清楚，利用新技术的创作构成侵权与利用新技术的创作本身可以受版权保护是两个不同的问题。虽然反对电影声轨可以视作版权作品的主要依据来自 Whit-Smith 案的判决，但是也应看到，将唱片和电影声轨同等对待也并非完全不合情理，因为有相当一部分声轨完全由音乐或者音乐背景构成。因此如

---

① Sec 1（a）of US Copyright Act 1909（1909）.

果版权法不保护唱片，也就没有理由保护电影声轨。

关于电影声轨是否可以得到版权保护问题的意见分歧导致了一些无法解释的理论和实务上的问题。例如，如果电影声轨可以得到版权保护，那么记录在声轨上的任何作品也都可以得到版权保护。结果就可能出现这种情形：原先并不受版权保护的乐曲，由于被录制进了电影声轨成为电影的一部分，从而享有了版权，而且这种版权的有效性取决于电影的版权人是否对该音乐作品享有权利并满足了法定的条件。电影声轨的确构成机械复制，如果其他无法用人眼识别的机械或电子机械复制形式可以得到版权保护，那么电影声轨就应该受到版权保护。虽然唱片一直没有被认定独立地享有版权保护，但是随着技术发展，新的机械、电子的复制类型出现，立法者必须面对新的无法为人眼阅读的复制形式的问题，例如视频录像和计算机程序。

第三节　录像带与机械复制

电影声轨问题的讨论还没有尘埃落定，电影的另一项技术又引发了关于电影版权的更为热烈的讨论，那就是录像带的产生。人们又开始怀疑，录像带到底能否得到版权法的保护？是将视频录像带看作电影的一种，就像Edison案那样将电影看作是版权保护的摄影作品的一种？还是将视频录像带看作是电影之外的类型，就像Wood案将摄影作品区别于印刷品那样？[①]

与普通的电影胶片相同，视频录像是对某一场景或客观事物的连续画面的记录。视频录像的最终结果与电影胶片是相同的，可以对被记录的画面进行连续的展示或复制，让观者可以看到栩栩如生的连续的动态场景。但是，视频录像的版权性之所以受到怀疑，主要是因为其拍摄方式与电影有差异。

电影中连续的每一幅画面其实是用摄影的方式拍摄下来的，人类的眼睛可以从电影胶片上辨认出每一幅画面，就如同看到静态的照片一样。由于Burrow-Giles案承认了照片的版权性，电影的版权性也就顺理成章地得到了认可。但是，视频录像并不是摄影，人类的眼睛无法辨别录像带上录制的任何信息，即便是最专业的录制工程师都无法"读懂"录像带。录像带本身对眼睛来说并不构成可以为视觉辨认的"作品"。这一点使我们必须将目光再次投向White-

---

① *Wood v Abbott*，见 P033 注②。

Smith 案。由于 White-Smith 案确定了"不能为人眼辨识的机械复制不构成版权法上的复制"原则，因此，录像带是否属于版权上的复制就引发了人们的争论。但是新技术给产业带来的压力终于导致立法者做出改变。

小　结

电影成为版权作品在很大程度上依赖相应的技术。声轨与录像只是电影技术中两个细小的环节，但是其给版权带来的争论却让立法者和法官们绞尽脑汁。而数字技术带给电影产业的冲击被电影人称为是致命的。数字技术不但革新了电影的拍摄手段，更重要的是它改变了电影的传播模式。电影技术发展到今天，电影的拍摄已经成为一种投资巨大而且充分市场化的艺术形式。数字传输技术动摇了这种稳定的营销模式，作为版权作品的电影已经与版权法建立了密不可分的关系，即便作者不是为了金钱而创作，电影也一定是为了赚钱而拍摄的。在数字化时代，电影很可能是少数离不开版权的创作形式之一了。

第五章 复印技术与版权

引 言

科技的进步很可能使传统上完全无害的使用版权作品的行为变成可诉的侵权行为。版权法与那些潜在的被技术限制的行为有关。由于潜在的技术限制会随着技术进步而被打破,版权法的范围也会发生微妙的转变。权利和对权利的限制都反映了对行为的技术成本的考量。例如,在20世纪初期,个人复制图书或期刊文章最主要的办法就是手抄,这是一项劳动密集型和效率低下的工作。那时候,大部分国家的版权法都有研究性复制为合理的规定,而且完全没有提及复制数量的问题,因为当时的技术限制了复制的数量。在法律条文中规定限制复制的数量显得没有必要,因为手抄的复制方式已经作为一种"限制",使得复制不可能大规模产生从而构成对版权作品的威胁。

在1910年左右,机械辅助的复制技术——照相式复印机(photostat machine)开始出现。虽然这种复印机比手抄有一定的技术优势,但是复印速度慢、复印效果差以及成本高昂使这种复印技术也只存在于一些特殊部门。版权法中仍然认为个人为了研究而复制的行为是合理的。

这种情况一直持续到20世纪60年代,一种新型的复印机——静电复印机产生。该技术在速度、成本和质量上使研究人员的个人复制成为可能。复印机走入寻常办公室、图书馆,大规模的复制行为也逐渐成为日常生活的一部分。版权人再也无法对此坐视不理了,他们担心如果人们可以花每页几分钱的价格得到作品的复印件,他们就不会去购买原版的图书或期刊,这对出版业将是一个重大打击。于是版权人站出来指控图书馆对图书和期刊的复印是对版权的侵犯。而图书馆一方却为自己辩解,认为图书馆为了研究而复印是对科学文化发展的推动,属于一种合理使用。双方的争论终于由一起引发海啸般震动的案子而全面展开。

第一节 Williams & Wilkins 案①

一、争端的出现

合理使用已经在当时的美国法院普遍适用，但是几乎都是适用于后续创作者将先前作者的作品用于自己的创作中，而没有适用于对先前作品的全文复制的情形。对于科学研究者来说，如果花较少的钱可以复印某一学术期刊的某一篇文章，而不需要订阅正本期刊，这看起来是再合理不过的了。长此以往，期刊订阅市场势必要受到影响。

本案的原告 Williams & Wilkins 公司（以下简称 WW 公司）是属于 Waverly 出版社的一个分支机构，名义上是一家医学出版社，但实际上是一家家庭式印刷公司，印刷收入已经超过了它的出版收入。它出版印刷 37 种医学期刊，其中大部分是 WW 公司与专业医学协会共同制作出版的。例如，美国免疫学者协会发起创办了《免疫学杂志》，并由这份杂志委任一个编委会，编委会决定将哪些手稿发表在该杂志上，并负责编辑。然后，他们将手稿交给出版社，由 WW 公司接手完成出版印刷事项。杂志的利润在医学协会与 WW 公司之间分享。

WW 公司的掌门人 William Passano 是一位意大利移民的后裔，他继承家业，成为在美国经营的家族印刷公司的第四代继承人。William Passano 是工程师出身，很早就非常熟悉各种印刷机械。所以当 1959 年问世的施乐（Xerox）914 高速复印机开始在各种图书馆出现时，Passano 就敏锐地注意到，复印机这种新技术与之前影响到复制的其他技术如录音机、收音机、电视不同，之前的这些技术带来的复制行为如录音和播放都可以找到源头，即唱片公司和电台、电视台，但是复印机使复制行为脱离任何人的视线或者控制，在成千上万个办公室和图书馆发生。当 Passano 听说美国政府的国家医学图书馆（Na-

---

① *Williams & Wilkins Co. v United States.*，487 F 2d 1345 [Ct. Cl. 1973. cert. granted, 94 S. Ct. 2602（1974）(No. 73-1279)].

tional Library of Medicine)每年从 WW 公司出版的期刊中复印成千上万篇文章,既没有经过他们的同意,也不向其付费的时候,Passano 本能地觉得如果享有版权的作品能够被人复制而不向版权人付费,那么,一定是哪里出了差错。

本案被告国家医学图书馆收藏有大量的医学图书和期刊,它是图书馆中的图书馆,因为它以馆际借阅(interlibrary loan)的方式向其他图书馆开放其收藏的图书。1957—1961 年间,该图书馆借出的作品约 35 万件,其中的绝大部分以复印件的形式出借。国立卫生研究院(National Institutes of Health)是一家由专门性医学研究所共同组成的联合体,拥有自己的图书馆,也可以为其研究人员制作复印本。

Passano 决定先向图书馆摊牌。他向图书馆团体演讲、劝说其他出版商同行并向国会做证。但是没有一家出版商,尤其是医学出版商愿意在这个问题上与图书馆对抗。在遭到图书馆团体的回绝之后,Passano 决定起诉,自 1968 年起展开了一场以美国政府为被告的全国瞩目的诉讼。该案历时 7 年,连美国当年最著名的律师和法官都卷入其中,因此该案不可避免地成为媒体在那些年中津津乐道的话题。

Passano 聘请了年仅 30 岁但负有盛名的律师 Alan Latman。Latman 毕业于哈佛大学法学院,在当时已经是美国关于版权合理使用理论的一流专家,而正是这一理论主导着这个案子。被告美国政府一方的辩护律师是当时美国司法部专利处的 Thomas Byrnes。高度专业化的专利审查员通常也必须有一定的技术背景,Thomas Byrnes 曾经就是一名药剂师,后来上夜校学法律成了专利律师。这个案子是他代理的第一起版权案件。

因为 Passano 起诉的是政府,所以案子就呈递到负责行政诉讼的索赔法院(court of claims)的初审法庭。主审法官 James F. Davis 当时只有 36 岁,是该法院最年轻的法官,但是工作非常出色,在他从事这项工作的一年多时间里,没有一起知识产权案件被索赔法院推翻过。Davis 的第一个学位是化学药剂师,后来撰写过大量关于专利方面的学术著作。

另外一位值得一提的是当时国家医学图书馆的馆长 Martin Cummings,作为一名著名的内科医生,又有担任副结核病研究员的长期经历,因此也是一位经验丰富的专家管理者。最初,原告 Passano 向图书馆馆长 Cummings 写信,称 WW 公司将同意国家医学图书馆复印其杂志上的文章,许可使用费是每页 2 美分,因为他们并不想要阻止科学信息的流通,而只是想从对其财产的使用中获得正当补偿。①当时图书馆每年从所有出版商的杂志中复印100万页，Cummings 馆长计算了一下，如果按照这个价格，总费用也不过2万美元。但是，当 Cummings 正准备答应 Passano 的要求时，却突然想到，如果按照每页2美分的收费标准适用于全国的话，那就是一个相当巨大的数额了。因此，如果国家医学图书馆不顾其他学术性或者公共图书馆的意见而同意支付使用费的话，可能会招致同行的不满。于是，Cummings 拒绝了 Passano 的要求。

如果说向Cummings馆长提出这样一个补偿请求是不明智的话，那么Cummings 也犯了同样的错误。Cummings 邀请 Passano 来参观他们图书馆的复印机设备，试图让 Passano 觉得他们图书馆做的也就不过如此。结果却适得其反，当 Passano 看到一个具有工厂规模的复印设备时更是怒火中烧，于是坚定了这样一种信念：一个印刷厂式的图书馆肯定是自己经济上的威胁，诉讼无论如何是要进行到底了。

二、曲折的初审

这个案子之所以具有开创性，或者说一开始就对 Passano 非常不利，是因为按照美国版权的案例法规则，凡是为了学术研究、新闻报道、批评或者个人学习所制作的复制件都是不用向版权人付费的，也可以不用征得版权人的许可。但是，在图书馆复印这个问题上，法院和专家都保持缄默。而且，早在1930年，图书馆就与出版业达成了"君子协议"：在当时的技术条件下，一定范围内所做的复制是可以被允许的，只要图书馆未从中获利。而且，这份协议约定，可以为一位学者制作一份复制件。

如果图书馆可以就每一篇文章复印一份，那么为了确定合理的补偿，WW公司就得从图书馆已经复印的成千上万篇期刊论文中具体确定每一篇被复印的文章。但这样做基本上是不可能的。那么如果能证明图书馆对每一篇文章复印了不止一次就成为一种选择。于是，Latman 建议派一个人去国家医学图书馆卧底，调查其复印记录，以发现多份复制件的证据。结果没人愿意去做这个间谍。而且，让 Passano 不采取这一冒险举动的真正原因是，Passano 考虑如果这位"间谍"真的能调查出图书馆复印了多份的零散证据，但是这些

---

① Paul Goldstein, *Copyright's Highway: from Gutenberg to the Celestial Jukebox*，见"引言"P3 注①，p. 37。

证据可能显示出各种各样的复印情形，从而会让法院得出"复印多份是侵权，但是复印一份并不侵权"的结论。因此，Passano 最终还是将自己的诉讼方向确定为：一篇文章只复印一份的行为也构成侵犯版权。原告律师 Latman 准备先请求法院认定八项具体的侵权事实，然后认定未经授权的复印构成对版权的侵犯。

但是，在起诉后第四个月的时候发生了一件非常不利于原告的事情。1968 年美国最高联邦法院在 Fortnightly v United Artists Televisio, Inc. 案中对涉及版权表演权的问题做出判决。[①]虽然与复制无关，但是因为该案的审理和判决是由美国最高法院做出的，必然会造成一种倾向性的影响。在该案中，美国最高法院认定一家有线电视台在未经版权人同意的情况下，转播由当地电视台播放的电影的行为并不构成侵犯版权。这个案子虽然不涉及复制权的问题，但是法院的认定给人这样一种印象，即在某一种新技术条件下使用享有版权保护的作品的行为，可以免于承担责任。被告无疑会援引这个判决来反对原告的主张。

然而，最出乎原告意料的事情还不是这个最高法院的判决，而是他们发现了一个对原告非常不利的证据，那就是在 1965 年政府曾经出台了一个《公共卫生署政策》(Public Health Service Policy)，其中明确包含了一项政策，即对于公共卫生署资助所产生的出版物可以进行复制和做其他使用。而在 WW 公司起诉的 8 篇文章中，有 5 篇都是受公共卫生署资助的文章，这 5 篇中还有 1 篇是这项政策通过之后才撰写的。这意味着，在 WW 公司的期刊上所发表的四分之三的文章都是国家医学图书馆可以免费复印的。这个证据的出现让人沮丧，Passano 甚至想出了一种工程师的反制办法来应对败诉的情形，那就是用一种特殊的干扰 (noisy) 纸来印制《医学》杂志，这种纸无法再用照相式复印机进行复制。这让我们想到今天的版权人为了防止盗版，在其正版产品中进行数字加密以控制用户的复制行为。Passano 也有这样的观念：技术问题还得技术来解决。但是 Latman 是法律人，他不懂技术，对于这种技术手段也不以为然，他仍然想通过法律途径来解决问题。他不认为技术问题能通过技术解决。

Latman 的法律思路和逻辑是：法律规定未经版权人同意而复制某一享有

---

① *Fortnightly v United Artists Televisio, Inc.*, 392 US 390 (1968). 初审法院和巡回法院都认定被告方有线电视台的播放行为构成侵犯版权，但是最高法院 5 位法官赞成推翻这一认定。值得注意的是，在最高法院表决时，只有 6 位法官投了票。

版权的作品是不法行为，WW公司期刊上的每一篇文章都有版权，而国家医学图书馆和卫生研究院未经WW公司同意复印了这些文章，这便是不法行为。政府的唯一抗辩就是合理使用。原告可以推翻合理使用抗辩的理由是：虽然合理使用经历了100多年的考验，但是没有任何法院认为将一件作品全部复印的情形属于合理使用。而该案中的复印就是全文复印，因此不属于合理使用。为了配合这一主张，他们还将证明：这些照相式复印替代了对WW公司期刊的购买，这等于把原告费时费力做出来的东西免费给了研究人员，并同时减少了原告的订单数量。这一点恰恰就成了初审开庭质证、辩论的核心问题。

Passano在庭审证词中表明，有一部分制作成本（preparation costs）占全部成本的50%~60%，这一部分是在一册期刊面世之前所涉及的成本，跟印发数量没有太大关系。因为他们每份期刊的订户数量在3000~5000不等，所以，任何订户数量的减少都会导致印数减少，那么每一册期刊分摊的成本就会上涨，每一册期刊的价格（也就是期刊的单价）也会随之上涨。因此，原告得出结论：不加限制的复印替代了对期刊的订购，从而导致期刊价格提高，吓跑用户。那么Passano还需要证明的是：用户事实上已经减少，以及这种减少导致了事实上利润的降低。

被告的律师Byrnes在交叉质询中，一点也不示弱。他首先同意原告立论的大前提：复印的数量随着静电复印机的引入而大量增加。但没有在这个问题上纠缠太久，Byrnes就将问题引向美国法院在判断合理使用时考虑的衡量要素。四项要素中有两项明确有利于被告：被复印作品的特点和被告使用的目的。一般科学类作品有利于被认定为合理使用，而图书馆复印对医学研究以及疾病治疗有帮助这一点也是有利于认定为合理使用。只有第一项有利于原告，即复印的比例，图书馆对整篇文章的复印行为有利于否定合理使用。

最重要的是合理使用四要素中的最后一项——复印行为对享有版权的作品造成的市场影响。对于这个问题，Passano做证说，他们将订单数量或者订户人数与他们认为该杂志订阅的合理可能数量进行了对比。而当问到他认为该杂志的合理订阅数量是多少时，Passano回答说：我认为是目前数量的3到4倍。当Byrnes问他为什么会有这样一个估计时，他说这本杂志是世界上最好的医学杂志之一。这样一种支吾其词实际上对Passano方特别不利。Byrnes找到一位经济学家作为证人来证明第四项要素，即图书馆复印对WW公司造成的市场影响以及是否会带来损害。这位经济学家带着统计表格和彩色图表出庭，所有的专业证据都表明：三本涉讼杂志的订阅数量的增长速度远远高于全国科学技术工作者数量的增长速度；而且，WW 公司的收入增长速度，也超过了美国 GDP 和美国在科学研究方面支出的增长速度。

不具备经济学背景的 Latman 和 Passano 对这些从未见到过的彩色表格证据感到十分震惊。但是，机敏的 Latman 在短短的 10 分钟休庭时间内发现了可以提问的线索：虽然这位经济学家给予的专家证词密不透风，但是，他并没有提供图书馆复印的数量。于是 Latman 在休庭之后的质询中直接指出，被告是否能确定 WW 公司已经因为复印行为而导致了任何的收入损失，如果没有图书馆的复印，杂志的订量是否有可能增长地更快呢？因为没有实际数据，Byrnes 无法回答这个问题。法官也承认，根据现在这些材料，即便是加上某一年份的复印数量，也无法认定这对 WW 公司究竟会更好还是更糟。

至此，双方打成平手，谁也没有证明复印究竟是否已经对 WW 公司造成了损失。如果审理就这样结束，可能法官还是无法得出有说服力的判决。但是在最后一天的审判中出现了转机，一项新出现的证据成为 Davies 法官最后定案的关键。

作为证人 Passano 在最后一次出庭做证时，他违反了不提问不回答的原则，讲述了 WW 公司在当年 4 月因为一份办刊失败的杂志而进行的电话调查的经过。在他们联络到的 18 位用户的调查通话中，有一位先生表明他之所以没有续订杂志，就是因为他能够获得复印件。虽然当天的审理已经进行到了深夜，但是这个细节引起了精力充沛的 Davies 法官的兴趣，他开始追问这次电话调查的整个后续发展。Passano 于是继续做证讲述了那些已经不再续订 WW 公司期刊的巴尔的摩的老订户之所以没有续订的原因，理由五花八门，其中之一就是有订户可以去图书馆把杂志复印下来。

最终，Davies 法官将这 18 位老订户中的一位的回答当作定案证据，证明复印确实根本性地减少了杂志订量。在最终的判决中，Davies 法官认为"图书馆的行为与构成合理使用的四项标准无一相符"，并且，法官还着重分析了最后一项，"照相式复印是对原创文章的完全复制，这是有意替代该原创文章，并且与原创文章具有相同功能；……他们减少了原告的原创文章的潜在市场。每一个复印件的使用人就是一个潜在的订户，或者至少是一个在许可复制的情况下会支付许可费的潜在用户，这一事实是成立的"。

一审判决胜诉后，原告提出了一份含有补偿标准的和解协议书，要求图书馆支付每页 5 美分的许可费之后，可以正常复印。结果这项提议被司法部断然拒绝。Passano 方后来不断降低许可费的标准，但是政府不同意支付任何与复印相关的费用，而且用"不再续订他们的期刊"作为威胁。Passano 只好让步，不再坚持要求政府补偿。

最终，索赔法院二审下达了最终判决："政府免于承担责任"。理由是：第一，原告并未证明其实际损失；第二，医学界将因为相反的认定而蒙受损失；第三，在没有立法之前，法院不应当给予医学界任何风险。在第三点上，二审主审法官 Oscar Davis 驳回了一审关于 18 位巴尔的摩订户的证词。这一点，遭到其他法官的指责，认为一审认定的事实是不能在二审中推翻的。但是，最终判决以 4∶3 通过。

二审判决显然改变了传统美国版权法对合理使用的认定标准，传统上认为个人使用作品时的少量复制是合理使用，而这个判决将大量的图书馆复制也包括进合理使用的范围。

三、逆转性的再审

虽然在案件开始之前，几乎没有出版商支持 Passano，但案件判决后还是出现了支持 Passano 的出版商。例如，当时出版商协会版权委员会主席在得知 Passano 败诉之后，立即筹措基金推动上诉至最高法院。尽管困难重重，但最高法院还是同意受理该案的上诉。

和案件的一审一样，最高院的再审开庭也是备受关注。被上诉人美国政府一方的出庭律师是当时的副司法部长 Robert Bork——比起一审时，被上诉人方已经对该案重视了很多。副司法部长 Bork 在一年前的水门事件中已经为美国民众所熟悉；13 年后，又因为被提名美国最高法院大法官但未通过参议院听证会而名动天下。Bork 也是一位资深法律专家，当时刚从耶鲁大学法学院教职岗位上离休。在美国最高法院对该案的审理中，他表现得亦为精彩。

这是 Latman 第一次在最高法院出庭，因此他精心准备了上诉发言。他需要证明合理使用适用于某一作者偶然地使用他人作品的一部分，但绝不是因为这种使用而构成对原作品的有效替代。而为了证明这一点，Latman 必须证明：即便订阅量没有下降，它们也没有增加。在法庭上，Latman 指出，现在有证据证明民众在免疫学上的兴趣与日俱增，但是该杂志仍然维持在以往的水平上，那么这就暗示着，图书馆复印已经实质性地削减了上诉人的潜在利润。这说明合理使用的第四个条件不满足。

由于国家医学图书馆不只是向研究人员复印资料，还会向一般公众提供复印件，因此 Latman 要尽量避免的问题是：出版商向国家医学图书馆收费，是不是因为他们替公众复印？如果是的话，公众个人也是被禁止自行复印了吗？因为公众完全有权利为了自己的兴趣或学习之用而复印。就在 Latman 的辩论时间快结束的时候，大法官向他提出了那个令他担心的问题——一个普通的借阅者，为自己使用之目的而复制一份他人享有版权的材料，是否违反了该法律和侵犯了版权呢？这是一个陷 Latman 于两难的问题：如果回答"是"，则违反了一项基本的版权原则；而如果回答"否"，则自己否定了自己的论证。但是 Latman 似乎胸有成竹，认为这个问题与本案并不相干。他指出，在公众复印的情况下，任何人想要起诉都是不切实际的，因为损害可能是"微不足道的"，所以没有人有任何动机去打官司。而图书馆的行为则不同，他们联手合作、安装机器、制作复印件，并且任意决定是提供复制件还是提供原件，仅仅这两家图书馆每年就复印大约 200 万页的期刊文章，这绝不能称作是"微不足道的"。

被上诉方的副司法部长 Bork 的发言毫不逊色，他利用自己在经济学上的专长，精明地将自己的论证放置在一个稳定而严密的三角上：

第一，从经济学上看，免费复印并没有损害出版商，而事实上，这是将当前的科学文献传递到研究者手中的最有效手段。Bork 驳斥了 Latman 关于免费复印将替代有偿订阅期刊的主张，认为后者 4 年来一直都未能提供证据证明这一点。有着经济学背景的 Bork 搬出反垄断法上的一套理论，认为复印件与杂志本身之间并不是替代关系，而是互补关系。所谓互补产品，就是一种产品的价格影响着另一种产品所能销售的数量，甚至可能影响到另一产品的价格。比如汽车和燃油，燃油的价格降低，就能够让汽车制造商卖出更多的汽车。Bork 试图说明，广泛地免费复印期刊文章可能促进期刊订阅的市场。第二，即便版权规则需要改变，也得由国会来修改法律，而不是由最高法院来做。这一点非常有说服力。第三，图书馆复印迄今已经成为一种惯例，而不仅仅是一种习惯，出版商对此早就默许。而且，这是一项具有法律效力的惯例，WW 公司是惯例的破坏者，医学研究可能因此遭到严重打击。

对此，Latman 做了一个简短的反驳，重申了己方的立场：这是一个关于传统媒介与新媒介之间的问题，我们也不想阻挠新媒介向公众提供福利，我们只希望从中获得合理补偿。

1975年2月25日，Latman 收到一封来自最高法院的电报：最高法院因形成平局而维持原判决。大法官 Blackmun 未参加本案判决投票。让人吃惊的是，除了告知结果之外，最高法院没有给出任何判决理由！

在输掉官司数月之后，Passano 为解决问题做出了最后一搏，他与老对手国家图书馆馆长 Cummings 共进午餐，决定共同向国会成立的新技术手段使用享有版权作品全国委员会（CONTU）提交一份妥协性提议。该提议的核心内容就是按照复印数量来判定是否构成系统性复制，如果构成后者，则不能适用合理使用抗辩。尽管双方在这一问题上达成共识，但是这一合作还是失败了，仍然改由各自来分头游说国会。最终，CONTU 形成了一份指南，核心就是所谓的"5 份规则"，即大量是指自被请求复印之日起 5 年内，某一特定期刊上发表的任何文章在 1 年内被复印 5 份以上。最终，这一点被写入美国 1976 年通过并实施到如今的《版权法》第 108 条。

四、从 Williams & Wilkins 案看版权的发展

传统上，学者们可以合理地通过手抄的方式复制图书馆的资料以供自己使用。而 Williams & Wilkins 案将这项合理使用扩展到由被告图书馆所从事的大量复制。为此，法庭驳回了这样的主张，即如果手抄复制的权利被扩展到复印机复制，那么后者的合理复制的量应该被控制在一个自然人手抄复制的量的范围内。同样，法庭也不认为"当侵权行为是用笔完成的时候，损害是很小的，而如果靠着高速复印设备完成的侵权行为，其损害就是刻不容缓而且无法补救的"[1]。虽然面对"在接下来十年中，复印将会取代出版行业"观点的不断高涨，美国法院还是认为图书馆利用静电复印机进行的复印行为与研究者个人手抄复印的行为并无本质区别。法官们艰难地与传统的得益于技术限制的"为研究之目的的合理使用"对抗、妥协。从中我们也可以看到，技术的限制有时在形成版权的整体面貌时扮演了基础性的角色。透过这样一个技术成本变化的透镜，我们似乎也能够窥到技术进步对版权法所发挥的解构性作用。

直到 15 年以后，Passano 才看到自己当时发动的这场官司的意义，而这也只是一个开头，随后出现的技术将这一问题推向了更为复杂的境地。

---

[1] Larry F. Sword, 'Photocopying and Copyright Law- Williams & Wilkins Co. v United States: How Unfair Can "Fair Use" Be?' (1974) 63 Kentucky Law Journal 256.

第二节 Sony案[①]

一、家庭录制机（VCR）与个人复制

在Williams & Wilkins案的最高法院复审庭审中，法官向原告律师Latman提了一个令其一直十分担心的问题：你是否认为图书馆应该向出版商付费是因为图书馆也向一般公众提供复印件？Latman律师认为这个问题与本案无关。的确，这涉及版权法的另一个棘手问题，即个人复制，而 *Williams & Wilkins* 案最终促使解决了系统性复制，也就是大量复制的问题。然而，单个人少量复制的问题很快就因为另一项技术的出现而被提上了议事日程。Alan Latman也在他生命的最后看到美国最高法院在 *Sony* 案中认可了他关于合理使用的主张。

1983年，在Williams & Wilksins案之后不到10年，拥有电视机的美国家庭中，有9%也同时拥有了录像机，到1991年，这一比例增长到71%。这就给美国版权法提出了一个刻不容缓的问题，个人复制到底算不算侵犯版权？强大的游说集团主导着这个问题所涉及的双方的力量。电影和唱片公司希望对私人复制施加法律责任，而电子消费产品制造商，比如录像机生产商，则反对这样做。

那么要不要把个人复制写入版权呢？这着实让美国立法者头疼。首先，从切实可行的角度看，个人复制是无法调整的。因为，如果家庭录制行为需要征得版权人同意，那么普通民众如何去找版权人呢？如何去确定许可费呢？即使有人愿意去找，那寻找和谈判的成本由谁来承担呢？而对于美国立法者来说，通过一项无法执行的法律是不明智的，因为这样的法律会损害人们对法律可执行性的信仰。

当然国会还有另外一种选择，即在制造这些录制设备的环节收取许可费。这也不是没有先例，但是国会一直抵制这种解决方案，可能是因为选民们会把在家庭录制设备上的收费看作是一种难以接受的负担。再加上，在经过十几年讨论的新《版权法》即将通过之际，国会不愿再卷入对新问题的讨论来

[①] *Sony Corp. of America v Universal City Studios, Inc.*, 464 U S 417 (1984).

拖延立法。于是，国会将个人复制问题留给了最高法院，而自己则保持沉默。

在游说国会无果的情况下，电影公司还是决定冒险诉讼。1976年10月，环球城市电影公司（Universal City Studios）与Disney制片厂以侵犯版权为由将美国Sony公司告上法庭，指控Sony通过销售其Betamax录像机，帮助侵犯了环球公司在电视上所播放的电影的版权。

Sony公司制造并销售了Betamax制家庭磁带录像系统（VCR），这套系统被电视观众广泛地用来录制自己喜欢的电视节目以备收藏或者下班回家后收看，这项技术被称为"时间转换技术"（time-shifting）。当Sony公司向市场推出这套设备的时候，它的广告公司曾经试图从环球城市电影公司取得许可，允许其在报纸广告中使用两部环球公司的电视剧集。Sony公司原以为电影公司会欢迎这项技术，这样被电影公司的竞争对手（其他电视台）抢去的观众仍然可以收看它的节目。谁知，环球城市电影公司不但拒绝了Sony的广告公司的提议，而且还开始担心VCR技术是否会影响它自己进行了巨额投资的录像带技术市场。于是，电影公司试图说服Sony公司放弃VCR的商业计划，在遭到同样的拒绝后，环球电影公司发起了诉讼。

拥有被播放的电影版权的原告环球城市电影公司声称，旨在"时间转换"的录制是侵犯版权的行为，Sony应当承担帮助侵权人的责任。原告认为，Sony公司为用户提供制作复制件的盒式磁带录像机就相当于自己制作了复制件，因此应该承担责任。

尽管直接录制了电影的是录像机的所有人，但是电影公司并不想让法院将注意力集中在众多的录像机的用户上，但是，如果没有直接侵权，法院可以否认间接侵权。因此，原告象征性地找了一个录像机的用户William Griffins，在告诉他只是作为一个名义被告（nominal defendant）并保证他不会遭到任何经济损失的情况下，这位录像机用户同意做被告。而且，为了将这个被告与录像机的制造商连接起来，原告还找了几个象征性的销售商以及广告商作为被告。

二、结论相左的一、二审判决

案子的核心是合理使用和辅助侵权。如果法院判直接侵权的抗辩合理使用成立，也就是录像机的主人不承担法律责任的话，那么提供这种设备的人也不承担辅助侵权的责任；但是，如果合理使用不成立，录制行为构成侵权，那么提供这种设备的Sony公司就有可能构成辅助侵权。在审理中，Sony公司引用美国专利法，为自己提出了一项针对辅助侵权的抗辩，即"实质的非侵权用途"。根据这一抗辩规则，如果被指控为侵权行为提供了工具或设备，那么被告只要证明自己的设备具有"实质上的非侵权用途"就可以免责。Sony公司认为自己的录像机可能用于侵权，但是也可能录制不享受版权保护的作品，从而构成非侵权用途。

环球城市电影公司聘请的诉讼律师是当时已经在娱乐业案件和传统版权侵权案件中积累了一些经验的 Stephen Kroft。虽然涉及技术问题，但是 Kroft 还是认为这件案子并不复杂，他认为这件争议涉及的无非就是被告复制了版权作品，制作了这些侵权产品并销售，从而构成侵犯版权。在4年后最高法院的庭审中，Kroft 仍然重审他的意见："虽然卷入的技术让这个案子看起来很有趣，但是争议的实质无非就是未经授权而且没有补偿地复制了整部电影……"① 被告 Sony 方的首席诉讼律师 Dean Dunlavery 则以坚定的意志与不讲情面而闻名。拥有核化学博士学位以及丰富的专利诉讼经验的 Dunlavery 在版权案件方面却还是一个新手，但是事实证明，他的专利法背景的确让他的团队说服了初审以及最高法院的法官们。

双方都将自己的论证重点集中在了家庭复制的性质和特点以及这种复制给电视行业带来的损害上。为了证明复制的存在，原告方律师还聘请了一位私家侦探去调查零售商店，他们甚至还逐门逐户地调查 VCR 的使用情况。虽然遭到被告方的反对，Ferguson 法官还是允许双方进行电话调查。而原告方调查结果显示，有相当大比例的用户使用 VCR 建立了家庭电影"图书馆"，原告认为这严重影响到了电影公司发行的录像带的出租和销售。不但如此，原告还认为，时间转换技术使得观众可以跳过电视广告，这也影响到赞助相关电视节目的广告商的收入，并且延迟收看同样会伤害那些对播放时段敏感的广告的效果。基于上述理由，原告方认为自己有足够证据来证明被告是要承担责任的。与此相反，Sony 公司一方则在证明对电视节目的家庭复制是取得了版权人的许可方面占据优势。Sony 公司也在努力证明"时间转换"之目的的复制并没有给那些未给予复制许可的版权人带来损害。基于自己的民意调查，Sony 公司主张其 VCR 主要用于"时间转换"而不是建立家庭电影"图书馆"，因此，事实上不但会扩大收看电视节目的观众范围，还会刺激录像带的销售和出租。而作为被告的 William Griffins 也在法庭上做证说，自己购买

---

① Ibid，参见原告律师的庭审辩论记录，p. 23-24。

VCR 的时候是想用它来收藏电影,但是磁带的高昂价格最终让他的设备用来录制节目以便晚些时候收看,需要的时候他会将之前的录制内容抹掉以录制新的节目。

值得一提的是,在审理中,原告方的律师 Kroft 还前瞻性地提出让一位工程师出庭做证,证明 Sony 公司完全可以采取技术手段来阻止观众复制那些未取得版权人许可进行家庭复制的电视节目,但是 Sony 公司并未采取这些技术措施。谁知 Ferguson 法官拒绝这样的证人,其理由是:道高一尺,魔高一丈,有人发明一个装置,就会有人制造出破解该装置的技术,循环往复,无休无止。而这种具有"权利管理"性质的技术手段在数字时代却走到了法律舞台的中央。

Sony 案进展迅速,1979 年 1 月开始法庭辩论后,10 月就有了判决结果。法官 Warren Ferguson 驳回了环球城市电影公司的每一项诉讼请求,认为版权法赋予的专有权并未扩展到私人的、非商业性的复制行为,无论复制的目的是出于"时间转换"还是收藏。即便是法律走得如此之远,合理使用也能使家庭录像行为免责;即便不能适用合理使用,但是根据辅助侵权理论,也并不能让录像机的生产商和销售商承担责任。而 Ferguson 做出如此判决的依据就是,原告无法证明其损害,无论是现在的还是将来的损害。电影公司也承认他们既不知道所预测的损害会在哪一年发生,也不知道 Betamax 录像机要销售多少才会造成这种损害。

但是,电影公司不甘心这一判决,很快便又上诉。1981 年第九巡回法院受理此案,并一改往常作风,很快审理了此案,因为录像机的市场在美国不断扩大,1979 年当 Ferguson 做出一审判决时,录像机在美国已经销售了 4.75 万台,而到 1982 年的时候,这个销量已经达到 200 万台。

1981 年 10 月,第九巡回法院的判决让环球城市电影公司大获全胜。3 位法官一致同意撤销 Ferguson 的判决,因为他们认为家庭录制行为并不构成合理使用。而且,被上诉人(原审被告)Sony 公司需要承担辅助侵权的责任。看到不断扩大的录像机市场,法官认为,制造、广告促销和销售录像机的主要目的就是让人录制电视节目。事实上,所有电视节目都享有版权,因此,录像机并不具有"实质非侵权用途"。

三、纠结的终审判决

面对这一结果,Sony 公司毫不犹豫地申请最高法院再审此案。而该案在最高法院引起了大法官们激烈的争论,争论的核心就是私人复制是否构成合理使用。对此,大法官们形成了两派观点。有意思的是,一开始形成的一种观点的多数派在马上要开庭前夕解散,而在另一种观点上又形成多数派。

最高法院任命 Harry Blackmun 撰写多数法官的意见,实际上就是法院意见。而 Blackmun 是站在维持原判,即支持电影公司这一立场的。支持他的还有大法官 Lewis Powell、Thomas Brennan 和 William Rehnquist。而反对派以 John Paul Stevens 为首。Stevens 支持撤销原判的理由是,他认为私人复制应该是制定法的免责事由之一。而做出这种判断的理由主要有三:第一,一旦法律干涉家庭内的复制毫无疑问会牵涉隐私权的问题;第二,追究成千上万的录像机所有人的责任还是要小心为上;第三,对于一个已经成功开发并且销售了某种新颖而实用的产品的企业,在没有损害版权人的情况下对其施加惩罚是不合理的。所以,他认为国会有意图将个人复制本身作为免责事由。

Stevens 写信给 Blackmun 和 Powell,试图说服对方。但是在最终的多数意见中,Blackmun 还是断然否定了 Stevens 的主张,他认为国会的意图是以合理使用作为个人复制的免责事由,而不是个人复制行为本身就是免责事由。

其他主要支持撤销原判的主张包括:Sony 公司并非辅助侵权人,而且难以确定。Byron White 和 Brennan 现在认为"时间转换"就是一种非侵权用途。Sandra D. O'Connor 大法官认为,本案中的损害完全是猜测的,以至于无法证明任何"可能的"损害。Brennan 致电 Blackmun 表达了他们的看法。此时,Blackmun 开始动摇,但是他的忠实支持者 Thurgood Marshall 在当事人重新辩论的当天,撰写了一份长达 7 页的意见,详细阐述了时间转换技术可能存在的损害。他认为,使用时间转换技术的用户都是版权节目的潜在的市场,他们愿意花钱去购买这种录像机,说明他们也愿意支付费用去观看享有版权的电视节目。这一观点说服了 Blackmun,让其保留了原来的立场。

美国最高法院最终以 5∶4 做出判决:Stevens、Brennan、Warren Burger、O'Connor 和 White 支持撤销原判,而 Blackmun、Powell、Marshall 和 Rehnquist 同意维持原判。Stevens 代表多数派撰写法官意见。在这份意见中,分别就合理使用与辅助侵权问题做出判决。针对合理使用,法院指出,为私人收看之目的的"时间转换"家庭录制系统构成合理使用,因此就具有一种非侵权用途。更为重要的是,版权人没有因此受到损害。法院强调,对版权作品的使用必须是非商业、非营利的行为,并且必须对由此引起的潜在的损害加以深思熟虑，使之降到最低，这样才能成功适用合理使用抗辩。这就是所谓的"Sony 推定"，而这一法律原则直到 2001 年的 Napster 案中，其合理性才重被讨论。

美国最高法院就 Sony 公司辅助侵权问题的判决显得更为重要。通过免除任何具有实质非侵权用途的技术设备的制造商的辅助侵权责任，Sony 案判决被认为是构成产品革新与技术时代的"大宪章"（Magna Carta）。[1]在进入 20 世纪 90 年代后，消费电子产品和计算机的生产商更是将 Sony 案确定的辅助侵权原则看作自己的护身符。

当美国最高法院就 Sony 案做出判决时，美国家庭拥有录像机的比例已经从该案开始时的几乎为 0 猛增到 10%。[2]但是电影公司并没有因为在最高法院的挫败而气馁，此后一直致力于推动立法，而最终得到好处的却是唱片公司。美国国会终于在 1992 年通过了《家庭录音法》（Audio Home Recording Act of 1992）。根据这项法案，空白数字录音带和数字录音设备的生产商必须支付一种法定使用费，录音带按照价格的 3%，录音机按照 2% 支付。这些使用费缴存于版权局，在唱片公司、录音师和词曲作者之间分配。但是该法并没有明文规定个人复制到底算不算侵权，只是版权人用收取使用费的方式放弃了最初的权利主张。

小 结

20 世纪初的文本复制成本高昂，这是因为当时的手抄式人工复制内在的劳动密集型工作特点限制了实际的复制规模。因此，技术成本成为某一时期与版权控制有关的要素。这里的成本不是金钱成本，而是一种由技术的不可实现性决定的隐含限制因素。随着静电复印机的产生，复制的技术成本大幅度下降，这是因为新的技术摆脱了之前技术在速度和品质方面受到的限制。而家庭录制机则在物理上消除了个人复制视频的障碍。这两项复制技术都引起了版权权利本身以及对权利的限制的极大震动。

虽然 Sony 案判决也不过在 30 年前，但似乎已经是发生在完全不同的技

---

[1] Jessica Litman, 'The Sony Paradox' (2005) 55 Case Western Reserve Law Review 917.
[2] Peter S. Menell and David Nimmer, 'Unwinding Sony' (2007) 95 Cal L Rev 941.

术时代的事情了。当电影公司在 1976 年 11 月提起诉讼的时候，CD 也刚刚进入市场几年而已，微型计算机在那个时候还只是业余爱好者的一个玩具。而一场数字革命——世界各地成千上万的匿名互联网用户可以同时复制和传播完美的数字唱片——仍然处于科幻故事阶段。相反，Sony 公司关心的是一种模拟技术，一种可以将电视节目录制在录像带上以供将来收看的粗笨、昂贵的设备。要等到好几年以后，市场上才开始销售和出租灌制好的录像带。

相对于接下来十几年间出现的新技术，那时的静电复印机和家庭录制机只能算是普普通通的先兆。CD 刻录机和数字传输技术的接踵而至，让美国最高法院和国会不说焦头烂额，但至少也是应接不暇。

第六章　网络空间与版权法

引　言

我们正感受着互联网的优势与便利，也正面临着它所带来的问题与困扰。网络空间是一个与现实空间相同又有区别的空间。你无法说出你在网络空间中的准确位置，极易伪装的特点使人们将之称为"虚拟空间"。但是，所有的网民仍然是真实的人，在真实的时空中进行互动，只是互动的媒介是虚拟的而已。本章将从技术角度略述在这个由数字技术和互联网所构成的网络空间中法律所扮演的角色。

第一节　网络空间

网络空间形成于 20 世纪 90 年代并于形成之后飞速发展，以至于现在提到"网络"这一概念，人们自然想到的不再是它的本意（一个相互连接的系统），而是因特网（即 Internet）。自从 40 多年前因特网概念出现至今，因特网以难以置信的速度发展，已经成为人们日常生活的一部分。据统计，每 14 个月它的用户规模就会翻倍。[①]根据 2013 年 Pew 研究机构的调查，美国 81% 的成年人都在使用互联网；而根据 Eurostat 的调查，欧盟总人口的 67%在使用因特网。[②]

因特网指的是计算机之间的连接，它是全球计算机信息和通信资源的综合体。准确地说，因特网并不是一个计算机程序或一个特定的计算机资源，

---

① Floris Kreikent and David Koepsel, 'Coase and Copyright' (2013) 1 U Ill JL Tech & Pol' y.
② Ibid.

它只是一种将计算机连接在一起的方式。因特网不是一个物质的或有形的实体，而是一个合作性的事业，是一个无中心的全球信息媒体。最初，计算机之间的连接只是为了共享科研信息而在大学、科研机构等机构内部使用，后来因为其无穷的商业价值，才走进一般公众的生活。

因特网提供了许多传播与检索信息的方式，而其中最基本的通信方式是连接（connection）。用户将他的个人计算机或工作站直接地或通过一系列中介计算机以一种统一的方式连接到一个远程计算机，即信息服务器（server）上，服务器在用户的信息要求下在两个计算机之间建立起允许信息流通的连接，不仅支持即时的信息传输，而且还能支持非即时的信息传输（如电子邮件）。

最开始，这种统一的方式要求用户每次都要记住一些指令并输入计算机，以向远程的服务器发出要求，这个指令会调出存储在远程计算机上的文件索引，服务器再通过索引查询信息传输文件。万维网的出现成为因特网发展史上的里程碑。万维网上的所有信息都存储在不同服务器上，每一个服务器都有一个独特的因特网地址，因此存储在每个服务器上的信息也就有了一个地址，用户的浏览器正是根据信息的地址，在浩如烟海的因特网服务器中搜索和查询，然后向信息所在的服务器发出信号，该服务器便将所要求的信息提供给用户。

存储在服务器上的信息构成了网页（webpage），为使网页信息内容分门别类、主题鲜明、内容翔实，这些信息又会被制作成多个网页，然后用超文本链接将各个网页连接起来，使之成为一个整体，称为网站（website）。同一个网站的所有信息都有同样的地址。

网络之所以能完成这么多工作，是由一系列协议（protocols）定义的。不同地方、不同型号、使用不同软件的计算机能够相互连接的前提条件是对需要连接的计算机的硬件和软件实行标准化，这种标准化当然不是所有方面的标准化，而是最主要方面的标准化。这就需要有一个大家共同遵守的、统一实施的标准。于是，国际上的一些组织自发地制定了一系列网络标准，其中最重要的就是 TCP/IP，即传输控制协议/因特网协议。这些协议从网络初创时期作为技术解决方案，到后来的普遍性规范，逐渐成为具有自律效力的标准，谁不遵守协议，谁就无法进入网络世界。而这些协议又是分层来满足网络的不同需求的，每一层次代表了在相互合作运行的计算机之间传输文件的一种功能。最常见的 TCP/IP 协议一般分为四个功能层级：链接、联网、传输和应用。

最低的一个层级是链接层。涉及文件链接层的协议比较少，因为它只处理区域网络互动。而协议比较多的则是第二个层级：联网层。链接和联网层又称为"物理层"，包括计算机和计算机介入互联网的网线，信息通过它来传递，即通过网络链接找到文件的路径，并在用户之间发送文件。在这个层次，IP 协议占据主要地位。第三个层级是传输层，即那些让硬件运行的代码。占据这个层级的两个主要协议是 TCP 和 UDP。通过这样的协议，文件在不同用户之间传输。第四个层级是应用层，也称为内容层，即通过网线传输真正有意义的东西，包括数字图像、文本、在线电影等。

文件由上至下从应用层传到传输层，好比被放进一个虚拟的盒子，并在盒子上贴一个标签，上面写着盒子里的内容及传输的过程（这就是由 TCP 和 UDP 完成的工作）。然后这个盒子被送到联网层，联网层的 IP 协议将这个盒子包裹放进另外一个包裹，并贴上另外一张标签，标识着这个包裹的来源地址和目的地址。接下来，如果需要，这个盒子在进入局域网链接层时再一次被包装。整个过程好像是一个神奇的包裹游戏，在每一个功能层级传送的文件总会被重新包裹，并被贴上一个记载这一层级过程的新的标签。在传输的另一头，整个包裹程序则被颠倒过来，一层一层的包装被逐渐打开，直到最后打开最初的应用文件。这就好像一个俄罗斯套娃。因特网最高的功能层级是应用层，这里包含着我们熟悉的网络应用协议，如文件交换协议（FTP, file transfer protocol）、简单邮件传输协议（SMTP, simple mail transport protocol）、超文本交换协议（HTTP, hyper text transfer protocol, 通过网络发表和阅读超文本文件的协议），这些协议构成一系列规则，规定你的计算机如何和一个网络服务商互动联系以及进行其他相关活动。具体来说，这四个层级（或三个）的功能层级构成整个互联网。网络看起来虽然并没有 DNA 那样神奇，却和 DNA 的原则一样，即构成的要素很简单，但是用这些要素构建起来的世界（compounds）却是让人匪夷所思的。

第二节 网络世界的规则

一、模拟世界的规则

人们在这个所谓虚拟的网络空间中的行为是否和现实空间一样会受到约束？回答是肯定的。被誉为"互联网时代的守护神"的网络界原创思想家、美国斯坦福大学法学院教授 Lawrence Lessig，在他的一系列论著中探讨了网络空间的本质，以及互联网早期传统如何被改变，我们如何去面对一个日益受规则管束而远离自由的网络空间。① 依据 Lessig 的理解，现实世界中，四种规则制约着人们的行为：法律、社会行为规范（social norms）、市场和架构（architecture）。② 举例来说，如果你是一位烟民，在想抽烟的时候什么东西束缚着你的行为呢？哪些要素规制着你做出抽还是不抽的决定呢？

首先就是法律。法律以违反法律规定将导致某种后果加以威胁来实现对行为的规范。在有些国家，法律规定不准向 18 周岁以下的未成年人出售香烟，或是向 26 周岁以下的人出售香烟时要检查顾客的身份证明。法律可能还规定在有些场合不能抽烟，如机场里、飞机上、电梯里等。至少在这两种情况下，法律规制了想抽烟的个人的行为。但事实上，法律并不是规制抽烟行为的最重要的规则要素，更为重要的是社会行为规范，也就是我们通常说的公德或礼貌原则。这是一种以社区成员之间相互施加的带有轻微的、偶尔有力的惩罚的约束规则。比如去客人家里你想抽烟必须得征求主人允许；在搭乘别人的车时你想抽烟，你也得先问问别的乘客是否介意。

当然法律和社会行为规范并不是规制抽烟行为的仅有规范，市场也可以发挥作用。市场是通过价格机制来约束行为的。毫无疑问，香烟的价格和质量会影响人们做出决定。

另外一个影响人们行为的因素就是"架构"，在这里指的是制造香烟的技术。如果人们关注自己的健康，经由过滤或无过滤技术制造的香烟会影响你的选择。通过技术处理过尼古丁的香烟容易使人上瘾，因而它就比未处理过

---

① Lawrence Lessig, *Code and Other Laws of Cyberspace* (Basic Books 1999); Lawrence Lessig, Code Version 2.0 (Basic Books 2006).
② Lawrence Lessig, *Code Version 2.0*, 见上注, p. 9.

的香烟对人的约束更大。因为适合抽带有香味的香烟的场合比较少，所以这种香烟比没有香味的香烟对人的约束大。这些技术就是所谓的"架构"。与其他规范行为的要素不同，"架构"一旦自我运行，既没有时效的限制，也无须执行机构的协助。

　　这四项要素相互合作、共同作用于我们的行为。它们对行为的规制并不是一成不变的，改变其中任何一项都能调整人们的行为模式，尽管改变任何一项都可能是很复杂的事情。法律在这四项规则中充当着非常活跃的角色。例如，对于车载收音机的偷盗问题，一种解决办法就是增加对偷盗者的惩罚，直到偷盗者面对的风险无法从违法行为中得到补偿为止。法律的惩罚功能在这里足以威慑行为人的行为选择。但是改变法律并不是解决问题的唯一方法。第二个选择就是改变收音机的"架构"，如果车载收音机的制造者在收音机中设置一种程序，这种程序只与设置了电子保护程序的汽车配套使用，一旦收音机脱离这种汽车将丧失收音机的功能，这样就有效制止了偷盗行为。当然，这种改变"架构"的成本与改变法律的成本不同。在车载收音机的例子中，改变法律的成本显然高于改变收音机"架构"的成本，那么后者就被认为比前者更为有效。

二、网络世界的规则

　　那么这些影响我们现实行为的各项要素是否也在网络空间发挥同样的作用呢？虽然具有虚拟性，但是构成网络空间主体的仍然是模拟世界的自然人，因此现实社会的道德规范也同样影响人们在网络空间的行为。例如，你在网络上的谈话内容和谈话方式如果不适当，就有可能被认为是个讨厌的家伙，或者干脆被网友屏蔽掉。面对网络空间的虚拟性，版权人仍然试图与网络用户进行交流，展开对公众的教育运动，包括告诫公众从事违法的 P2P 下载活动将会对社会造成严重损害等。

　　市场也会作用于网络空间。如网络系统的价格影响着点击量；从访问收费开始，广告商就更青睐那些受欢迎的网站；等等。这些都是市场的功能和市场的机会，也是市场的规制。但是，网络社会的市场机制已经发生了重大变化：技术使很多流通渠道成为多余，创作者与消费者可以直接面对面交流，发行成本几乎降至为零，网络广告成本变得尤为重要，等等。两种新的音乐产业的经营模式出现，一种就是如 iTunes 这种"卡特尔"形式，出售数字形式的音乐并且利用"数字权利管理"（DRM）方法加以限制；另一种就是如 Spotify 这样的注册服务项目，用户在支付"月费"之后可以访问"流传播"（streaming）的音乐内容。①尽管 Spotify 开始可能是免费的，但是在支付了"月费"之后可以获得有限的优惠。继 TV 和 VCR 对电影行业的挑战之后，数字技术和因特网对电影的经营模式也产生了很大冲击。新的运营模式包括注册服务，如 Netflix；用户还可以在有限的时间内访问某些电影的网页，如 Movielink。纸质图书也开始被电子书（ebooks）替代。亚马逊（amazon.com）允许在下载后直接通过阅读器（e-reader）阅读电子图书，而不需要纸本的印刷和发行。大多数报纸的发行也扩展到在线版本。值得注意的是，消费者的消费需求随着技术的发展也有了很大的变化，而面对这种消费需求的转变，音乐、电影和出版行业被指责并没有跟上步伐满足消费者的需求。

  法律也规制着网络空间的行为。如版权法、诽谤法等继续在网络世界限制网民的侵权行为。但是，法律受到来自网络的空前的挑战。网络复制技术对知识产权中复制概念的挑战，给版权合理使用制度带来的观念性冲击；另外，网络地理界线模糊也模糊了我们原有的司法管辖权；等等。现实世界的法律是否能够有效地适用于网络空间？这个问题随着网络技术的不断发展而一次次地被提出来。

  现实世界的法律真的可以直接适用于网络空间吗？我们在将现实世界的法律直接运用到网络空间时遇到了什么样的困难？在实践中又是如何解决的？例如，对于淫秽物品的管制，在现实生活中，由于隐藏你是个孩子的信息几乎不可能，自我鉴别使销售者很容易辨认出不够年龄的儿童，因此我们设计的规则可以使孩子们远离淫秽书籍。但是在网络空间，真实年龄的识别几乎是不可能的，这就使现实世界中我们对淫秽物品规制的方法失效了。再如，在现实生活中，假如人们走进一家商店，在门口需要登记，店内各个角落的摄像头会拍摄下顾客对哪些商品感兴趣对哪些商品不感兴趣，并最终选购了哪些商品。在你对商店向你收集信息这一事实知情的情况下，顾客可以选择是否在这家商店购物。但是在网络世界情况就有所不同。当你进入一家网店的时候，你是否知道其实你已经被"跟踪"了？你浏览过什么网页，你在某一网页停留多少时间，你对该网页的哪些商品有兴趣，哪些没有兴趣，都会被记录下来，但是你根本不知道它是怎么记录下来的，甚至不知道它在记录

---

① 参见网址 https://www.spotify.com/us/#fcatures，访问日期为 2015 年 9 月 4 日。

你的信息。通常情况下，在网络世界里人们无从选择。

从以上两个例子可以看出，法律的确规制着网络空间的行为，但是法律规制的有效性却是另外一个问题。在有些情况下，法律很有效，但在有些情况下则不然。Lessig 教授认为法律失效在网络空间是普遍存在的，因为法律的规制需要了解："何人？""何地？""做了何事？"但是，在网络空间是无法有效回答这些问题的。①这也使版权规制变得十分复杂。由于要认定侵权行为存在，版权人必须确定侵权人的身份，同时还必须考虑版权作品在网络上进行传输的目的，如这种传输是否被用于可以免责的教育等公益目的。因此，要证明一项对版权作品的使用是否构成侵权或是落入合理使用的范围就成了几乎不可能的事情。而"发行权穷竭"的原则也无法适用于网络，因为作品一旦以数字形式发行，则理论上公众可以在任何地方任何时间获得该产品（或复制件）。互联网技术的全球性使版权侵权问题解决起来更加困难。

虽然困难重重，但是政府与版权人正合力试图寻找法律规制在线行为的办法。1995 年美国政府组建美国信息基础设施的知识产权工作小组（Working Group on Intellectual Property Rights of the Information Infrastructure in the United States），并指出"面对汹涌而来的技术变革，版权需要的只是一个使目前的规则能够保持平衡的微调（fine turning）"②。当时立法者和管理者眼中的"微调"至今仍然是版权人与网络侵权行为斗争的主导原则。

1996 年 WIPO 的 WCT 和 WPPT 在版权的"微调"方面迈出了实质性的一步。美国 1998 年的《千禧数字版权法案》（以下简称 DMCA）将这两个版权条约适用于国内；而欧盟也于 2001 年通过《欧盟信息社会版权指令》来适用 WIPO 的条约。③这些立法抱有双重目的：一方面试图通过加强实施版权规则来保护私行为人如网络服务提供商（ISP）的权益；另一方面打击大范围的版权侵权行为。为了达到上述目的，立法引入了著名的"安全港"（safe harbour）规则以及"通知—删除"程序，并宣告规避所谓的"技术保护措施"（TPM）的行为为非法，而无论这种规避行为本身是否违反了版权法。

手握法律武器，版权产业终于向网络行为人发起了"版权之战"——一系列针对终端网络用户和 ISP 的诉讼。对于版权人来说，幸运的是，立法如

---

① Lawrence Lessig, *Code Version 2.0*, 见 P071 注①, p. 23.
② Bruce A. Lehman, *INFO. Infrastructure Task Force*, *Intellectual Property and the National Information Infrastructure 17*（1995）.
③ 见 P007 注①。

美国的 DMCA 还规定版权人有权向 ISP 提出申请，并要求 ISP 提供网络用户真实身份信息以便向其提起诉讼。于是，美国版权人对成千上万的网络用户起诉。根据 TorrentFreak 的调查，自 2010 年起，约 20 万人被起诉指控在线侵权分享了版权作品。①版权产业一时间成为"继烟草业以后最招人嫌恶的行业"。然而最终这些向网络用户发起的诉讼中止于法院，法庭并没有认可这种获得用户信息的行为的合法性。②在发现起诉个人用户是一个非常不明智的举措后，版权人又将诉讼的焦点对准了 ISP 这种中间人，试图让其承担帮助侵权的责任。然而，到目前为止，这些诉讼并没有达到遏制网络版权侵权行为的效果。

除了法律，另一阻止网络侵犯版权行为的有利武器是架构，即技术手段，在网络空间又被称为代码（code）。"Code" 这个词在英文中既有"法典"之意又有"代码"之意，这种双关第一次在网络世界实现了名与实的完全统一。在由数字技术构成的互联网空间中，代码指的是那些构成网络世界的软件和硬件，而正是这些软件和硬件规制着人们在网络世界的行为。因为互联网上的信息都是通过路径选择而发送的，这种发送又是建立在无限的链接、封装交换的基础上的，因此，拦截被发送的信息变得十分容易。③这样就可以通过技术"锁住"信息以便在没有安全保障的网络上传输，换句话说，在没有得到解密的情况下是无法访问这些被传输的文件的。比如，在进入某些网站之前必须输入密码或口令（password）以进行身份鉴定。这些身份识别、数字签名、加密技术、屏蔽与过滤技术组成了网络不可或缺的要素，决定了网络的特点。这些特点又由程序员选择，他们通过定义统治该空间的代码成为网络空间的"法律"。如果能够拥有网络空间的代码，就能够控制网络空间。"代码"就是那只看不见的手，它正在型塑与现实空间不同的架构。这意味着，版权人的有效控制正在无限扩展。虚拟世界的媒介正在被一种比现实世界更为严格的方式规制。

构成网络世界的代码（软件和硬件）是否能够代替法律成为网络空间的真正规则？我们是否应该改变我们的规制办法以适应网络空间？还是应该改变网络结构以使其符合现实社会法律的要求？

① Floris Kreikent and David Koepsel，见 P068 注①。
② 例如 Recording Inds. Ass'n of Am., Inc. v Verizon Internet Serv., Inc., 351 F 3d 1229（D. C. Cir. 2003）。
③ I. Trotter Hardy, 'Not so Different: Tangible, Intangible, Digital, and Analog Works and Their Comparison for Copyright Purposes'（2001）26 U Dayton L Rev 211.

第三节 "马法"与网络法

现实世界的法律是否能够适用于网络空间？对此，著名学者 Easterbrook 提出了自己的论断：网络空间的法律无非就是现实世界法律的集合。他还用"马法"（law of horse）来做比拟，以期说明我们要了解清楚特殊领域的法律只需要懂得运用一般规则即可。[①]他认为，涉及马的法律，至少包括：调整马的买卖的法律、调整被马伤害后赔偿的法律、调整赛马许可证颁发和对赛马规制的法律、调整兽医与接受其服务的马主人之间关系的法律，等等。如果我们把所有这些法律统称为"马法"则会显得非常奇怪，因为其中没有任何共通的规则。我们会分别去制定合同法、侵权法、财产法、行政法等。只有将所谓的"马法"放置在一个关于商业行为的更为广阔的规则体系中，你才能真正理解"关于马的法"（laws on horse）。那么，为什么"关于网络的法"（law on cyberspace）会独立形成一个部门网络法（cyberspace law）呢？网络法和别的部门法是什么关系呢？能够制定一部完善的知识产权法，然后适用于网络法吗？

关于互联网的本质，人们仍然在探寻，但可以肯定的一点是互联网的本质已经发生转变。互联网的诞生是一个自生自发的秩序形成的过程，完全是基于让不同计算机所拥有的信息如何尽可能快捷、通畅地传递和共享的理念。正是这一理念决定了早期互联网的自由本质：信息的沟通共享、思想的自由交流、创新的不受限制。由此，互联网上的资源大部分处于公共领域。公共资源可为相关社区内的任何人所获取，而无须其他人的许可。有些情况下需要得到许可，但是这些许可的授权是中立的。正是资源的自由获取和自主使用造就了今天繁盛的网络时代。如果考虑到互联网上公共资源以信息和思想的非竞争性为主要特征，我们就更能理解早期互联网的核心价值即在于资源的广泛共享和利用。从它的核心价值来看，如果把信息的提供、交流和获取以及思想的交流作为其根本价值，可以说让这种非竞争性资源处于公共领域为人类所共享，在一个开放社会是理所当然的事情。

[①] Frank H. Easterbrook, 'Cyberspace and the Law of the Horse' (1996) U Chi Legal F 207.

从技术架构上看，在早期的互联网时代，构成互联网的三个层级都是开放的。物理层的组成元素——联网的计算机、网线、路由器等大部分都处于私人控制之下，唯一例外的是频谱。早期的实践是将许多频谱放在公有领域，因为网络设计者"不知道网络将做何用途"。对于用途不明的资源，我们应当将其保留在公有领域；对于资源用途的无知，是保持资源对所有人开放的最好理由。对于传输层，早期采用"端对端"（end-to-end）原则将互联网变成一种创新的公共资源。存在于这一层的互联网协议（TCP/IP）只需设法将数据打包再传输，至于数据是什么类型则无关紧要。网络的大门向所有的应用程序敞开，而且所有的创新设计都不受歧视。在这一原则下，互联网空间保持了自由和开放，这正是早期互联网自由与繁盛的关键所在。至于内容层，在互联网诞生之初，大量的内容都是可以自由获取的。因为不仅计算机运行的目标代码（object code）（计算机识别的）是公开的，人类所写的源代码（source code）也大都处于开放状态。这就给世界提供了广泛的代码及编译资源。

正是互联网的自由与资源的共享传统带给我们一个无比繁荣的可能未来。然而，我们目前正行进在背离互联网早期传统的路上，正在"通往封闭之路"。为什么呢？因为技术和法律正在交互监控互联网的各个功能层。在传输层，早期的中立的平台在运用宽带以后，技术和法律都没有要求 ISP 维持同样的创新环境，而是在传输层上开始运用新技术对运行其上的内容和应用程序进行区别对待并加以控制。网络传输的趋势是走向控制，诸如视频限制、服务器限制、固定的干线接入选择、过滤和排斥家庭网络等。我们正在通过技术和法律将网络使用方式从早期组成互联网的众多网端用户转移到少数网线所有者手中。

内容层的状况更加令人担忧。政府在商界利益的推动下，颁布了一系列法律，信息网络传播权的确立、软件的版权保护模式被强制推广、对于反向编译的保护以及对网上复制、下载、链接的规制，版权法似乎变成了无处不在的规管之手。在物理层，虽然目前对频谱的控制处于悬而未决的状态，但是频谱正在通过销售方式进入控制体系。

网络技术还在发展，而最终走向何方似乎还难以定论。我们目前的版权体系似乎正顺应着网络发展的趋势朝着更严密的"控制"的方向发展。而这种"控制"的趋势是版权产生 300 年来的整体走向。这种版权发展趋势以

"只有打击盗版才能实现商业模式的功能"为运作理念。但是，大量证据正在证明，这将是一个对网络发展趋势的最大误读。互联网和数字技术带给我们的变化已经开始显示，只有彻底地改变版权思路才能使我们从文化产业中获益。

第七章 计算机软件的版权保护

引 言

从知识产权法近100多年来的发展历史看,其演变过程并非完全理性。事实上,知识产权法的发展充满了功利主义和实用主义的影响,在某种程度上并不能反映社会公正,因此其制度设计甚至制度的正当性频频遭到怀疑。计算机软件的保护就是其中典型的例子。作为计算机软件生产大国,美国竭尽全力试图推行用版权保护软件,但是其他许多国家认为用专门法来保护计算机软件更合适,甚至有些国家如巴西、韩国等已经在这方面进行了专门法的立法。但是美国人坚持用版权保护计算机软件,并在国际谈判中对其他国家施加压力,这些国家不得已在其修订版权法时将这些专门法调整对象视作版权的客体。相反,在集成电路的设计和制造方面,美国的优势并不明显。20世纪80年代时,日本等国与美国当时的技术水平相当,在MOS半岛芯片技术领域甚至超过美国,因此美国不主张用版权法来保护集成电路布图设计,因为这样会对美国半导体产业的发展构成威胁。当计算机的运用越来越广泛的时候,计算机软件的知识产权保护问题就成了一只"特洛伊木马"[①]。

[①] S. Soltysinski,'Protection of Computer Programs:Comparative and International Aspects'(1990)1 International Review of Intellectual Property and Competition Law 7. 在这篇文章中,作者将关于计算机程序的知识产权保护问题比作"特洛伊木马",形容其意想不到的复杂。

第一节 版权保护还是专利保护？

一、难以"读懂"的文字

计算机软件是指计算机程序及其有关文档。计算机程序是指为了得到某种结果而可以由计算机等具有信息处理能力的装置执行的代码化指令序列，或者可以被自动转换成代码化指令序列的符号化指令序列或者符号化语序列。①相关文档包括程序设计说明书、流程图、用户手册等。美国《版权法》为计算机程序下的定义为"以达成一定目的的一组直接或间接用于计算机的表达或指令（statements or instructions）"。②

在计算机软件产生之初人们就开始关注其法律保护问题。立法者自然而然想到版权法，这是因为由源代码（source code）和目标代码（object code）组成的计算机程序本身就是以文字的形式表现出来的。源代码由一种特殊的计算机语言写成，其中很多属于高级语言（high level languages），有其自己的构成元素和语法。和摩斯电码或者速记法类似，源代码由数字或字母组成，可以为人脑识别。但是由于源代码基于"秘密"代码和特定的结构编写而成，因此如果没有任何关于其程序运行和目的的知识，对于一般读者来说，这无异于天书，很难被看懂，虽然作为门外汉的计算机程序用户也没有必要读懂这种语言。不过源代码仍与我们通常使用的语言有一定的相似性。尽管源代码对于编程员来说是可以识读的，但是计算机却不能识别。为了让计算机执行某项任务，源代码必须被"翻译"为目标代码，这种目标代码呈现出来的形式是一系列即便是资深程序员也无法读懂的二进制代码。可见，计算机程序虽然以文字的形式表现出来，却不同于传统的文字作品。一方面，这种文字书写出来的程序，除了程序员其他人无法理解；另一方面，这个程序只有被计算机识别之后才能达到其最终目的。这与普通文字作品大异其趣。软件开发者通常只是以不可破译的目标代码形式销售其程序，而将基础的、可以供人阅读的源代码作为商业秘密保护起来，这样他们认为可以将处于其程序

---

① 吴汉东. 知识产权法 [M]. 北京：中国政法大学出版社，2012.
② Sec101 of 17 U. S. C.

的核心的创新步骤和方法掩藏起来,避开竞争者刺探的目光。事实上,在软件业界,源代码被公认地比作一个公司"王冠上的明珠"。

计算机程序不是美术作品、音乐作品,甚至也不属于文学作品。在美术、音乐和文学领域,人们期待多样化创作并使之成为可能。如果只是简单地将已有的小说重新编写,加上新的结局,或是仅将角色和地点的名称稍作修改而保持主要情节不变的重写是没有多大社会价值的。因此,保护小说的主要情节既不会过分地限制后来创作者的创造性,也不会影响公众对新鲜的文学作品的期待。但是,计算机程序的编写不但涉及技术效率、运行速度、内存的优化使用,以及使用的便捷程度,还受到运行程序的硬件和软件环境的限制。[1]如果一定要将计算机程序与文学作品类比,那么前者只与后者中的技术描述、规则解释、历史、法律条文近似,因为这些"作品"中的受保护部分着实不多。

软件的开发通常都是为了完成一定的工作任务,而完成工作总是跟履行职责的表现有关,而与审美或增长知识无关。计算机软件开发不是为了创作本身而编写,而是为了计算机能够运行以在计算机系统本身或现实世界中完成一定的工作或实现一定的功能。也就是说,计算机程序的"文字"与技术相连接,希望技术能够产生期待的结果。因此,程序不仅仅是文字,关键是它们如何运行。

二、国际性的分歧

由于计算机软件具有实用性,包括美国在内的许多国家都曾尝试用专利保护,因为计算机软件所具有的技术性和实用性符合专利的要求。在著名的 *Baker v Selden* 案中,法院解释说,作品的功能性部分应该属于专利法的保护客体。[2]与版权相比,专利保护的是功能性创造。

然而,专利保护本身的特点决定了它在保护计算机程序方面存在缺陷。版权自动产生于作品创作之时,一般不要求(尤其是英美国家)其创造性和新颖性,只要是作者自己动手创作的即可。而且版权保护期长,在保护期这一点上可以让软件安全无虞。和版权不同,专利不是自动产生的,而是要经

---

[1] Dennis S. Karjala, 'Copyright Protection of Computer Software in the United States and Japan: Part 1' (1991) 13 European Intellectual Property Review 195.

[2] *Baker v Selden*, 101 US 99 (1879).

过申请和鉴定，审查它的新颖性、实用性等。由于计算机软件更新非常快，而专利申请程序复杂，保护期短，不适用于保护计算机软件。专利保护软件的致命弱点是对创造性的要求。按照传统的知识产权法，被保护的技术性创造必须表现出相当程度的创造性，这样才能通过专利审查。达不到创造性标准的技术性创造只能通过保密的方法或者使其具有任何反向工程都"刀枪不入"的本事来加以保护。而现实中，大部分程序都只是用大家熟知的常用技术去解决一个确定的问题。程序员们学习了解已有的程序，然后将学到的东西加以改变并适用到所面对的新任务中。因此，如果想要给一个实用但复杂的程序产品提供一种激励，那么专利保护常常是不能胜任的。一旦获得专利，专利权人则在较短时间内获得独占使用地位，这也意味着，其他人基于同样的想法独立完成的程序很容易侵犯专利。

20世纪70年代，WIPO就开始关注计算机软件的保护问题，但是通过版权保护计算机软件并不是一件看起来那么容易的事情。当时WIPO已经注意到专利保护程序的一些问题，例如，大概只有1%的程序满足专利的创造性的要求。但是版权保护同样要面对与版权原则冲突的保护实用性程序的问题。于是，WIPO考虑用一种"独立权利"（sui generis）来保护计算机软件。这一提议得到日本的支持。[1]欧盟委员会也在1988年发布的关于数字版权的《绿皮书》（Green Paper）中确立了用与版权并列的一项独立权利保护计算机程序的立法方向。[2]

即便如此，国际社会大多数国家还是觉得版权保护计算机程序利大于弊。依据1994年TRIPS协议（*1994 Agreement on Trade-Related Aspects of Intellectual Property Rights*）和1996年WIPO的WCT的规定，缔约国必须在国内法（立法或司法）中确认以《伯尔尼公约》中的文学作品来保护计算机程序，无论其表达模式为源代码还是目标代码。但是，这一做法并没有得到一致认可，例如新加坡就拒绝接受这一条款，理由是他们不同意将与一个程序执行相关联的功能性的外部可辨识的要素，例如界面说明、查表法（look-up tables）、

---

[1] Dennis S. Karjala，见P081注①。
[2] 该《绿皮书》的全称为 *Green Paper on Copyright and the Challenge of Technology——Copyright Issues Requiring Immediate Action*，Document COM（88）172 final（June 7, 1988）(1988).

指令等级以及屏幕显示等，作为作品的一部分加以保护。

虽然在制定 1976 年《版权法》时，美国立法者仍然犹豫版权是否适合保护计算机程序，但是在国会组建的"关于版权作品的新技术性使用全国委员会"（National Commission on New Technological Uses of Copyrighted Works，即所谓的 CONTU）的最后报告中，CONTU 声称美国版权法中的"思想表达二分法"可以有效地保持在保护计算机软件中的各方利益的平衡。[①]最终美国国会接受了这一观点，于 1980 年修订《版权法》时将计算机程序作为版权保护的客体写入立法。[②]从 1985 年开始，美国大规模地采用了外交的、经济的、法律的种种途径，推动全世界的计算机软件立法走入版权保护的轨道。而最终在 TRIPS 协议中达到了当年美国的目的。但是 20 世纪 90 年代后，全世界却吃惊地看到，美国的司法似乎在不断否定美国的立法意图，与它力图推动各国立法去走的那条路居然并不一致。虽然多数国家已经选择或不得不选择把计算机软件作为文字作品放在版权法之下去保护，但实际上在遇到软件纠纷时，一大批美国法院又往往忘记了软件是文字作品，从而发展出很多让人大跌眼镜的案例原则。

第二节　版权保护的困境

计算机程序与其他版权保护客体最大的不同（计算机程序与其他技术产品的区别），也是运用版权保护最大的困难，就是计算机程序的易复制性。程序的易复制性是由其技术特点决定的：计算机的运行（如对文件的备份）依赖于对代码的复制（copying）。可以说，良好的计算机技术在很大程度上取决于便捷的复制功能。无论是为了私人使用还是商业组织的利用，虽然需要大量的时间、金钱和精力的投入，但是非法的复制变得很容易，程序非常容易被盗版。

软件复制分为两种：逐字逐行的复制源代码和目标代码被称为"文字复制"（literal copying），而那些只复制程序的"结构部分"（structure）的行为

[①] CONTU, *Final Report of National Commission on New Technological Uses of Copyrighted Works*（1979）.

[②] Sec 101, 117 of 17 U. S. C.（1980）.

被称为"非文字复制"(non-literal copying),似乎称为"非文本复制"(non-textual copying)更准确一些。传统版权保护仅仅阻止"文字复制",但程序编写者想要得到保护的恰是程序中特有的"结构部分"。那么版权法能否将保护范围延伸到"非文字复制"以实现对计算机软件的保护?编程员在怎样的程度上可以使用别人的程序而不构成侵权?怎样的兼容性才不会侵犯他人的版权?在怎样的情况下,通用的代码可以进入公有领域?

一、计算机程序的文字复制是否构成版权侵权?——第一代计算机软件侵权争议

如果退一步,将计算机软件看作文字作品,版权保护的范围仍然引起争论。有人主张,即便用版权保护计算机软件,那保护的一定也是源代码,而不是功能性的目标代码,因为目标代码是由机器"汇编"而成的,不是人创作的,因此目标代码绝不能构成一种文字作品。然而让人吃惊的是,在美国的一些案例如 *Apple Computer, Inc. v Franklin Computer Corp.* 中,法官承认版权保护目标代码。[1]美国的这种做法也得到其他一些国家如加拿大的跟进,但也并没有得到一致赞同。在 *Apple Computer, Inc. v Computer Edge Pty, Ltd.* 案中,澳大利亚初审法官认为,版权无法保护软件,因为版权保护的文学作品是用来欣赏(enjoyable)的,而这恰不是软件的功能。[2]澳大利亚联邦法院(Federal Court)推翻了这一认定,判定源代码可以受版权保护,因为源代码构成原创性的文字作品,而且目标代码也可以受版权保护,因为目标程序可以看作是源程序的演绎作品。[3]在进一步的上诉程序中,澳大利亚高等法院(High Court of Australia)就源代码受版权保护达成了一致,但是就目标程序是否受版权保护仍存在严重分歧。[4]大法官 Gibbs 认为:"要说一系列记录在硅片上的无法跟人类交流、只是设计用来使计算机运行的电子脉冲构成文字作品或是一种文字作品的翻译,这一点无论如何无法说服我。"[5]最终大部分法官同意了 Gibbs 的意见,法院最后认定由于目标代码不能为任何人类所理解,所以并不构成文字作品,也不构成源代码的翻译作品。这一判决立即引

---

[1] *Apple Computer, Inc. v Franklin Computer Corp.*,714 F 2d 1240(3rd Cir 1983)。
[2] *Apple Computer, Inc. v Computer Edge Pty, Ltd.*,(1983)50 ALR 581;(1984)FSR 246.
[3] *Apple Computer, Inc. v Computer Edge Pty, Ltd.*,(1984)53 ALR 225.
[4] *Computer Edge Pty, Ltd. v Apple Computer, Inc.*,(1986)CLR 171。
[5] Ibid, p. 18.

起了普通法国家版权立法者的惊惶,并直接导致了1985年英国立法的变化:英国当年通过了《版权(计算机程序)修正法案》[Copyright (Computer Software) Act 1985],其中的条款被写进了几年后制定的CDPA。此后,大多数国际条约都明确规定,计算机程序应该作为《伯尔尼公约》中的文字作品得到保护。但是,关于源代码与目标代码在文字意义上的区别的争论并没有就此消失。

例如,加拿大联邦上诉法院(Canadian Federal Court of Appeal Apple)在 Computer, Inc. v Mackintosh Computers, Ltd. 案中就得出了与澳大利亚高等法院完全相反的结论。[1]法官 Reed 认为目标代码就是源代码的翻译件,虽然这种翻译是以芯片为载体的。所以,未经授权对目标代码的复制构成侵犯版权。在得出这一结论的过程中,法官 Reed 对将复制目标代码比作"按照苹果派的制作方法烘制苹果派,因而不构成侵权"的观点不以为然,"如果要做这样的类比,我认为被告的行为是在复制关于'苹果派做法'的作品"。[2]2004年英国法官在 Navitaire, Inc. v Easyjet Airline Company 案中,也引用了苹果派的比喻来说明目标代码复制的问题,但是得出了与加拿大法官不同的结论。在这个案子中,大法官 Pumfury 面对的问题是,侵权行为是基于"非文字复制"还是在不涉及计算机代码时的对程序"外观"的复制。大法官 Pumfury 驳斥了将计算机程序类比为文学作品的情节的观点,而是另外做出了"布丁制作"的类比:编写程序类似于按照"制作方法"来烘制布丁,按照竞争对手的"制作方法"烘制出布丁,并记录下自己的"制作方法",这是否侵犯了竞争对手"制作方法"的权利呢? Pumfury 的答案是:没有侵权。如果要保护使计算机运行的目标代码就好像要保护这种物理的"布丁的制作过程——打蛋、搅拌、放入烤箱等动作",这是令人难以想象的。

考虑到目标代码对于计算机程序的重要性,关于目标代码是否构成文字作品从而可以得到版权保护的问题还将继续争论下去。[3]承认目标代码构成文字作品,为认定侵犯计算机程序的行为奠定了基础。但是我们必须注意,这种对新技术带来的新的"作品"形式的保护极大地改变了版权保护文字作品

---

[1] Computer, Inc. v Mackintosh Computers, Ltd., 58 [1986] 28 DLR (4th) 178 (Fed. Ct.).
[2] Ibid, p. 62.
[3] Susan Corbett, 'What if Object Code Had Been Excluded from Protection as a Literary Work in Copyright Law —— A New Zealand Perspective' (2008) Mich St L Rev 173.

的政策基础。

二、计算机程序的非文字复制是否构成版权侵权？——第二代计算机侵权案件

（一）版权的"思想表达二分法"（idea/expression dichotomy）

版权一般只保护表达（expression）和形式，并不保护这种表达中所包含的思想（idea），这种"思想表达二分法"（idea/expression dichotomy）通常被认为是在版权侵权中认定版权保护范围时的基本原则。与版权不同，专利则保护处于表达和形式之下的思想或内容。主张用专利保护计算机程序的观点主要就是基于程序中的功能性（非文字表达）一般被认为属于思想，不能得到版权的保护，但是恰好符合专利保护思想的原则。于是，计算机程序中的非文字复制问题实际上主要围绕着思想表达二分法展开的。

美国早在19世纪的司法中就确立了"版权保护只及于作者独创的思想的表达，而不及于思想本身"的原则。[①]英国也在1897年的 Hollinrake v TrusweU1 案中认为，版权保护不及于思想、结构、系统和方法。[②]这一原则在其他英美法系国家得到广泛认可。例如，在2001年的英国案件 Designers Guild v Russell William, Ltd. 中，大法官 Hoffmann 强调，版权保护只及于"转化（reduced）为一种物质形式的思想，即思想的表达"[③]。之所以做出这样的认定是因为版权法的目的在于鼓励人们在他人思想的基础上自由创作的同时保护作者对思想的原创性表达。

与其他版权例外制度一样，思想表达二分法是为版权的排他权划定的一个边界，将版权不保护的思想与所保护的思想的表达分开。例如，通常绘画的罗曼蒂克风格是不受版权保护的，但是表达这一风格的一幅画作则受版权保护。在版权法中，依据"原创性"这一原则，一般拒绝对原作改变十分有限的演绎作品的版权保护，而思想表达二分法将原创性限定为对思想的表达，以促进公众能够接触原创作品以及作品中的非原创思想。例如，在 Baigent &

[①] Folsom v Marsh,; Baker v Selden,. Baker 案涉及使用了新方法的会计账簿，原告认为被告复制了其创新的会计账簿的表格，因此构成侵权，见前注。但是被告认为会计账簿的表格样式是不受版权保护的思想。美国最高法院最终判定会计账簿中的表格样式是"思想所必需的事实"，如果没有这样的表格样式，会计账簿中的"思想"也是无法传达出来的，因此是不受版权保护的。

[②] Hollinrake v TrusweU1, 3 Ch 420 (1894).

[③] Designers Guild v Russell William, Ltd., [2001] 1 All ER 700.

anor v The Random House Group 案中，原告和他的合作作者认为 Dan Brown 在其作品《达芬奇密码》(*The Da Vinci Code*) 中侵犯了原告作品《圣血和圣杯》(*The Holy Blood and the Holy Graild*) 的版权。但是法院认定，从版权作品中抽取基本思想并不构成侵权，因为版权仅仅保护关于思想的原创性表达。

思想表达二分法在版权法上的意义是多方面的。例如，通过对版权作品的创造性使用来丰富知识文化类型，促进文化产品竞争；认定版权在载体中的呈现，解决侵权的实质性问题以及推动版权利用中的言论自由原则；等。

但是，实践中有效划分思想与表达的界限并不容易。缺乏将思想区别于该思想的表达的"试金石"成为思想表达二分法的根本缺陷。对于思想表达二分法的批评主要有两方面的理由。第一，因为缺乏立法依据，难免让人怀疑其合法性。这种怀疑来自于对《伯尔尼公约》的解释。该公约并没有明文排除对思想的保护，而思想表达二分法只是在其他一些国际条约中以及某些缔约国法中予以了承认。[①]美国《版权法》就明确规定版权保护不延及任何思想（idea）。[②]但这并不意味着美国法官在认定这种区别时没有困难。在英国，版权的思想表达二分法受到更广泛的质疑，认为这是"关于版权的一个错误的分界线"[③]。

批评思想表达二分法的观点中更具说服力的是认为这一原则在实践运用中存在困难，因此对解决版权争议没有实际意义。这种困难来自于，实践中的思想与该思想的表达是很难区分的。作品的"思想"不但包含了作品中原创的思想，也可能包含创作的一般风格、公认的非原创思想。通常，转述他人的个人独创思想都不可能不对这些思想的表达作实质性的复制。在这种情况下，要做不同的表述很容易改变原创作者的意图，从而招致嫌隙。如果作者基于一些公认的主题而创作，例如《罗密欧与朱丽叶》与据其改编的《西城故事》都是有关悲剧的、黑帮的、不可能的爱情等主题，但是其表达方式和细节截然不同。然而，思想越是体现在细节上，就越难与表达区分。而且，如果思想只有一种表达方式，那么这种思想与其表达方式就无法分割。尤其

[①] 例如 TRIPS 第 9 条（2）款，WIPO 的《版权条约》第 2 条，《欧洲软件指令》以及 1992 年英国的《版权（计算机软件）条例》。

[②] Sec 102 (b) of 17 U. S. C. (1980).

[③] Patrick Masiyakurima, 'The Futility of the Idea/Expression Dichotomy in UK Copyright Law' (2007) 38 International Review of Intellectual Property and Competition Law 548.

是要传达那些无法言传的思想时，在理论上将其与表达分开更是不可能的。因为缺乏明确的界限，思想表达二分法在个案中的适用就变成了一种"推测"或是一种"印象"。

逐渐式微的司法运用也佐证了这一点。审理 *Ladbroke（Football）v William Hill（Football），Ltd.* 和 *Donoghue v Allied Newspapers* 两个案子的法院都认为那些没有"被转化成文字或者其他有形形式"的思想是不受版权保护的。① 但是，有人提出反对意见，他们认为所谓"没有表达出来的思想观念"与阐述、记录和传达思想有关的认知是相互矛盾的，因为，思想只有在被表达的情况下才可能存在。②欧洲的 Geiger 教授明确指出，信息（内容）和形式的区别过于人为，难免牵强。③任何思想都需要通过一种具体的表达形式才能进行交流和传播，而表达承载着所交流的思想。版权只是保护这种表达而不保护另一种表达而已。

尽管如此，作为法律适用原则的思想表达二分法在司法实践中并非毫无意义。在英美版权传统中，将思想表达二分法做这样一种解读可能更为合理，即尽管思想以一种特定的形式表达出来，但是这种表达并没有满足立法对固定性的要求，因此无法获得版权保护。于是争论的核心就成了作者表达的思想是否满足版权的固定性要求从而能得到版权的保护，而不是思想是否被表达出来。要求一部作品必须以一定的物质形式加以记录（recorded）构成版权传统中版权保护的合理要求之一。例如，版权对人格利益的保护就是以存在这样一种承载作者人格利益的载体为前提的。同样，以维持现状为目的的版权保护的产生以及立法上的有限独占权，都是以存在使用者可以接触到的承载某种表达的媒介为前提的。例如，*J & S Davis（Holdings），Ltd. v Wright Health Group. Ltd.* 案的法官就得出结论认为转瞬即逝的模型和铸型无法得到版权保护。④

思想表达二分法的功能的确可能只是与版权的固定性要求有关，因为如

---

① *Ladbroke（Football）v William Hill（Football），Ltd.* [1980] RPC 539（CA），p. 546；*Donoghue v Allied Newspapers*，[1938] Ch 106，p. 110.

② Richard H. Jones, 'The Myth of the Idea/Expression Dichotomy in Copyright Law' (1990) 10 Pace L Rev 551.

③ Christophe Geiger, 'Flexibilising Copyright - Remedies to the Privatisation of Information by Copyright Law' (2008) 39 International Review of Intellectual Property and Competition Law 178.

④ *J & S Davis（Holdings），Ltd. v Wright Health Group，Ltd.* [1988] RPC 403.

果某种思想的确以某种方式被表达出来，以物质形式被记录下来，就不会存在关于原作的版权争议。只有在很少的情况下，思想表达二分法才在认定作者是否表达了某种思想时扮演一个关键角色。但是，思想表达二分法的这一功能可能给版权法带来令人不快的庸俗的认定标准。艺术样式并非统计数据，法官也并不总是具备艺术鉴赏能力，因此，如果要求一件作品必须以某种物质形式加以固定，那么版权法可能会变成对先锋艺术的审查工具。例如，在英国的 Merchandising Corp of America v Harpbond 案中，上诉法院就根据传统绘画的定义判定一个歌剧演员的脸并不是承载绘画的合适的载体。[1]其实，法院并非必须据此来驳回上诉人的请求，否定版权保护的更合适的理由是具有争议的绘画缺乏原创性，脸谱在多种文化中都是一种古老的仪式，因此并不存在个体的"作者"。

（二）计算机程序中的思想和表达

版权保护计算机程序的范围主要基于思想和表达的界限来划分。[2]但是将其适用于计算机程序的版权保护使区分思想和表达的问题变得更为复杂，因为虽然"一个想法只有一种表达方式"的情况不经常发生在文学艺术作品的创作中，但是经常出现在事实作品或软件中。如果只有一种方式来写一个程序，那么这个程序是思想还是融合了思想的表达？作为一种特殊的版权保护客体，计算机软件集中体现了思想表达二分法适用的价值性。

实践中，很多计算机程序由于使用了标准结构而显得模式化。但是在这个模式化结构之外，计算机程序通常在计算机运行的层次上有一个自己的特别（particular）层次；而在这个特别层次之外，有一个更高层次构成程序的"外表和感觉"（look and feel），在这个层次上，用户通过用户界面与程序互动。"外表"指的是屏幕显示的样子，而"感觉"指的是用户的使用体验。我们熟悉的微软公司的下拉菜单（dropdown menus）就是微软公司提供给大家的"感觉"。而"外表和感觉"常常为一个程序的特别的竞争优势，也因此成为程序编写者想要保护的对象以及其竞争对手想要模仿的对象。通常"外表和感觉"就被解释为构成作品的"表达"部分，而那个特别层次属于特别结

---

[1] Merchandising Corp. of America v Harpbond, [1983] FSR 32.

[2] Dennis M. McCarthy, 'Copyright Infringement——Redefining the Scope of Pretection Copyright Affords the Non-Literal Elements of a Computer Program——Computer Associates International, Inc. v Altai, Inc., 982 F. 2d 693（2d Cir. 1992）'（1993）66 Temple Law Review 273.

构，构成软件背后的"思想"。

传统的文字作品的存在不依赖于载体，也不需要与其他已经存在的作品互动。而计算机程序则需要与其运行的硬件和其他软件兼容才能实现目标。很难想象，一个新的游戏软件无法在另一个制造商生产的计算机上运行。兼容性便成为软件的一大特点。要和其他软件兼容，就必须具备其他软件的一些特点，其中至少是在两种软件的界面（interface）上是相同的。软件为了实现兼容性而使两个软件的界面相同，就会不可避免地发生复制行为。

通常，复制了他人作品的实质部分是构成侵权复制的基本条件之一，虽然各国立法的措辞会有不同。一般来说，版权侵权认定中对他人作品的实质使用要从量和质两个方面评估，同时还会要求通过与整体对比来评估复制的内容和量。例如，英国立法就直接规定了实质部分（substantial part）[1]；而美国则将被使用的部分的量和是否构成实质部分交由法官来裁定，关于实质相似性的问题也由法官来确定。[2]司法实践显示，思想表达二分法更多地被美国法院用在对实质相似性的认定上。即便引用的量很小，但是构成他人作品中创作者的主要或实质贡献部分，则仍可能构成侵权。因此，在计算机程序的复制问题上，法院很可能通过表面上的、不重要的代码来判定复制行为的存在。例如，如果两个程序出现了相同的错误，就极有可能构成复制的证据。当然，这一点很容易被程序之间其他的差异推翻。虽然两个小说家有相同的想法而用相同的文字和句式写出小说的可能性几乎不存在，但是这在计算机程序的编写方面并不是不可能的。两个独立的程序员为了完成同样的工作，尤其是完成简单的工作或者编写子程序，写出相同的或近似程序的可能性是非常大的，犯同样错误的可能性也是很大的。总之，计算机程序的错误出现的频率和可能性是不同的，因此，共同错误并不能证明复制就一定存在。

第三节 英美的司法实践

虽然美国 1980 年就承认计算机软件由版权来保护，但是整个 20 世纪 80 年代，美国法院都在以案例的形式将版权如何保护计算机软件的问题具体化。

---

[1] Sec16（3）of CDPA 1988.

[2] Sec107（3）of 17 U. S. C.

在著名的 *Whelan Assocs., Inc. v Jaslow Dental Laboratory, Inc.* 案[①]发生之前，联邦上诉法院在一系列案子（被称为"第一代计算机软件案件"）中，先后解决了版权不但保护计算机程序中的源代码而且保护目标代码，不但保护操作系统也保护应用程序的问题。[②] 而 Whelan 案作为"第二代计算机软件案件"的首个案例，法院将争论的焦点集中在计算机软件版权保护的范围以及如何认定软件侵权的问题上。

一、Whelan 案

（一）事实与一审

程序的"文字复制"很容易认定，也比较符合版权保护的要求，但是"非文字复制"的认定并不太容易，很难找到公认的认定方法。Whelan 案就将这一难题摆在了美国法官们的面前。在 Whelan 案中，被告 Jaslaw 牙科制造厂（以下简称 Jaslow）生产假牙及牙科设备。其股东和负责人 Rand Jaslow 本人有一些计算机方面的经验，希望开发一款牙科制造厂经营管理方面的软件。在发现自己缺乏相关能力的时候，他雇用了 Strohl 软件开发公司来为自己编写这样的程序。在合同中双方约定，Strohl 将保留对这款软件的所有权，包括出售给其他牙医的权利，而 Jaslow 则在每一笔转让中收取 10% 的费用。具体负责完成软件开发工作的是 Strohl 的合伙人兼员工 Elaine Whelan 女士。在走访了 Jaslow 和其他牙科制药厂之后，Whelan 编写了一套被命名为 Dentalab 的牙科制造厂经营管理软件。这套软件以 Jaslow 的计算机所使用的 EVENT 驱动程序语言写成，并在 Jaslow 公司开始使用。后来 Whelan 离开 Strohl 成立了自己的公司——Whelan 联合有限公司。Whelan 公司与 Jaslow 公司为合作推广 Dentalab 签订了合作合同，合同约定：Jaslow 公司将获得推广收益的主要分成，而 Whelan 公司则负责改进软件并有权继续销售 Dentalab 软件。合同期满一年后双方可以在提前一个月通知对方的情况下终止合同。

在 Dentalab 软件的市场推广过程中，Rand Jaslow 发现 Dentalab 所使用的 EVENT 语言与大部分中小牙科药厂的计算机所使用的语言不兼容，这影响到该款软件在中小牙科药厂的销售。于是，Rand Jaslow 决定自己开发一款使用

---

① *Whelan Assocs., Inc. v Jaslow Dental Laboratory, Inc.*，797 F 2d 1222（3d Cir. 1986）。
② *Apple Computer, Inc. v Franklin Computer Corp.*，见 P084 注①；*Apple Computer, Inc. v Formula Int'l, Inc.*，725 F 2d 521（9th Cir. 1984）。

BASIC 计算机语言的程序，他将这款软件命名为 Dentcom。实际上 Rand Jaslow 悄悄地复制了 Dentalab 的源代码，而这恰恰违反了 Jaslow 公司与 Whelan 公司的合同约定。在编写 Dentcom 过程中，他几乎完全复制了 Dentalab 的功能、屏幕显示格式、语言及缩写、文件整理方法、文件结构和工作流程。同时，Whelan 公司也开发出了他们自己的 BASIC 语言版本的 Dentalab 软件。

在完成 Dentcom 的编写工作后，Rand Jaslow 通知 Whelan 公司他们将终止二者之间的合同，并要求 Whelan 公司停止使用和销售含有属于 Jaslow 公司的商业秘密的 Dentalab 软件。

在合同终止的当天，Jaslow 公司在宾夕法尼亚区法院起诉 Whelan 公司，指控后者侵犯商业秘密。接着，Rand Jaslow 成立了 Dentcom 公司，开始销售 Dentalab 和 Dentcom 两款软件。Whelan 公司接到指控后，反诉 Jaslow 公司版权侵权。法院在驳回 Jaslow 的诉前禁止令请求后撤销了侵犯商业秘密的指控。在为自己辩解的过程中，被告 Jaslow 否认自己复制 Dentalab，认为自己是独立完成 Dentcom 开发的，他们还认为原告 Whelan 公司所主张的对 Dentalab 的版权是无效的。

在审理中，双方都提供了专家证人来证明 Dentalab 和 Dentcom 之间的异同。原告的专家证明，虽然 Dentcom 不是从 Dentalab 翻译过来的，但是二者之间在文件结构上是基本相同的，因为软件大部分的文件结构、屏幕显示都完全一样，而且其中特别重要的五项子程序在两款软件中的运行几乎是一致的。但是被告的专家证人却发现了两款软件在源代码和目标代码方面的很多不同之处，因此得出结论认为 Dentcom 并不是来自于 Dentalab，虽然他也承认两款程序总体结构是相似的。

美国宾夕法尼亚区法院判定，Dentcom 软件与 Dentalab 软件具有实质的相似性，因为二者的结构和总体结构是实质相似的。据此，法院判决被告并没有独立开发出 Dentcom，而是侵犯了 Whelan 公司的有效版权。法院要求被告 Jaslow 公司立即停止销售这两款软件，并赔偿 Whelan 公司的损失。

Jaslow 公司上诉，认为区法院认定自己侵犯版权的判决是错误的。由于区法院判决的基本理由是两款软件的结构相似，于是上诉法院所要面对的问题就是计算机程序中的结构（或者顺序和组织）是否受版权保护，以及版权保护是否延及计算机的文字代码。

（二）二审

美国第三巡回法院在 Whelan 案中的判决意义重大，因为该案首次将思想表达二分法适用于计算机软件的版权侵权纠纷。[1]法院的核心结论是认为版权对计算机程序的保护可以延及程序的文字代码之外的结构、顺序和组织，即所谓的 SSO（structure，sequence，organization 的首字母缩写）理论。在这一理论基础上，法院同意了区法院关于两款软件具有实质相似的认定，最终维持了原判。依据 SSO 理论，计算机程序的结构、顺序和组织这些非文字要素应该属于程序的表达，从而给予版权保护。在得出这一结论的过程中，法院参考了之前众多案例，包括著名的 *Baker v Selden* 案，认为一件实用作品的功能或目的应该构成程序的思想，而与功能或目的无关的部分构成程序的表达。法官认为被诉程序的目的是为了组织牙医诊所的记录，该程序的结构并不总是为了这一目的，因此可以得到版权的保护。该案的区法院发现，市场上有着许多具有类似目的但结构和组织不同的软件。第三巡回法院就认为这一点恰好说明，程序的结构并不是完成某项任务所必须的。因此，详细的结构正是 Dentalab 程序中的表达部分，而不是程序的思想。

法院强调，当一个程序的目的可以通过不止一种方法达成的话，那么所选择的特定方法就构成表达而不是思想，因此是可以得到版权保护的。这一检测标准被称为"Whelan 检测法"。

为了证实版权保护的范围，第三巡回法院注意到在计算机程序的开发过程中，代码的编写其实只是整个程序开发中的一小部分工作，而开发程序花费巨大并存在困难的部分是研发出程序的结构和程序的逻辑。这就意味着只覆盖编写出来的代码的版权保护实际上意义不大。但是如果将版权保护扩展到保护计算机软件的结构和逻辑，法院必须面对这样的难题：如前所述，编写新的计算机程序除了要有自己的创新之外，很大一部分是继承已有程序的常用思想。在适用思想表达二分法时，过度地保护一定会导致后面的程序员害怕侵权而影响创新。

美国第三巡回法院认为 Whelan 案的 SSO 判定方法开创了一种最富成效的维持保护和刺激传播之间平衡的方法。[2]承认结构、顺序和组织属于版权保

---

[1] *Jaslow Dental Laboratory*，*Inc. v Whelan Assocs.*，*Inc.*，479 US 1031（1987）.

[2] WM. David Taylor，'Copyright Protection for Computer Software after Whelan Associates v Jaslow Dental Laboratory'（1989）54 Missouri Law Review 121.

护范围，一方面可以给予计算机软件一定的保护，另一方面也可以允许后来者对他人常规的程序结构加以改编或改进。

但是对于计算机软件的版权保护这一复杂问题来说，Whelan 案的结论不可避免地受到质疑。有学者指出了 Whelan 案中的不确定因素，认为界定某一程序的目的从而将其作为程序中的思想这一点过于简单化。[①]在实践中，一些重要商业软件的目的并不容易确认，这些软件通常都包含了众多子程序和模块，每一项子程序都可能有自己独立的目的，而每一项都可能被认为是思想。如果是这样的话，那么 Whelan 案为同类设计的第一位程序员提供了类似专利的保护。

尽管 Whelan 案的结论在美国备受质疑，但是其对欧洲的司法却产生了重要影响，成为欧洲加强计算机软件版权保护的重要案例依据。[②]支持对计算机采取强保护政策的专家成功说服了欧盟立法者，《欧盟计算机软件指令》规定只要软件是开发者独立完成的，那么能够与其他程序兼容的界面并不构成版权侵权。[③]

二、Altai 案[④]

1981 年计算机联合公司（Computer Associates Int'l）开发出一款叫作 CA-SCHEDULER 的软件和一款叫作 ADAPTER 的子程序。这些程序为在计算机上完成的各种任务做出计划并执行这些任务，而 ADAPTER 子程序可以使 CA-SCHEDULER 在包括 IBM 在内的各种操作系统中运行。1983 年已经拥有一款类似程序的 Altai 公司决定重新编写它们的 ZEKE 程序以便在不同的计算机操作程序中运行。这一次 Altai 雇用了计算机联合公司的前雇员 Claude F. Arney 来完成重新编写的任务。但是在聘请 Arney 时，Altai 公司并不知道 Arney 在之前受雇于计算机联合公司时参与了上述两个程序的开发编写工作，而且还拥有这两个程序源代码的复制件。在 Arney 成功地完成了重新编写的

---

① Dennis M. McCarthy，见 P089 注②。

② Pamela Samuelson，'Economic and Constitutional Influences on Copyright Law in the United States'（2001）23 European Intellectual Property Review 409.

③ 该指令的英文名为 Directive 2009/24/Qc of the European Parliament and of the Couneil on the legal Profection of Cumputer Programs [2009] OJLM/16. (the "Software Directive").

④ Computer Assocs. Int'l, Inc. v Altai, Inc., 775 F Supp. 544（E. D. N. Y. 1991）；Computer Associates International, Inc. v Altai, Inc., 982 F 2d 693（2d Cir. 1992）.

任务并将其命名为 OSCAR 3.4 的时候，Altai 公司并不知道新程序 30%的源代码都来自于 CA-SCHEDULER 和 ADAPTER 两个程序。

在 Altai 公司将 OSCAR3.4 推向市场几年后的 1988 年，计算机联合公司意识到 Altai 公司复制其软件的可能性，于是向 Altai 公司发出律师函。直到此时，Altai 公司才意识到问题所在。面对指责，Altai 公司重新组织了 8 名从未参与 OSCAR3.4 开发的员工，在禁止 Arney 参与的情况下重新编写了 OSCAR3.4，并将其命名为 OSCAR3.5。但是计算机联合公司还是起诉了，指控 OSCAR3.4 和 OSCAR3.5 均侵犯了它们的版权。被告 Altai 公司承认 OSCAR3.4 可能侵权，但是否认 OSCAR3.5 与原告的程序实质上相同。

美国第二巡回法院在 Altai 案中推翻了 Whelan 案的认定方法，认为 Whelan 案的认定方法是建立在对计算机科学错误的理解之上的：Whelan 案认为一个计算机程序只包含单一的思想，而事实上一个计算机程序是由许多思想结合才达到程序目的的。第二巡回法院在 Altai 案中确立了一项认定计算机软件非文字要素受版权保护的范围的新方法，即"抽象—过滤—比较法"（abstraction-filteration-comparison）。"抽象—过滤—比较法"是将一个软件分解成不同部分，将不受版权保护的部分先分离出来，然后将剩余的部分与引证软件进行比较。第一步，抽象。将程序按照结构分解成各个部分，包括从最特别的部分到最一般的部分：宏命令（macros）、目标代码、源代码、参数目录（parameter lists）、所要求的服务以及通用梗概（outlines）。第二步，过滤。这一步要求从三个方面检测程序的功能组成部分，任何过滤出来的功能部分都不受版权保护。这一过程实际上是划定原告程序受版权保护的部分。首先法官会先过滤出提高程序效率的命令：如果两个程序拥有相同的提高效率的结构，其中一款软件并不能因此被认定是抄袭了另一款软件，它很有可能是被独立开发出来的。因此，提高效率的程序组成部分应该排除在实质相似的认定之外。其次，法官会过滤出程序中由外部因素决定的命令，这些外部因素包括：运行特定程序的计算机上的机械型号，与其他程序的兼容性要求，计算机制造商的设计标准，所服务的产业的要求以及在计算机产业中通常的规范要求，等等。最后，法官会过滤出结构当中来自于公众领域的命令。在过滤认定的基础上，法官在该案中认定，版权仅仅保护 CA-SCHEDULER 和 ADAPTER 两款程序中的一小部分参数目录和宏命令。第三步，法官会对剩余部分进行对比。也只有在这一步，法官才将两个程序加以对比。该案法官在对 CA-

SCHEDULER 和 ADAPTER 进行过滤后,与被告的程序 Altai 公司的 OSCAR3.5 对比,最后得出结论,虽然剩余的参数目录和宏命令存在相似性,却不足以认定侵权的存在。

美国第二巡回法院承认,Altai 案定案方法缩小了保护范围,因此比 Whelan 案更有利于被告,但也强调这恰是将版权的一般原则运用于计算机软件的侵权问题。这一结论被广泛接受,因为它表现出一个对计算机软件编写的合理的理解,即任何程序都是由一系列子程序组成,而每一个子程序都可以构成程序的思想。与 Whelan 所认定的"无论程序中的'思想'有多少种表达方式,总有版权保护的'表达'"不同,Altai 案将提高效率的程序构成部分排除在版权保护之外,因为考虑到效率是整个产业所有编程员所关心的问题,编程员很可能在独立开发的情况下做出完全相同的程序。显然,法院考虑到以下因素对案件的影响:第一,对效率部分予以保护可能会抑制将来程序员在之前软件发展的基础上的后续开发工作;第二,利用已有技术来完成相同的任务,会花费编程员更多的精力和资源,最终导致消费者的花费增长;第三,对程序的效率部分加以保护很可能会造成软件产业的垄断。我们可以看到,Altai 案之所以比 Whelan 案高明,是因为前者承认版权法的最终目的是促进人类福利而不是奖励作者的劳动,而后者认为版权法的目的是通过保护计算机程序的开发工作从而为其发展提供适当的刺激。

与 Whelan 案一样,Altai 案也对后来以及其他国家的相关司法实践产生了影响。两个案子可以被看作是版权保护计算机软件范围的两极,因为两个案子的结论都根植于并适用了版权的明文规定以及司法先例,但是得出了完全不同的结论。Whelan 案赋予了计算机软件几乎类似于专利的保护,更有利于程序的第一设计人,Altai 案却在很大程度上打破了这一平衡。保持平衡对于这个产业的某一个领域来说或许至关重要,这取决于它们是否最初设计出并且适用了一款软件。

三、Lotus 案[①]

原告 Lotus 发展公司(以下简称 Lotus 公司)开发了一款叫作 Lotus1-2-3 的电子表格软件,用户可以用其在电脑上完成会计功能。这一软件包含"复制""打印""退出"等内容的菜单命令,这些命令可以通过在屏幕上"反白"

---

① *Lotus Development Corp. v Borland International,Inc.*,49 F 3d 807(1st Cir. 1995)。

(highlight)或者键入首字母被激活。

被告 Borland 国际公司（以下简称 Borland 公司）于 1987 年推出了他们的 Ouattro 电子表格软件，声称要超过之前的任何一款电子表格软件，包括 Lotus1-2-3。而 Borland 公司开发自己软件的目的之一就是能够与 Lotus1-2-3 兼容，从页使用户不用学习新的命令就可以从 Lotus1-2-3 转用 Ouattro。为了达到这一目的，Borland 公司向 Lotus 的用户提供了一个可以选择的模仿 Lotus 的程序界面，这个界面在激活后可以使 Borland 的用户在屏幕上看到 Lotus 的菜单命令。事实上，Borland 公司的软件完全复制了 Lotus1-2-3 的整个菜单命令分级结构，但是并没有复制其计算机代码。

在 Lotus 公司起诉 Borland 公司 4 天前，美国马萨诸塞州区法院刚刚审理了另一起涉及 Lotus1-2-3 软件的案件，在该案中法院判决，作为一个整体，Lotus1-2-3 的菜单结构受版权保护。[1]拿到这份判决后，Lotus 公司旋即指控 Borland 公司侵权。此次法院基于三项理由认定了侵权：第一，对于菜单命令和菜单结构的大量复制；第二，包含在表达方面的复制内容与其内部功能是分开的；第三，复制的表达部分是 Lotus1-2-3 软件作为一个整体的一部分。

在 1992 年法院做出上述判决后，Borland 公司就移除了 Ouattro 程序中对 Lotus1-2-3 界面的模仿，并将其修改为关键词阅读器（key Reader），其用户可以继续与 Lotus1-2-3 软件兼容性地使用 Ouattro 软件。于是，Lotus 公司又进一步提出补充指控，认为 Ouattro 的关键词阅读器再一次侵犯了其版权。法院进一步对补充指控做出判定，即便是"用菜单的首字母替代整个菜单命令的名字"这一修改也不足以免除被告的责任。[2]

面对这一判决，Borland 公司上诉。美国第一巡回法院面临的核心问题是，Lotus1-2-3 的菜单命令分级结构是否属于版权保护客体。法院在分析了 *Altai* 案的"抽象—过滤—比较法"之后拒绝适用这一测试方法，因为该案指控的侵权行为是对 Lotus1-2-3 的菜单分级命令的文字复制，而不是 *Altai* 案所涉及的非文字复制。第一巡回法院支持了 Borland 公司的主张，认为 Lotus1-2-3 的菜单命令属于一个"操作方法、程序"，用户可以借此接入、控制以及利用 Lotus1-2-3 的功能。该法院还进一步区分了菜单命令与内部的计算机代码，后者是受版权保护的部分，而前者不是。最高法院支持了第一巡回法院的判定，

---

[1] *Lotus Development Corp. v Paperback Software Int'l*, 740 F Supp. 37 (D. Mass. 1990).
[2] *Lotus Development Corp. v Borland International, Inc.*, 831 F Supp. 223 (D. Mass. 1993).

但没有给出理由。①Lotus 案被后来的计算机软件版权纠纷案所遵循。

四、Flanders 案②

Altai 案对大西洋彼岸的版权司法也产生了影响，在英国最早处理计算机软件版权保护的 *Hohn Richardson Computer Ltd v Flanders* 案中就能看出来。该案的案情复杂，但是核心争议涉及双方开发并在市场推销的对处方药打印标签的管理软件。程序员 Flanders 参与了两项程序的编写过程，但是没有证据显示在双方的程序代码中的文字部分有抄袭行为。被告被指控抄袭了原告程序中的非文字的整体设计（general scheme）的部分，包括一些相当怪异的子程序。法官 Ferris 认为 Altai 案的方法比 Whelan 案的认定办法更为合理，但是在判决中，Ferris 法官并没有直接适用 Altai 案，而是首先讨论了英国版权法是否可以赋予该案中的程序以版权保护。在确认计算机程序的非文字要素可以作为汇编作品加以保护之后，Ferris 法官才借鉴了 Altai 案的方法，并得出结论认为版权侵权的部分是很小的、有限的。分析的步骤大概包含了这么几个问题：第一，原告的程序总体上是否可以得到版权保护；第二，原、被告的程序是否含有相似的成分；第三，造成这些相似之处是否是因为抄袭；第四，通过 Altai 案的"抽象—过滤—比较法"的检测，判定这些相似的地方是否足以达到版权保护所要求的"复制了实质部分"。

Flanders 案很快被英国其他案件遵循，但是对于发源于美国的思想表达二分法，英国法官还是持谨慎态度。在 *Ibcos Computers Ltd. v Barclays Finance, Ltd.* 案中，大法官 Jacob 因为思想表达二分法在英美两国版权法中的地位并不相同而不愿意使用这一原则，但就思想和表达的关系发表了自己的见解。大法官 Jacob 认为，如果作品中的思想是足够一般性的，那么即便是原创作品中包含有该思想，仅仅使用这个思想也并不构成侵权；但是如果这个思想是关于细节的，那么或许存在侵权。大法官 Jacob 将这个关于"细节的思想"的观点适用于对计算机程序的理解，认为将一系列子程序组合在一起也同样体现了程序编写者的智力创作、技能和其自身对软件的判断，因而这不同于不受版权保护的一般思想（general idea）。尽管大法官 Jacob 解释了非文字要素可以得到版权保护的原因，但是该案涉及的是代码的文字复制，因此这一

---

① *Lotus Development Corp. v Borland International, Inc.*, 116 S Ct 804 (1996).
② *Hohn Richardson Computer, Ltd. v Flanders*, [1993] FSR 497.

解释并不是判决的决定性因素。

五、Tradition 案[①]和 Easyjet 案[②]

Cantor Fitzgerald v Tradition 案虽然也没有涉及程序的非文字部分，但还是集中讨论了什么构成计算机程序的实质部分的问题。大法官 Pumfrey 大致赞同 Ibcos 案的结论，并且进一步考虑了作品的原创性和被抄袭的实质部分之间的关系。他指出正确地认定复制实质性部分的方法很简单：如果抄袭作者花费其技巧和劳动而创作的部分，那么就存在版权侵权。通过与创作小说或戏剧做类比，Pumfrey 法官得出结论认为，如果一个程序的构架（architecture）来自于编程员的技术、劳动和判断，那么该构架就可以得到版权的保护。

法官 Pumfrey 在 *Navitaire v Easyjet* 案中再次讨论了关于软件版权的问题。在该案中，原告指控被告通过观察和学习复制了原告的机票预订系统的整体的外观和体验（look & feel），包括具体的指令以及显示页面等。法官 Pumfrey 指出，英国法还没有明确版权如何保护计算机软件的非文字要素，但是他在最后的判决中对计算机软件与其他文字作品加以区别。他认为，两个完全不同的程序可以产生完全一致的结果：并不是在抽象层面上的某些一致，而是在任何抽象的层面上都一致；即便是其中一个程序的作者完全没有接触到除了另一个程序的结果之外的任何部分，这也是可能的。最终，法官判定基于被告并没有接触到原告程序的代码，仅仅基于对通常程序思想的理解而编写出一个程序并不足以构成版权侵权。后来，该案结论成为英国随后案件所遵循的主要依据。

第四节　反向工程与软件的兼容性

反向工程是为了程序的兼容性而破解目标代码以获得源代码的行为。如果 Whelan 案的结论正确，几乎就没有关于反向工程的争论的余地，因为 Whelan 案确立了这样的原则，即程序的思想应该只包括总功能或最终目的，而如果利用他人软件中除了功能和目的之外的任何部分，无论这些部分是什

---

① *Cantor Fitzgerald v Tradition*，[2000] RPC 95．
② *Navitaire v Easyjet*，[2004] EWHC 1725（Ch）．

么，都构成软件侵权。那么问题来了，假设按照 Altai 案的原则，可以将程序的结构或组织作为思想而不是表达，如果一款程序的源代码根本无法获得，我们又如何抽取其中的思想呢？为了能从版权保护的软件中抽取可以使用的思想，通常都要将这种思想转化成人类可以阅读的形式，那么这就要求首先对目标代码进行"反向翻译"或者解码成源代码。而这种解码就构成通常意义上的复制，问题是这种为了抽取程序的思想或其他版权保护之外的东西而进行的复制是否构成版权侵权呢？

反向工程是为了获得对计算机程序中不受版权保护的功能性部分的理解而进行的对享有版权的程序的破解行为。这一行为是否构成侵权复制？对此，英美版权法有不同回答。美国在一系列案子中认定反向工程构成合理使用，因为反向工程是为了研发完全合法的竞争产品而从事的创新使用（transformative use）。①

1992 年的 Sega 有限责任公司拥有某视频游戏的版权，它只允许得到许可的第三方的兼容游戏在其游戏平台上运行，而第三方愿意为进入这个视频游戏平台支付费用。Sega 公司的策略就是对目标代码主张版权。这就相当于 Sega 在其游戏机上安装了一把电子锁，并且声称对于开锁的"钥匙"享有版权。在 Sega 公司起诉了 Accolade 公司（*Sega Enterprise, Ltd. v Accolade, Inc.*）后，1992 年 4 月初审法院得出了有利于原告 Sega 公司的判决，理由是被告在开发其游戏时，先复制了 Sega 的视频游戏，然后进行反向工程以发现用以打开 Sega 游戏的钥匙，从而可以在 Sega 游戏机上运行被告的游戏。美国第九巡回法院迅速审理了该案的上诉，最终以一致判决得出结论：鉴于《版权法》中暗含的公共政策，"当人们是为了寻求理解时，这样做就有了正当的理由；而且当不存在其他方式能够获得并了解程序的不受保护部分时，这种破解行为就是一种对版权保护作品的合理使用"②。从合理使用的四项判断要素来看，首先，第一项关于使用的目的，法院认为"本案所争议的使用只是一种中介性质的使用，即便由此导致的任何商业使用也都是间接的或者派生的"。尽管"Accolade 公司的最终目的是销售发行可以与 Sega 游戏机兼容的游戏，但是之所以复制 Sega 的代码，其直接目的却只是为了研究原告的游戏机可兼容的功能性条件，以便它能够修改自己现有的游戏，将之应用于 Sega

---

① *Sega Eenterprise, Ltd., Inc. v Accolade*, 977 F2d 1510（9th Cir. 1992）.
② Ibid, p. 1514.

的游戏机"。对于被告来说,"它没有任何其他方法可以用来研究这些条件"。第二项要素是关于享有版权作品的特征。"因为 Sega 公司的游戏程序中包含不受版权保护的方面,若不加以复制,是无从对其进行研究的,所以我们只能给予一种较低于传统文字作品保护水平的保护。"只有合理使用的第三项要素对被告不利,那就是被告复制了原告游戏程序代码的全部。在考虑第四项要素时,法院认为没有任何根据可以推定,被告的视频游戏实质性地影响了原告的市场,因为消费者很可能购买两种游戏。从判决的措辞来看,这一结论不仅仅适用于视频游戏,而且包括了所有计算机程序。合理使用又一次为技术解围,并为电脑公司可以与对手的产品兼容打开了一扇竞争之门。

但是英国版权法上关于研究和私人学习使用构成合理使用的条款一般只适用于非商业使用,因此无法适用于反向工程。但是,后来在《欧盟计算机软件指令》的要求下,英国在对 CDPA 进行修改时增加了一条规定[第 50 条 B(3)款]:如果反向工程是研发新的独立软件所必需的,而且是可以运行解码程序以及其他程序的,那么这样的反向工程是被允许的。①将《欧盟计算机软件指令》与 CDPA 中的 50B(3)条款结合起来看,人们似乎可以认为,如果其在实质上与原创软件不相同,英国允许研发一个竞争性的软件,但是对现有软件进行设计方面的修改以使其与其他软件兼容的做法则是不被允许的。但是《欧盟计算机软件指令》允许为了获取所需要的信息使其独立研发的软件具有兼容性而不得已进行的解码行为。

SAS v WPL 案的争议非常类似于 Lotus 案。② *World Program*, *Ltd.* 公司(以下简称 WPL 公司)开发了一款统计分析软件,大量地模仿了很流行的软件 SAS 的功能表现方式,而后者的一大特色就是其使用的程序语言使用户可以在 SAS 平台上构建特定的统计运行程序(即运行脚本)。WPL 公司认识到市场存在对运行 SAS 语言脚本的可替代软件平台的需求。在开发与 SAS 公司竞争的软件的过程中,WPL 公司凭借了两个主要的信息来源:一是它们通过"黑匣子测试"(black-box tests)研究了从市场上购买来的 SAS 软件的运行方式;二是阅读 SAS 的说明手册所描述的 SAS 软件如何创建运行脚本的方法。WPL 公司并没有直接或通过破解的方式获取 SAS 的源代码或者其内部设计文件。也就是说,WPL 软件模仿了 SAS 软件的功能行为,使 WPL 用户可以在

---

① Sec 50B(2)of CDPA 1988.
② *SAS v WPL*, [2010] EWHC 1829 (Ch), p. 69-71.

WPL 软件平台上执行使用 SAS 语言创建的运行脚本。可以说，WPL 软件成了 SAS 程序的实际替代品：输入同样的内容，可以获得同样的结果。它们还利用了与 SAS 一样的数据模型以便用 SAS 语言创建的运行脚本可以与 WPL 平台兼容。SAS 公司诉 WPL 公司，声称后者侵犯了其版权，因为后者复制了 SAS 程序的表现方式、程序语言和数据输入模型，而这些要素都是版权保护的原创性表达。英国高等法院判决认为，依据《欧盟计算机软件指令》，SAS 的功能表现方式不受版权法保护，因为其表现的是版权国际条约均不保护的软件的操作方式（method of operation）。而且，法院进一步认为，《欧盟计算机软件指令》只保护作为文字作品的软件，因此也排除了 SAS 程序语言受保护的可能性，而数据输入模型是为了与其他程序兼容而不可或缺的，因此也不受版权保护。

英国高等法院的判决得到很多学者的支持，他们认为这符合《欧盟计算机软件指令》的规则。与美国的合理使用原则相比，虽然欧盟在认定反向工程是否构成侵权的问题上的方法不够灵活，但是如果将 SAS 的程序语言解释为操作方法，那么就构成软件的思想，因为这是使用户创建的运行脚本得以运行的基础需求，而并不构成 SAS 软件的表达部分。也就是说，《欧盟计算机软件指令》不但允许创建与其他软件平台兼容的补充软件，也允许创建与其他软件平台兼容的替代性竞争软件。这一解释也基本能达到与美国司法实践保持一致的结果。

英国高等法院在判决之后申请欧盟法院对其进一步加以解释，欧盟法院于 2011 年 6 月做出了对该问题的解释。[①]欧盟法院在几个原则问题上做出了说明：第一，计算机程序的功能部分，包括程序语言和数据文件格式构成了程序中包含的首要思想，而不是程序的表达形式，因此不受版权保护；第二，根据授权协议可以使用某一计算机软件的人有权在未经许可的情况下，评述、研究和测试该软件的功能，以确定软件内部的思想和原则；第三，如果计算机手册（或者其中的部分）本身构成创作者的智力创新的表达，则可以获得版权保护。在本案中，尽管关键词、句法和指令本身无法得到版权保护，但

[①]（C-406-10）*SAS Institute, Inc. v World Programming, Ltd.*, Reference for a preliminary ruling pursuant to art267 TFEU from the High Court of Justice (Chancery Division)(United Kingdom)。根据欧盟法，欧盟法院在欧盟成员国法院的申请下，有权对欧盟法的相关问题做出抽象解释。这与其他国家在上诉程序中，上级法院只能就案件本身做出判决及解释的程序非常不同。

是对它们的选择、排列和组合可以满足智力创新的要求，从而可以作为文字作品得到保护。欧盟法院的解释最终奠定了欧盟国家对计算机软件关于兼容性版权保护的讨论基础。

此后，案件转回英国法院，而英国法院必须就 SAS 手册中的要素是否被 WPL 复制以及是否复制了实质部分的问题做出判决。2013 年 11 月，英格兰和威尔士上诉法院支持了英国高等法院的判决。① 大法官 Lewison 认为只有在以下情况下才会发生版权侵权：第一，作品中的智力创新被复制（例如，"作者"是指 SAS 手册的作者而不是手册中解释 SAS 软件源代码的作者）；第二，智力创新的表达被复制，而不是智力创新本身。Lewison 法官还在判决中特别强调，无论是《欧盟计算机软件指令》还是《欧盟信息社会版权指令》都暗含了《伯尔尼公约》的默示原则——版权法只保护表达形式而不保护其思想。如果软件的功能被认为属于思想而源代码属于表达该思想的形式，那么无论适用《欧盟计算机软件指令》还是《欧盟信息社会版权指令》，该案中 SAS 软件的功能性部分都是不受保护的。在 WPL 没有接触 SAS 源代码的情况下，SAS 不能通过声称 SAS 手册享有版权而获得对 SAS 软件功能性部分的保护，因为 SAS 手册仅仅是对软件功能性的解释和描述，并不包含源代码本身。因此，WPL 的软件并没有复制 SAS 手册的作者对智力创新的表达。

软件的目标和源代码的文字复制仍然构成侵权，程序手册和相关资料或许能得到版权保护，品牌以及增值性服务可以留住用户。但是，软件的供应商将无法对程序的最终结果（功能性部分）主张版权保护。显然，英国上诉法院并没有恪守英国一直对思想表达二分法的谨慎立场，而是发展性地强调了版权保护只及于智力创新的表达而不是智力创新本身。这无疑将推动英国版权司法将思想表达二分法进一步运用于计算机软件纠纷的讨论，而且还将推进英国司法在更为广泛的版权案件中重新定位该原则。

小　结

正如 Altai 案和 Sega 案在计算机软件版权保护问题上给美国带来了司法统一和稳定，《欧盟计算机软件指令》也给欧盟各国带来了同样的统一和稳

---

① SAS Institute, Inc. v World Programming, Ltd. [2013] EWCA Civ 1482；211113.

定。两个地区共同持有的维护兼容性的司法倾向是软件产业显著增长的有利因素，它能够使新的市场进入者带来补充性和竞争性的产品。而能够获得大量的兼容的信息技术，对消费者来说也是获益良多。但是，在软件的兼容性问题上经过艰苦的冲突妥协得来的"和谐"并非意味着在这些国家中关于计算机软件的问题全部尘埃落定，因为目前仍然有悬而未决的案子等待审判。将版权适用于计算机软件的保护就好像在未知水域扬帆远航，有些已经树立起来的版权原则在适用于技术的时候也必须小心。而且，我们也必须要注意到版权与专利在保护范围上的差别。虽然版权比专利保护期长很多，但是在创造性上专利要求更高。如果一种技术的版权保护期很长，那么我们要特别小心避免其保护范围过宽。相反，如果保护的范围仅仅及于从文字性代码到所谓的程序的结构、顺序和组织，或者用户界面的功能性方面，那么我们应该注意将传统版权保护期缩短并提供强制许可来保证公众的利益。因此有人提出用专门权（sui generis）来保护计算机软件。但是由于美国的强势，这个问题仍然没有达成共识。

第八章 反规避技术保护措施与版权侵权

引言——"技术问题技术解决"

国际出版商协会版权理事会的法律顾问 Charles Clark 于1995年6月在阿姆斯特丹召开的知识产权学术会议公开提出"技术问题技术解决"的观点。在论证他的记录付费系统时，Clark 先生提出了封闭的访问系统（closed access system）的概念，即采用被称为"数字锁"的技术保护措施来解决技术发展带来的版权问题。虽然语焉不详，"技术问题技术解决"这个隐喻却带来了版权理念和立法的震荡。"数字锁"方案中，法律将扮演重要角色。

果然，Clark 的提议很快成为美国 DMCA 和国际数字版权立法相关条款的蓝图。而美国将其设想变成立法，其实也有自己国内各种势力的推动。克林顿政府成立了政府基础设施任务组知识产权工作小组（Work Group on IPRs）。该小组在1995年9月发布了一份《知识产权和国家信息基础设施白皮书》。《白皮书》呼吁对互联网技术实施全部控制以保护权利人的利益。其中建议之一就是严格使用版权中的复制权，规定所有互联网上的复制都属于版权复制，不管是永久性的还是暂时的，从而将各类互联网服务上的运作统统纳入版权的控制范围。[1]

我们知道，计算机和互联网的本质就是复制。将数字技术的压缩功能引入作品的复制中，作品的复制会更加迅速、方便、廉价，不仅容量惊人而且质量几乎完美。24卷百科全书，附带一本字典和一份世界地图，可以压缩存储到一张光盘中。数字光盘中的音乐和电影节目具有比普通模拟式磁带中高得多的清晰度和长得多的使用寿命，而且录制可以瞬间完成，成本低廉。即

---

[1] 该《白皮书》的全称为 Intellectual Property and the National Information Infrastructure——The White Paper of the Working Group on Intellectual Property Rights （1995）。

便是这样，这仍然只是物质形式的复制，它需要使用特定的设备并由专业人员操作完成，因此比较容易控制。专业人员未经授权的复制就构成盗版，其不法行为可以通过物质形式存在的复制件得到证实。

但是，在网络世界中广泛存在的复制却不同。例如扫描可以使印刷出版的作品数字化，并可以在计算机内存（RAM）中储存然后通过网络进行传输。其他终端用户浏览网页时，每次打开一个网页，从技术上讲就是将网页的内容暂时复制在自己计算机的内存里，当关闭一个网站时，这个复制件就被自动删除。其实，暂时复制不是只存在于网络世界。在1983年英国的一个案例中，演员在舞台上表演时复制了别人的脸谱，如果表演者在表演结束时洗去脸上的脸谱，这种复制就是暂时存在的。不同的是，这种暂时复制在现实世界只是特例，但是在网络世界则是时时刻刻、无处不在的现象。这种在计算机内存中的附带的或暂时的复制——并没有将其复制到硬盘、软盘或打印出来——是否是版权法上的复制？如果是，这种复制就被享有版权的网页作者所控制，那些没有获得作者许可的浏览行为就构成侵犯版权；如果不是，任何浏览网页行为所附带产生的复制就并不构成侵犯版权。

在互联网出现之前，律师们就已经在辩论这样的问题——计算机运行过程中不可避免做出的短暂的复制（transient copy）是否侵犯了版权人的复制权？美国的《白皮书》采取了一种严格按字面解释的观点，即无论临时与否，复制就是复制。按照《白皮书》的解释，普通的网络用户只要以电子的方式浏览了某一作品，就属于侵权人；只要某一享有版权的作品通过其ISP服务器（server），浏览了这一作品的网络用户也就属于侵权人。按照这一逻辑，原先版权范畴中的各种间接侵权制度就一概不起作用，所有互联网的中介变成了直接侵权人。《白皮书》的结论就是，作为直接侵权人，ISP对每日通过其设备的电子符号承担严格责任，而这样的符号每日起码也有数以百万计。

《白皮书》引发了舆论海啸。图书馆和教育团体组成"未来数字联盟"对《白皮书》大加抨击，认为其涉及面太宽。而法律专家还看到问题的另一面，即克林顿政府在提议国内立法的同时，也将有关修订《伯尔尼公约》的议案提交到WIPO的议事日程上，该提案的实质内容与《白皮书》一致，形成了所谓的"复制理论"（reproduction theory）。专家们担心，这样一来就有可能将尚处于讨论阶段的国内立法变成国际法，而一旦这种情况发生，美国国会就不得不接受这一立法。他们指责美国政府利用WIPO条约进程是想将国会锁定在国际舆论中。但是，美国政府为什么要在这个当口向 WIPO 提出这样的议案呢？因为《伯尔尼公约》一直以来都是由欧洲主导，面对新技术出现、需要修订这个公约的时候，美国人想抓住这个机会，将主动权掌握在自己手里。作为一个年轻的《伯尔尼公约》成员，美国希望在日内瓦会议上解决新问题的方式有利于自己，因此采取主动出击策略。

但事实上，欧盟委员会已经于 1988 年在《绿皮书》中声称还存在关于暂时复制的不同意见。①其他国家也提交了他们反对复制理论的意见，他们认为在电脑屏幕上显示文件内容属于一种"向公众的传播行为"而不是复制行为，接收文件的电脑对所传输文件的复制则应该被视为一项传输行为的附带行为。②经过讨论与协商，最终 WIPO 的外交会议通过了"在电子传输中的暂时复制属于 WIPO 版权条约意义中的复制行为"的决议。③这就意味着，上传文件到一个服务器的中央存储器与下载该文件的行为一样都落入了复制权的范围。

在提起复制理论的议题的同时，美国在 WIPO 的外交会议上还提出了另一个议案，其引起的争论更甚于复制的问题，那就是技术保护措施。任何权利的保护其实都是技术手段保护和法律手段保护的结合。利用技术保护版权的做法并非首先出现在网络空间。当一台机器在复制一张 CD 时，机器的存储器就会记载下来自这张 CD 的一系列数据。当用户对这张 CD 的复制超过一定次数时，机器就会调整复制的质量，随着复制件增多，复制的质量逐渐下降。自从 1996 年 Mark Stefik 在版权管理中引入所谓的"信用系统"（trusted system）④开始，可行的技术允许权利人控制第三方获得数字形式的作品。数字版权作品只在具备了保护技术的系统之间进行交换。即便是获得了作品，权利人也可能对作品的使用进行监控和规制。比如，你可以访问某家报纸的网站并依据你阅读它的次数付费。而该报纸可以确定你阅读过几次，是否复制了报纸的某一部分，是否将报纸存入你的硬盘，等等。如果你使用的访问报纸网站的计算机网络系统不含有满足报纸控制要求的"代码"，那么该报纸

---

① 见 P082 注②。

② M. Ficsor, *The Law of Copyright and the Internet*, *The 1996 WIPO Treaties, Their Interpretation and Implementation*（OUP, 2002），p. 107（3.43）。

③ Ibid., p. 139（3.107）。

④ "信用系统"这一名称是一种类比，好比参加保险的邮递公司会保证其安全的邮递服务一样，网络上的技术可以保障版权人的权利在网络空间不致受损。

将不允许你访问它们的网站。这种"代码"也被称为技术保护措施。所谓技术保护措施是指任何按照其正常操作程序是被设计用来阻止或限制未经版权人或其他法律规定的与版权有关权利的权利人的授权而行使版权行为的技术、设备或其组成。①

美国在外交会议上提出的议案的核心是，首先版权人有义务在其作品周围竖起技术保护网，同时也对国会施加压力，要求其将破坏技术保护措施的行为规定为违法，即未经版权人或者邻接权人的许可，故意避开或者破坏权利人为其作品、录音录像制品等采取的保护版权或邻接权的技术措施，如解密等行为。这就好比在刑法中规定，出售撬锁设备的行为构成犯罪。WIPO外交会议最终达成了一项实质上降低了要求的条文，规定由条约成员国提供"充分的法律保护和有效的法律救济，以保护有效的反规避技术保护措施"②。而美国立法者将这一条款引入其DMCA时，不仅把规避版权人用以保护其专有权之技术措施的行为规定为违法，而且所禁止的行为包括了规避针对享有版权的作品做任何使用的技术措施，哪怕这样的使用是属于合理使用的。与美国的DMCA相比，写入技术保护措施的《欧盟信息社会数字版权指令》第6条较为宽松，它要求欧盟成员提供足够的法律保护以防止规避技术保护措施，防止生产、进口、分配、销售、租赁和宣传能提供规避服务的设备。

第一节 美国DMCA和中国《著作权法》中的反规避技术措施条款

美国1998年DMCA引入保护这些"技术篱笆"的反规避技术措施的条款。美国DMCA将技术保护措施分为两种：访问控制技术（access control）和复制控制技术（copy control）。访问控制技术措施通常是限制获得版权保护作品的技术措施。例如，加密技术和水印技术就是通过设置一种数字身份卡或与作品有关的数据资料来鉴别作品权利人身份、得到授权的使用以及使用的条件等。某些埋置在原版数字作品中的身份信息为版权人提供了追踪并监控作品使用并据此防止对作品进行非法传播的手段。复制控制技术是在使用

---

① Gillian Davies，见P014注③，p. 314.
② WTO第11条；WPPT第18条。

者获得访问授权后，限制其对版权保护作品的复制，也包括其他侵权行为，如未经授权的传输作品的行为。

依据繁复的 DMCA 第 1201 条的规定，其具体被禁止的行为可以分为以下三个层次：首先，禁止规避访问控制技术措施的行为；第二，禁止制造、销售用于规避和（或）破解访问控制技术的设备或提供这种服务的行为；第三，禁止制造、销售用于规避和（或）破解复制控制技术的设备或提供这种服务的行为。同时该条款规定，该条款指的交易的设备是最初专门被设计用来破解访问控制技术的，或者除了破解技术之外，只具有极其有限的其他商业上的重要目的和用途。值得注意的是，DMCA 禁止的规避行为只是针对访问控制技术的规避行为，而没有禁止针对复制控制技术的规避行为，虽然制造和销售两种控制技术设备或提供两种服务都是被禁止的。换句话说，DMCA 并没有禁止规避保护版权人某一项具体权利的技术措施，而只是将焦点集中在侵权的准备阶段和禁止用来规避的设备和服务的交易上。如此立法试图对侵犯版权与侵犯为版权设置的技术措施两种行为加以区别，因为立法者意识到，可能存在这样一种情形：美国版权法允许的合理使用被复制控制技术所阻止。而这种区别也就意味着对访问作品与使用作品进行区别：在数字环境中，二者处于不同的阶段，只有首先访问作品，才可以对作品加以使用，而合理使用抗辩只在第二阶段适用。如此一来，公众仍然可以在适当的时候对版权作品进行合理使用。

然而，这里存在一个根本问题，即在受保护的作品与为保护作品采取的技术措施之间存在着不可避免的连接关系。如果在数字环境中访问作品被控制，同时这些作品被设置了复制控制措施，那么对作品的合理使用就成了纸上谈兵，除非首先获得访问许可，或者享有排他复制权的版权人为了保证公众的合理使用而必须提供作品的可复制形式（如模拟环境中的印刷品），否则，在作品中设置的复制控制技术将显得完全多余。

当然，为了获得合理的平衡，DMCA 第 1201 条第（d）款—（j）款列举了有限的几项例外，允许在特定情况下规避和（或）破解访问控制技术。具体地说，就是在以下情形允许规避访问控制技术：非营利的图书馆和教育机构为确定它们是否希望获得一部作品［S. 1201（d）］，联邦法、州法和地方法的执行官为了执行一项授权调查而破坏版权控制性的技术［S. 1201（e）］，对计算机程序的反向工程［S. 1201（f）］，解码研究［S. 1201（g）］，对未成年人的保护［S. 1201（h）］，对隐私的保护［S. 1201（i）］，为测试计算机、计算机系统和计算机网络安全性的目的［S. 1201（J）］。

尽管美国在颁布 DMCA 时声称，第 1201 条几项窄范围的责任免除条款并不会影响针对侵犯版权的权利救济、限制及抗辩，包括合理使用制度。而且 DMCA 对访问控制技术与复制控制技术的区分显然试图保持合理使用在新环境中的适用。但是，该条并没有提供类似于美国版权法中合理使用原则的一般性抗辩理由，也没有要求数字作品的版权人承担保证公众合理使用的义务。这样一来，合理使用原则在美国出现了由个案分析的模式向一个范围很窄的法定系统转变的趋势。这个法定系统替换了原先伴有特定例外的开放式的比较调查分析系统。而且新的立法授权国会而不是法院根据需要甄别和排除特定种类作品的特定类型用户。更值得注意的是，该条款要求确定的是特定类型的作品，而不是像传统合理使用原则那样确定作品的特定使用。不少评论家担心，反规避技术措施条款具有一种潜在危险，使版权变成人们从来都不曾期望它成为的绝对的保护形式。

中国 2001 年修订的《著作权法》增设了一条保护技术措施的规定。其第 47 条第 6 款规定，未经著作权人或者与著作权有关的权利人的许可，故意避开或者破坏权利人为其作品、录音录像制品等采取的保护著作权或者与著作权有关的权利的技术措施的行为为侵权行为，法律、行政法规另有规定的除外。

从这一条款的规定来看，中国把针对技术保护措施的侵权行为做了几方面的限定。首先，将侵权行为只限定在"故意避开或破坏"这一行为上，而未提及诸如制造、进口、销售等辅助避开或破坏行为的行为。这使得对数字作品中的技术措施的法律保护非常有限。其次，将侵权行为的侵犯对象只限定在保护著作权或者与著作权有关的权利的技术措施上。中国的这一规定没有像美国那样区分访问控制技术和复制控制技术，甚至没有明确网络上极其普遍的访问控制技术措施是否为保护著作权或者与著作权有关的权利的技术措施。这样，未经版权人许可，破解其设置的访问口令而浏览、阅读版权作品的行为似乎可以理解为并非针对保护著作权或者与著作权有关的权利的技术措施从而不构成侵权行为。再次，版权法在禁止规避技术措施的同时，忽略了相关的如 DMCA 第 1201 条第（d）—（j）款的例外规定。合理使用条款的缺乏使得反规避条款过于绝对。

第二节 加密与解密

技术保护措施可以为版权提供堪称完美的保护。通过有效使用这些保护性的技术，权利人可以无所顾忌地享受对作品的控制，而不受版权法内在限制的妨碍。例如，在搜索引擎中，技术措施完全可以阻止其他网站未经同意而链接到某一网站的行为。Netscape 公司的软件工具就使网页创作者得以拒绝特定网址对其的链接。还有，屏蔽技术可以使一个网站通过拒绝某个特定的 URL 地址要求以阻止未经授权的链接，删除技术可以使一个被装"帧"链入的网站删除环绕的"帧"。[①]另外，网站发行人还可以在用户到达所请求的站点之前要求用户进行注册并提供密码等。

而在 DMCA 通过后不久，美国文化产业就提出了自己建立技术保护措施的技术标准，其中主要就是水印（watermarking），即在所灌制的音乐中嵌入一种人们在欣赏音乐时无法察觉但也无法抹去的弱的背景音，这很类似信纸上的水印。一台被设计用来侦测水印的 CD 播放机，除非另外设定具体条件，否则它既不能播放也不能录制带水印的作品。

为了检验其水印的可靠性，唱片工业在网上虚张声势地发出了一封挑战书，让所有有志于做顶级黑客（Hacker）的人来应战，声称破解他们的水印，奖金是 1 万美金。挑战的具体条件是，参赛者需要先下载一组选定的两首歌曲，其中一首有两种版本：带有水印的和没有带水印的。另一首歌曲则只有一个带有水印的版本。挑战的目标是，为第二首带有水印的歌曲制作一份复制件，但需要除去其水印。参赛者通过分析第一首带水印和不带水印的歌曲版本来确定水印的位置和特征，然后利用这些信息为第二首带水印的歌曲创建一个不带水印的复制件。若在音质没有降低的情况下水印被消除，则挑战成功。

一直致力于研究计算机软件中安全和隐私问题的普林斯顿大学计算机系副教授 Edward Felten 带领的团队几乎挑战成功。Felten 认为自己的团队已经解决了所有 4 个水印，但是，发出挑战的意大利工程师 Leonardo Chiariglione

---

① 网络上的装"帧"技术是指当链入一个外部网站后，当前网页的网主用自己网站的内容作为"边框"将外部链入网站上的广告和商标加以覆盖，使浏览人无法辨别浏览的内容来自另一个网站。

(被称为 MP3 之父)却质疑其可能降低了音质,而且怀疑其技术是否可以经受重复性检验,即是否可以适用到其他加了水印的音乐中。基于如此疑问,发出挑战的组织迟迟不公布挑战结果,这导致 Felten 和 Chiariglione 就挑战赛的结果展开辩论。在辩论没有得出任何结果的情况下,Felten 将其参加挑战赛的成果写成论文,并获准在 2001 年 4 月举办的一场信息隐藏学术研讨会上发表。这一行动引起挑战赛组织者的担忧,因为挑战赛的水印技术是耗时多年才研究与开发完成的,Felten 一旦公开,他们的投资价值就会付诸东流。所以他们以起诉 Felten 做要挟,使 Felten 最终妥协,并表示不再宣读他的论文。

而 Felten 想要证明的无非就是这样一种认识,即任何能够加密的东西,对其付出一定成本就能够被解密。技术本身并不是完美无缺的。一种技术保护措施只具有暂时性而可能被其他技术措施破解、攻击或者规避。这正是 20 年前在著名的 Sony 案中初审法官 Warren Ferguson 所指出的,有人发明一个装置,就会有人制造出破解该装置的技术,循环往复永无休止。现在,没有人怀疑技术总会有漏洞,而且越是复杂的技术,存在的漏洞可能越多。所以有人说,可以加密就可以被解密,而且解密的行为和手段将继续如侵犯版权本身一样难以被发现。美国的 P. Goldstein 教授曾感叹道:"加密技术……不是路障,而是加速器。"当加密这类技术很容易被网络黑客破解或攻击时,如果没有一个统一立法支持这种技术并禁止对这种技术的破解或规避,这种技术往往也很难奏效。因此,人们对网络中的代码(code)将取代法律的担心其实显得过于悲观。

美国 DMCA 颁布以后,最具有代表性的案例是 2000 年 Universal City Studios, Inc. v Reinmerdes 案。[1]原告电影公司在其电影 DVD 中设置了旨在控制访问和复制的保护系统——数据干扰系统(Content Scramble System,简称 CSS)。这个系统使 DVD 只能在获得技术授权的播放器和 DVD 硬盘驱动器上播放或复制。挪威少年 Reinmerdes 和他的小伙伴为解密 DVD 中的 CSS 设计了一个计算机软件 DeCSS。他们通过这个软件能使任何计算机自由运行 Linux 操作系统以播放受版权保护的 DVD。随后,DeCSS 软件在网上大量供应,许多电影因此被上传到网上,被收看、传播或是复制。美国纽约南区区法院认为被告的行为构成规避访问控制技术措施的行为,因为 DeCSS 是被专门设计

---

[1] *Universal City Studios*, *Inc. v Reinmerdes*, 111 F Supp. 2d 294, 346 (S. D. N. Y. 2000).

用来规避 DVD 中访问控制技术的，而且除此之外，几乎没有其他商业用途。于是法院根据 DMCA 第 1201 条第（a）（1）款发布禁止令，禁止被告将 DeCSS 上传到因特网。同时，法院判决链接到自由下载 DeCSS 软件的网站的链接设置也应视为规避技术的违法行为，从而发布禁止令关闭了 2600 家此类网站。被告以法院拒绝适用合理使用抗辩为由上诉并主张 DMCA 违反美国《第一宪法修正案》关于保护公民言论自由的规定。上诉法院支持了区法院的判决。关于被告提出的合理使用抗辩的问题，上诉法院解释说，只要访问是获得许可的或是适用属于 DMCA 第 1201 条第（a）（1）款的法定例外情形之一的，DMCA 该条款的禁止性规定只限于规避行为本身，并未触动传统的版权侵权的抗辩，包括合理使用，换句话说，有资格访问的用户仍然可以合理地复制视频作品。而且法院强调，合理使用抗辩从来都没有允诺为了复制版权作品而对版权作品进行访问是合理的。这正是为什么 DMCA 只禁止规避或破解访问控制技术的原因。

DeCSS 只是电影公司所关注的问题的一个开端。不久之后，压缩技术的提高，更加便宜而强大的宽带服务以及价格不断降低的数字存储设备，这些技术都使家庭用户之间交换电影文件成为可能。而电影工业有一个精心安排的市场时间进程，即电影剧院放映——DVD 销售——家庭付费点播——电视免费播送。而新发行的电影的免费复制，就会破坏电影的这一市场进程，即便是免费的电视播送也会受到 VCR 的威胁。当 1984 年 Sony 案发生时，Betamax 录像机还只是用质量相对较低的录像带来录制模拟信号的电视广播节目。与之形成对照的是，根据数字广播节目制作的高质量数字复制件，将直接与 DVD 的销售形成竞争。

第三节　版权的困境

虽然反规避技术措施条款遭遇不少反对的声音，但它仍先后在美国、中国和英国等几个较大的版权文化市场的版权法中出现。这一现象的出现并不是没有道理的，反规避技术措施条款主要是基于这样的观念而产生：在数字环境中作品内容可以被迅速复制并在全球范围内传播，而且其成本比在模拟世界做同样的事情要低得多，因此，版权作品在数字环境中比在模拟环境中显得更脆弱也更易于遭到攻击,版权人面对因非授权使用而遭到的经济损失也可能更大。

但是,不可否认,反规避技术措施条款与合理使用制度形成了矛盾,从而打破了传统版权法一直试图保持的平衡。人们怀疑赋予版权人在数字环境中对其作品拥有更大的控制权是否会带来更有利于公众的结果。在我们的信息更多地通过数字网络传递给公众的时代,反规避技术措施条款将增加获得这些信息的障碍。这些障碍很可能影响到处于公共领域的科学知识的传播。在某种程度上,技术保护措施的确非常有效地控制了对版权作品的访问,但实际上,它们同时也排除了所有对版权作品未经授权的使用,包括合理使用以及其他法律允许的例外使用。

对此产生重要影响的有两个方面,即用户和版权人分别会对反规避技术措施条款做出何种反应。从用户方面来看,随着技术越来越多地走向家庭,用户迅速地意识到技术在传送资料和提供娱乐方面的强大力量。所以,他们可能非常反感那些阻碍使用和享受技术的技术。如果一位音乐爱好者无法复制他购买的设有反复制保护的 CD,只是由于绕过这项保护是非法的,他可能会觉得这难以接受。正如 P. Goldstein 所说,由于将来用户必须为他们现在免费享受的东西付费,将来的信息就会成为数字的囚徒。①

从版权人方面来看,版权人在保证他们的利益时必须考虑两点。第一,版权人在设置允许用户获得其作品的条件时,一般来说,给予用户的自由越多,对版权人越有价值。第二,如果用户不再购买被技术保护措施严格限制的复制品的话,版权人所遭受到的结果可能比以前更糟。尽管我们还不能确定版权人对新的为他们做出的法律安排有何反应,但可以预见到的是,在一定程度上,版权人的利益系于用户的利益。事实上,我们应该更多地反思版权工业替代作者在这场利益之争中充当的角色。版权工业在试图锁定它们的版权作品并且拒绝消费者访问时,并没有更多地考虑作者的根本利益——传播作品以使最大范围的消费者可以获得作品。一般来说,由于存在市场压力,作者会竭尽全力吸引消费者而不是将其作品与消费者隔绝。

在网络空间,获得信息仍然是一个民主社会的基础。因此,当我们在决定版权合理使用制度的地位时,最好更多地考虑公众利益。我们还不能确切

---

① Paul Goldstein, 'Fair Use in a Change World', 见 P003 注③。

地知道网络会如何发展，在这种情况下，个案分析方式似乎比严格的规则体系更为合适，因为到目前为止，我们还没有成熟的立法版本可以跟得上迅速发展变化的技术。针对一项技术变化而实施某项新规则时，该项技术很可能已经向前发展了。压缩甚至取代合理使用制度的反规避技术措施条款，很可能最终会被证明其只是一个耗时费力、没有效率的版权制度的转变。

小　结

"技术问题技术解决"的观点被提出来时正是互联网发展的初期，3年以后 Google 公司才建立，而 Youtube 的创建也是10年之后的事情了。在那个时候，版权人面对突如其来的互联网技术，陷入对世界失去控制的恐惧之中，就像300年前一样，急于向法律寻求解决之道。Charles Clark 先生在提出这一论断时，并没有详细解释技术问题是什么、由什么技术解决、如何解决等问题。显然，就 Clark 先生本身来看，用来解决技术问题的技术其实并不是真正的技术，而是法律，用来对抗互联网的法律。在"技术问题技术解决"这一隐喻中，所谓的技术问题变成了一个试图保持现存商业模式的普通而现实的问题。技术实为可以带给版权恐慌的古老话题：法律是商业模式问题的解药，通过法律解决问题要么是禁锢新技术的发展，要么是抑制新技术使之处于安全范围。"技术问题技术解决"暗示着技术可以解决人类行为带来的问题。然而，无论是技术还是法律都是由人掌控的，人类行为带来的问题只能由人本身来解决。

第九章 P2P 文件分享技术
（Peer-to-Peer file-sharing network）与版权侵权

引 言

20世纪90年代，美国著名版权学者 Pamela Samuelson 概括出数字媒体对知识产权体系六个方面的影响：第一，复制变得容易；第二，传播和多重使用变得容易；第三，数字媒体的弹性：以数字形式出现的作品如音乐、图片和计算机软件很容易被修改、盗用、混合，直到无法辨认出原本的模样；第四，以数字形式出现的作品使版权对作品类型的划分变得模糊；第五，作品被压缩为二进制代码的形式存储在一定的介质上，人们必须通过一定的中介（计算机界面）的辅助才能够访问和阅读；第六，非线性（nonlinearity）特征，即与数字化相连的数字搜索功能使用户可以发散性地搜索、浏览其所需信息，这种非线性的行为模式给版权带来了新的挑战。[1]从某种意义上说，作品数字化使有形作品的传输以一种无形的、低廉的形式出现，极大地降低了传输成本。将作品从有形的载体传输中解放出来不单单助长了盗版，而且也使合法的数字服务变得比任何时候都丰富和低廉。而 P2P 文件分享技术集上述所有影响于一身，引起版权人遭遇数字技术以来的最大恐慌。

第一节 第一代 P2P 技术与英、美的版权间接责任

一、Napster 的 P2P 技术

Napster 公司是一家创办于1999年的互联网音乐共享服务提供商，其创

---

[1] Pamela Samuelson and Robert J. Giushko, 'Intellectual Property Rights for Digital Library and Hypertext Publishing Systems'（1993）6 Harv J L & Tech 237.

立人是年仅 18 岁的退学大学生 Shawn Fanning。Napster 公司研发出第一代 P2P 文件共享程序（peer-to-peer file-sharing software），这一软件也成为让所有版权人惊慌的第一象征。安装这一软件的网络用户（host subscriber），可以将自己电脑上的音乐文件名称自动上传到 Napster 的服务器，而另一使用该软件的用户（requesting subscriber）可以从 Napster 的服务器的目录中检索到该音乐。Napster 服务器马上就会为用户提供一个检索结果列表，用户只要轻点几下鼠标，就可以从中选定一个文件，而服务器就会向文件所在的主机用户（host subscriber）发出文件查询请求，并可以将文件从主机用户的电脑下载到委托用户（requesting subscriber）的电脑，从而达到共享的目的。一旦下载，MP3 音乐文件就可以被刻录到空白 CD 上或者传送到优盘以供在移动设备上使用。Fanning 宣称，他的目标之一就是避开 CD 商业分销体系中已经建立起来的渠道，为地下乐队和其他新节目提供一批现成的在线观众。但 Napster 的主要功能是使任何人只要用一台连接到互联网的电脑就可以免费复制任何在 Napster 另一用户电脑上留存的音乐。从创建开始到 2001 年 2 月份，不到两年的时间内，Napster 已经拥有高达 8000 万的用户。

对此，音乐市场反响巨大。唱片公司声称，这一软件使唱片公司的 CD 销售量大幅度减少。为了制止这种行为，在美国唱片业协会（RIAA）的率领下，唱片公司对 Napster 公司提起诉讼，主张用户利用 Napster 的 P2P 软件上传音乐和下载音乐的行为构成对版权复制权的侵犯，并认为虽然 Napster 并没有复制，只是使他人能够复制，但是因为它提供了这种物质上的帮助，因此构成间接侵犯版权。

二、P2P 技术与合理使用

2000 年 7 月，区法院发布了诉前禁止令，由于事情紧急，Napster 公司向美国第九巡回法院上诉，第九巡回法院在两天后就下达判决，暂停禁止令执行，将案件发回重审。第九巡回法院解释说，虽然他们也同意区法院的认定，但是禁止令的范围过宽，似乎是让 Napster 承担全部责任，这有些不合适。经过重审，区法院又重新签发了一份修订后的禁止令，要求唱片公司向 Napster 公司提供其遭受侵权的每一件作品的标题、主要表演者的姓名以及在 Napster 目录中列明的一份或者多份录音制品的名称，并命令 Napster 不得复制、下载、上传、传播或者发行享有版权的录音制品。

区法院在审理该案时面对的第一个问题就是 Napster 软件用户是否构成直

接侵权——如果没有直接侵权也就不存在间接侵权。法官们需要在构成侵权与合理使用之间进行权衡。

法官从 Napster 用户对版权作品使用的特点、使用的量，以及对原版音乐作品市场的威胁等方面考察后认为，Napster 用户的行为并不构成合理使用。

根据合理使用的第一要素，区法院认为从使用的特点来看，用户通常要通过付费购买的东西现在可以免费获得。Napster 提供的是商业服务，其目的在于为收取订阅费或者吸引团体购买者奠定切实的基础。Napster 技术导致的是完全的复制，而不是创新性使用。从第二要素作品的特点以及第三要素使用的量上看，区法院认为音乐作品的创作与整部作品的复制都不能使被告的行为构成合理使用。关于第四项要素，被告方的专家提出文件共享使潜在的消费者得以试听单曲、交换信息，发展基础用户并建立网络基础结构，因此文件共享可能会实际上刺激 CD 和音乐会门票的销售。但是，区法院指出对版权作品潜在市场的威胁还要考虑行为给许可机会和衍生作品带来的影响。用户的下载行为妨碍了唱片公司进入数字化下载市场，因此对版权作品的潜在市场带来了危害。即便用户下载音乐后可能去购买合法的专辑，但不能因此否认下载行为的侵权性质。总之，合理使用四项要素中的每一项都对原告有利，因此 Napster 用户的行为不构成合理使用。

在上诉中，第九巡回法院支持了区法院关于合理使用的认定，Napster 软件用户直接侵犯了版权。这样，法院就有了认定提供这一软件的 Napster 的间接侵权责任的机会。

三、P2P 技术与美国的版权间接侵权

（一）美国的版权帮助侵权责任与替代侵权责任

间接侵权也称为二次侵权，与直接侵权或初次侵权相对。间接侵权人一般没有直接实施侵权行为，或者只对侵权行为起辅助作用。在美国法中，虽然没有明确的关于间接责任的规定，但是司法不断扩展了间接侵权责任的运用，而且似乎顺理成章地将其带入了数字时代。在美国，与直接侵权相对的间接侵权包括两种：帮助侵权（contributory infringement）和替代侵权（vicarious infringement）。美国法中比较经典的关于帮助侵权的描述是：一个明知他人的侵权行为并且诱导（induce）、促成（cause）该侵权行为或为该侵权行为提供物质帮助（material contribute）的人可以作为帮助侵权人承担责任。[1]要承担

---

[1] Gershwin Publ'g Corp. v Columbia Artists Mgmt., Inc., 443 F 2d 1159 (2d Cir. 1971).

帮助侵权责任，当事人必须对侵权行为"明知"（actual knowledge），从而能够在特定的侵权行为发生时对其加以阻止。替代侵权并不像帮助侵权那样要求侵权行为人要有对直接侵权行为的"明知"，但是行为人必须有责任和能力对侵权行为进行监控，并且行为人在其中具有直接的经济利益。

间接侵权的规则在数字时代之前就已经开始运用在版权领域。比如美国、英国都有先例，如因为乐队的侵权演唱，使得为侵权演唱提供场所的剧院承担版权侵权的间接责任，而乐队承担直接责任。但是，随着数字时代的来临，间接责任才在版权领域得到经常性适用。网络服务商的版权侵权责任的认定，成为版权间接侵权责任的主战场。通常，如果网络用户被认为是直接侵权人，那些提供网络服务的网络服务中介则构成间接侵权人，因为用户是通过这些中介的服务才完成其侵权行为的。

美国版权司法是将间接责任运用于版权侵权最为频繁的一个国家。之所以美国法院特别青睐间接侵权责任，是因为这样做可以使美国法院绕开一个更麻烦的问题，即美国版权法中的发行权（the distribution right）是否能够覆盖网络上的"向公众提供行为"（making available to the public）。虽然国际社会在制定适用于数字环境的互联网条约 WCT 和 WPPT 的时候，美国极力主张立法保护数字传输行为，但是当 WCT 和 WPPT 写入新的"向公众传播权"（the right of communication to the public）的时候，美国国内立法却并没有响应，因为立法者认为美国版权法中的发行权可以覆盖数字传输行为，也就是在网络环境中的"向公众提供"的行为。但是，美国法院却因此遭遇到一个实际的问题，即美国版权法中的发行权通常指的是以实际交付（actual transaction）为条件的行为，也就是"发行"行为必须要具备的"实物的交付或实物的转移占有"。但是在数字传输中，实物交付的发生以及发生的时间很难被证明。因此，有些美国法院就不得不扩大对"发行权"的解释，以便可以使其适用于网络传输环境。然而这种扩大解释在美国各地法院中并没有取得一致支持。

（二）Napster 的版权间接侵权责任

关于 Napster 的帮助侵权责任，美国第九巡回法院认为 Napster 公司对于侵权行为具有"确实的或推断的"的认识（明知或应知）（actual and constructive knowledge）。因为美国唱片业协会已经向 Napster 提供了一份包含 12,000 个侵权文档的名录，而 Napster 的系统中仍然有这些文档。何况，Napster 完全有能力阻止使用其技术的用户复制和发行侵权复制品，因为这些音乐作品就是通过它的服务器进行传输的。如果缺少Napster的帮助，用户也不可能完成侵权行为，因此Napster应该承担帮助侵权责任。同时，法院还认定了Napster公司侵犯版权的替代责任，因为它的行为完全满足代位侵权的两个条件：有能力控制侵权行为，并且从侵权中获得直接的经济利益。虽然还没有产生任何收入，但是它已经成功地构建了一个用户平台，以后就可能从中获利。

在审理中，被告Napster公司主张，基于1992年的《家庭录制法》，应该将"时间转换"的规则适用于"空间转换"的情形，正如Sony公司的Betamax录制机，P2P软件为崭露头角的音乐人提供了一个分享音乐的平台，这构成实质非侵权用途。但是这一主张被法院驳回，理由是这一点并不具有广泛性，难以达到构成非侵权用途的实质性要求。

如果法院将唱片公司提供给Napster公司的侵权目录当作证明Napster"明知"侵权行为存在的证据，那么如果名录出现错误或者信息不全的时候，该如何认定呢？比如有些用户在上传歌曲《我心永恒》的时候，故意或无意将其注明为"我心依旧"，那么Napster在筛查时就无法检测出该侵权文件，这个时候Napster公司仍然要承担责任吗？对此区法院法官认为，放任任何侵权文件就算作没有尽到责任，而Napster必须将侵权的风险降低到零（zero tolerance）。

由于一连串的禁止令，Napster的用户不断减少。Napster公司终于在2002年6月申请破产。在诉讼中，唱片公司联手成立了两家在线音乐服务公司，向用户提供有限数量歌曲的付费复制服务。但是，技术发展不会让已经免费的东西再恢复为付费的。用户很快又发现了新的文件共享软件，这些软件比Napster更为便捷，这就是第二代P2P软件Grokster和KaZaa。按照美国研究机构WEBNOISE的估计，在Napster被关闭后的一个月（2002年8月）有超过30亿首歌曲被下载，超过了之前Napster月下载量的最高纪录（27亿）。

我们可以看到，在由技术执行版权规则的实践方面Napster案与Sony案是不同的。在Sony案中，法院面对的是"非此即彼"的挑战：要么一项设备被禁止，即便这样做压制了合法使用；要么不向其施加任何法律责任，即便这种设备可能引起侵权行为。Napster案却不同，法院面对的问题是，当一项网络技术服务在允许合法行为的同时，也具有可以通过阻止用户"接入"受保护的文件目录而达到消除侵权的能力时该如何承担责任。[1]因此，Naspter 案实际上是将法院的判定转向了对侵权行为的主观"明知"状态和行为人"阻止特定侵权行为的能力"两方面。

实际上，中心化特点决定的控制能力成为 Napster 被追责的主要因素，那么这里的问题就是，如果一种技术或经营形式并不存在这种控制能力，那么是否就可以否定辅助侵权中的"明知"条件，从而免除责任呢？Napster 公司破产之后不久出现的 Aimster 公司推出一款 P2P 软件，它通过对传输的文件进行加密，使自己"没有能力"知道什么文件从自己的网络系统中通过。[2]在诉讼中，美国第七巡回法院的著名法官 Richard Posner 很巧妙地弥补了针对此类行为的法律漏洞，他认为，尽管 Aimster 通过加密否定了自己对侵权行为的"明知"，但是被告并没有证明它的服务被用作任何实质非侵权的用途。Posner 法官认为，仅仅具有实质非侵权的能力是不够的，被告必须证明实际上存在非侵权的用途，而被告的服务不具有实质非侵权用途是因为它们对侵权行为的故意忽视（willful blindness），而这种故意忽视和"明知"一样可以推定帮助侵权的存在。

与 Aimster 不同，另一家美国公司通过用非中心化的技术手段来否定自己"明知"的主观状态而在两级法院中取得成功，这就是第二代 P2P 分享软件 Grokster。

四、英国的 Newzbin 案[3]

2010 年的 *Twentieth Century Fox Film, Corp. v Newzbin, Ltd.* 案是英国第一个关于 P2P 文件分享技术侵犯版权的权威案例。一个名叫 Newzbin 的网站被指控侵犯了英国 CDPA 第 20 条第 2（b）款的"向公众传播权"（the right of communication to the public）。[4]而被告认为自己仅仅是类似于 Google 的一个搜索引擎而已。这一主张的关键在于，Newzbin 网站对其传输的内容一无所知——这个网站被设计用来对 Usenet 上的内容进行无歧视的搜索并建立索

---

[1] Jane C. Ginsburg, 'Separating the Sony Sheep. from the Grokster Goats: Reckoning the Future Business Plans of Copyright-Dependent Technology Entrepreneurs'（2008）50 Ariz L Rev 577.

[2] *In re Aimster Copyright Litig.*, 334 F 3d（7th Cir 2003）.

[3] *Twentieth Century Fox Film Corp. v Newzbin, Ltd.*, [2010] EWHC 608（Ch）; [2010] ECC（Ch. D）.

[4] 与美国不同，英国版权立法适用《欧盟信息社会数字版权指令》，于 2003 年引入"向公众传播权"来解决数字传输的问题。这一点在下一章中将会详细讨论。

引。对于 Newzbin 网站并不缓存任何 Usenet 分类索引的内容而只是将其保留在 Usenet 服务器上这一点双方均无争议。就网站的技术构架来看，Newzbin 更接近 Napster，而区别于后来的第二代 P2P 技术。原告指控 Newzbin 的运营商构成对向公众传播权的直接侵犯并要求承担其用户侵权责任的授权责任。

法院首先肯定了被告侵犯原告依据 CDPA 所享有的向公众传播权，理由是被告通过一项复杂的编辑系统向"新的公众"提供版权作品，这些公众只要轻点鼠标就可以下载其选定的整部电影，而不需要耗时费力地各处寻找分散的电影片段文件。因此 Newzbin 网站的行为构成直接侵犯原告的向公众传播权。

同时，法院在 Newzbin 案中判定被告承担英国法上的授权责任（authorisation liability），因为被告创建了为侵权行为提供手段的 Newzbin 网站，而且该网站完全处于被告的控制之下。依据英国 CDPA 第 16 条第 2 款的规定，行为人在没有版权人许可的情形下授权给其他人从事法律限制的行为，该行为人承担版权侵权责任。法院还依循了著名先例 *CBS v Ames Records & Tapes，ltd.* 案。在 CBS 案中，法院拒绝认定一个出租唱片和空白磁带的商店的经营者应该为侵权行为承担责任，虽然该经营者明知其顾客很可能利用这些出租商品进行侵权活动。[①]Whitford 法官在该案中解释说，一项授权只能来自于拥有或者声称拥有授予某项权利的权利人；仅仅有能力促使他人去从事某项行为或者为他人的行为提供帮助，甚至只是鼓励他人从事某项行为，而不是声称他拥有认定该行为为正当的权利，不被认为构成授权。[②]*CBS Songs, Ltd. v Amstrad Consumer Electronics，Plc.* 案进一步为英国版权法的授权理论提供了依据。[③]在该案中，法院认定制造、销售可以高速复制磁带的 hi-fi 系统，为消费者提供了一种高速复制版权作品的手段，但是该设备的制造商本身并不构成对侵权行为的授权，因为制造商对设备的使用没有控制能力，而且这些设备还可以被用于合法用途。法院区别了赋予复制的能力（conferring power to copy）与赋予复制的权利（granting the right to copy）的不同，认为授权是赋予（grant）或声称赋予第三人权利从事被指控的行为。因此，法院认为被告只是为复制

---

① *CBS v Ames Records and Tapes*，[1982] Ch 91（Ch. D）.
② Ibid., p. 105（Whitford J）.
③ *CBS Songs，Ltd. v Amstrad Consumer Electronics，Plc.*，[1988] AC 1013（House of Lords）. 从法律和技术上看，该案都被认为是美国 Sony 案的英国版本。

提供了辅助手段，而并没有声称授权于他。辅助工具的提供者并不承担责任，虽然他们的服务和产品使侵权变得容易和可能。如果设备或服务的提供者无法控制它所提供的手段如何使用，情况就更是如此，因为赋予或声称赋予的基本含义是，授权人拥有一定程度的实际或者显然的权利去控制被授权人的相关行为。[1]因此，控制是一个非常重要的要素。这一要素取决于所有的其他周边条件，特别包括授权人和被授权人（被指控的直接侵权人）之间的关系。[2]

Newzbin 网站停止运营不久以后，一个称为 Newzbin2 的新网站出现，它以与 Newzbin 相同的方式运作，甚至还保留了相同的域名 www.newzbin.com.。原告向法院申请针对 BT——英国最大的 ISP——的禁止令。BT 帮助其消费者与第三方网站通过它的宽带服务互动，但是其本身并没有发起这种互动交流。原告指控 BT 的零售顾客可以利用 BT 的宽带服务接入互联网，进入一些特别网站接收版权作品的复制件，因而 BT 构成侵犯原告的向公众传播权。[3]

法官面对的问题就是，《欧盟信息社会数字版权指令》以及 CDPA 中规定的向公众传播权是否可以适用于新网站的运营商？[4]大法官 Arnorld 分析了《欧盟信息社会数字版权指令》第 3 条第 1 款，判定那些作为 Newzbin2 网站用户的 BT 的签约用户通过 BT 的网络下载侵权内容的确构成使用 BT 的服务。同时，当一个 BT 签约用户访问 Newzbin2 网站，然后下载一部电影或一档电视节目的侵权复制件时，Newzbin2 的运营商的确构成使用 BT 的服务进行侵犯版权的行为。依循 Newzbin 案的判决，法院很快认定 Newzbin2 的运营商通过电子传输向公众提供版权作品，而其用户可以通过包括 BT 在内的网络系统接入 Newzbin2，而这足以构成使用 BT 的服务侵权。

虽然两起 Newzbin 案在授权责任问题上的结果与 Amstrad 案不同，但是几起案子的结果都是将授权责任的适用建立在考查控制这一要素的基础上。两起 Newzbin 案与 21 年前的 Amstrad 案比起来，并没有太大的改动，除了要

---

[1] Ibid（Templeman L J）.

[2] K. M. Garnett and others Copinger and Skone James on Copyright, vol 1（16th edn, Sweet and Maxwell 2011）, supra note 126, p. 519（7-148）.

[3] *Twentieth Century Fox Film, Corp. v British Telecommunications, plc.*,[2011] EWHC 1981（Ch）（Ch. D）, at H5. 在英国 BT 拥有超过 530 万签约网络用户。原告选择指控 BT，可能因为当时 Newzbin2 的运营商已经移出英国。

[4] Ibid, p. 99. BT 公司认为侵权行为是利用了侵权作品提供者（例如 Newzbin）的服务，而不是 BT 公司的服务。

考虑的要素稍有变化之外。①正如上文所说，Newzbin 网站可以归为"中心化"的第一代 P2P 软件。而这一代 Napster 式技术表现出了侵权行为与授权者之间的因果关系，以及授权者对于直接侵权人的控制。②但是，授权责任理论很难适用于"非中心化"的第二代、第三代 P2P 软件。③而英国法院仍然试图依据授权责任理论来回答如何向 ISP 施以责任的问题：当 ISP 虽未从侵权行为中获益但却对侵权行为没有控制时，如何向其施以责任？

第二节 第二代 P2P 技术与美国的 Grokster 案

在后来同样涉及 P2P 软件的 Grokster 案中，初审法院和上诉法院都得出了与 Napster 案相反的结论。原告米高梅电影公司（Metro-Goldwyn-Mayer Studios, Inc.）认为被告向用户免费提供 P2P 网络文件共享软件的行为构成版权的间接侵权。2003 年初审法院和 2004 年上诉法院都认为被告无需承担帮助侵权责任，主要因为被告提供的 Grokster/Morpheus 软件版本具有"非中心化"的特点，即这一软件只是允许用户和网络相连接，不存在像 Napster 那样用于检索的中央服务器。用户可以相互连接，它们的运行并不受制于集中控制，它们是使用户的电脑硬盘相互连接的真正"点对点"的服务。由于不存在中央服务器服务，所以被告没有为用户搜索以及交换文件提供任何实质性的帮助。

另外，两级法院都认为 Grokster 也不可能对用户的侵权行为实际知晓，因为如果被告关闭所有在其控制之下的网络运行时，其用户仍然可以在几乎没有任何干扰的情况下继续共享文件。同时上诉法院也引用了 Sony 案，认定 Grokster 软件具有实质非侵权用途，因此 Grokster 不承担帮助侵权的责任。

此外，初审法院认为被告为完全处于他们控制之外的网络上的交流提供

---

① Ryan Hocking, 'Secondary Liability in Copyright Infringement: Still No Newz?' (2012) 23 Ent L R 83.

② Hasina Haque, 'Is the Time Ripe for Another Exclusive Right? A Proposal' (2008) 30 European Intellectual Property Review 371.

③ Rebecca Giblin, Code Wars: 10 Years of P2P. Software Litigation (Edward Elgar 2011), p. 110; See also Min Yan, 'The Law Surrounding the Facilitation of Online Copyright Infringement' (2012) 34 European Intellectual Property Review 122.

软件，它没有权利或能力对网络上的信息交流进行监控，因而替代侵权责任也不能成立。第九巡回法院肯定了初审法院的这一认定。

但是，2005年6月27日美国联邦最高法院一致同意撤销了上诉法院的判决，认为现有的事实不能表明被告的软件具有实质性的非侵权用途，因为仅一种P2P网络获得的文件的90%是具有版权的，只有剩下的10%不具有版权，而这10%的比例不足以构成实质性的非侵权使用。更为重要的是，法院认为上诉法院对Sony案的理解是错误的，而Sony规则的实质是，所谓的实质非侵权使用仅仅是限制认定帮助侵权的非法意图的证据之一，它不能否认帮助侵权本身，如果证据充分，还可以依据其他规则认定帮助侵权的存在。

以此理解为基础，联邦最高法院根据普通法中的另外一项规则——引诱侵权（inducement of infringement）——认定了Grokster的帮助侵权责任。根据引诱侵权规则，如果一种设备的推销商具有推销其设备的侵权使用之目的，如通过明确表示或者采取其他积极的步骤以助长侵权等，那么他应该为第三方此种的侵权行为承担责任。在无法证明行为人具有帮助侵权的非法意图（即明知侵权存在仍然帮助）的情况下，只要证明行为人有引诱侵权的非法意图即可认定侵权。法院认为，有充足的证据表明被告有引诱侵权的非法意图，这些证据包括：第一，被告在其广告宣传中明确表示其软件是对侵权软件Napster的替代；第二，被告没有开发出一种过滤软件来阻止侵权等。因此，"其非法目的是毫无疑问的"（The unlawful objective is unmistakable）。

联邦最高法院没有对Grokster的替代侵权责任问题做出讨论，也没有对第九巡回法院就此问题的认定表达任何意见。

事实上，虽然通过为终端用户复制提供物质帮助的意图成为认定辅助侵权的关键，但是在很多情形中，"使终端用户有能力复制"可以得到证明，但是使终端用户非法复制的意图最终要依据实际发生的侵权量来判断。至少在 *Monotype Imaging, Inc. v Bitstream, Inc.* 案中，美国法院将相应的侵权和非侵权的量（magnitude）作为认定引诱侵权责任的因素。①

所有新技术可以说都是有着双重目的的，没有哪项技术先天就是"邪恶的"。如果说从理论上讲技术是中立的话，那么人们难免处于进退维谷的窘境：要么严格执行版权法限制技术，从而妨碍技术的进步；要么牺牲版权法推动技术革新。我们是否有中间路可走——既保护了作者权利也鼓励了技术

---

① *Monotype Imaging, Inc. v Bitstream, Inc.*, 376 F Supp. 2d 877, 887（N. D. 11.2005）.

创新？为了实现这一目的，Gokster 案确立的原则就是，我们需要使所谓的"技术中立"也适用于现有的商业模式，如果经营者本身并不是中立的，而是将自己的经营建立在牺牲版权人和作者利益的基础之上，那么无论怎样抽象，技术都不重要。技术创新者的经营计划中包含的侵权因素越多，以其经营的中立性说服法院的可能性就越小。[①]美国最高法院在 Grokster 案中就对那些从他人版权中获得第一桶金的经营模式嗤之以鼻。因此，经营者或许能从中看出，即便经营模式并不是建立在侵权基础上，但是当侵权变成其利益增长点时，除非它能采取善意的方式阻止侵权行为，否则也仍然要承担侵权责任。其实，Grokster 案的判决暗示了那些希望从事"合法"经营的经营者应该充分利用过滤技术以免除自己的责任。但是美国最高法院没有回答的问题是：P2P 技术对社会来说意味着什么？这种技术是否足够重要以至于要牺牲版权人的利益以使其得到免责？

第三节　第三代 P2P 技术与英国的 The Pirate Bay 案

P2P 技术并没有因为美国法院的判决而停止发展。相反，它们发展出了更为复杂也更为便捷的第三代 P2P 文件共享技术——Bit-Torrent 技术。这种技术与传统的完整文本的超文本链接传输方式不同，它将文件分成很小的部分。原主机用户上传一个名称为".torrent"的文件到网络，这是一个只包含了文件名、文件大小、跟踪器的地址等信息的文件，它可以告诉其他用户去哪里下载原始文件。在 Bit-Torrent 系统中，并不存在中央文件目录，用户是通过搜索引擎来定位文件的，而每一个搜索引擎都是独立的。Bit-Torrent 从两个方面提升了 Grokster 版的 P2P 文件共享软件功能：第一，Bit-Torrent 通过将文件分割成细小的碎片来扩大所获得的文件的量，并极大地提升了下载速度。虽然各地的用户体验不同，但是目前的 Bit-Torrent 技术下载一部完整长度的电影用时不超过 2 小时。第二，Bit-Torrent 要求用户必须分享他已经拥有的一部电影的部分，以此作为他下载该部电影其他部分的前提。如果下载文件的用户提供给别人的文件质量太差，就可能被暂时中断上传或下载文件。这种

---

① Jane C. Ginsburg, 'Separating the Sony Sheep. from the Grokster Goats：Reckoning the Future Business Plans of Copyright-Dependent Technology Entrepreneurs'，见 P121 注①。

方法可以鼓励下载文件的用户上传效果好的文件，防止出现只享受而不贡献的搭便车行为。

The Pirate Bay 称自己是世界上最大的 Bit-Torrent 跟踪器。作为一个开放的跟踪器，The Pirate Bay 更像一个搜索引擎，它提供一个系统目录使用户可以浏览并从中选择他们需要的内容。The Pirate Bay 在其服务器所在地瑞典被起诉侵犯版权。[①]按照瑞典《版权法》，故意或者疏忽（gross negligence）侵犯版权构成犯罪。[②]瑞典《版权法》第 2 条几乎原文不动地引入了《欧盟信息社会数字版权指令》第 3 条的内容。[③]据此，向公众的提供行为被认为构成向公众传播行为。在该案中，瑞典法院认为通过 Bit-Torrent 网络向公众提供版权作品原则上与将该作品置于互联网上的开放网站是一样的行为。瑞典法院还就向公众传播做了进一步解释，认为这一条款可以适用于该技术：版权作品实际上只能通过将大量用户同时传输的一部作品的各个部分连接起来，否则一个用户无法完整地下载该作品。遗憾的是，瑞典法院并没有解释大量用户同时传输一部作品的各个片段的行为是构成单一犯罪还是共同犯罪。法院倒是分析了被告的行为对于非法的向公众传播的行为客观上起到了推波助澜的作用：通过建立一个具有高级搜索功能、便捷的上传功能和超大存储容量的网页，而且通过与该网页捆绑的跟踪器在不同用户之间传输文件，The Pirate Bay 所从事的行为使用户更容易进行非法行为。为了认定责任，不仅从作为辅助者方面还有作为向公众提供版权保护作品的行为人方面都必须要证明被告的"故意"。

在瑞典的案件判决过后不久，针对同一网站的诉讼在英国被提起。在 2012 年的 *Dramatico Entertainment, Ltd. v British Sky Broadcasting, Ltd.* 案中，英国唱片工业协会（British Recorded Music Industry，简称 BPI）代表独立的大唱片公司向法院申请针对六家 ISP 的禁止令，要求后者采取措施关闭或者至

[①] *The Pirate Bay case*, *Public Prosecutor v Neij* Unreported, [TR（Swe）]。该案判决的英文版参见网址 http://www.ifpi.org/content/library/Pirate-Bay-verdict-English-translation.pdf，访问日期为 2015 年 7 月 16 日。被瑞典法院审查的这一网站后来得到极大发展，因为前两代 P2P 系统在其他司法实务中遭到重创。

[②] Swedish Copyright Act（1960: 729）on Copyright in Literary and Artistic Works（1960）. See Jerker Edstrom and Henrik Nillson, 'The Pirate Bay Verdict - Predictable, and Yet...'（2009）31 European Intellectual Property Review 483.

[③] Art 2 of Swedish Copyright Act, as translated in Henry Olsson, Copyright（Svensk och internationell upphovsrätt, 2006）.

少阻止其用户接入。①在申请禁止令时，申请人指控 The Pirate Bay 的用户向公众提供版权文件，但是并没有提出对 The Pirate Bay 的运营商的相同指控。认定英国的 The Pirate Bay 用户侵犯了英国 CDPA 第 20 条第（2）（b）款的向公众传播权，对英国法院来说没有任何困难。为了证明这一点，法院提出了两个问题：第一，用户是否通过电子传输向公众传播了版权作品；第二，用户是否向新的用户——那些版权人在授权发行这些唱片时并未考虑在内的公众传播了版权作品。对这两个问题，法院的回答都是肯定的。

关于 The Pirate Bay 运营商的授权责任，法官考察了 Newzbin 案中法官 Kitchin 依次考察的要素：授权人与被授权人之间关系的特点、侵权的手段、侵权的不可避免性、控制的程度以及阻止侵权所采取的措施。②大多数提出反对意见的评论者认为，面对类似 Grokster 的对用户使用缺乏足够控制的技术，授权责任在向这种技术的提供者施以责任时显得力不从心。③但是法院认为 The Pirate Bay 的运营者的确授权其用户从事复制和向公众传播行为，因为他们已经绝非仅仅是帮助、辅助或同意其用户侵犯版权。关于控制的程度，法院认为 The Pirate Bay 有能力阻止侵权但是它并没有采取任何措施这样做。

与 Newzbin 案不同，The Pirate Bay 案的原告没有针对 The Pirate Bay 运营商本身直接侵犯向公众传播权进行指控，虽然被告需要承担授权责任。在这个案子中，The Pirate Bay 的用户被认为向新的公众提供了唱片，而这些"公众"是那些无法从合法的授权渠道获得这些唱片的公众。④Arnord 大法官承认，原告没有指控 The Pirate Bay 的运营商的向公众传播责任是因为需要等待欧盟法院就这个问题在 *Football Dataco, Ltd. v Sportradar GmbH* 案中的意见。⑤在 Sportradar 案中，Floyd 法官认为，通过在线传输侵犯向公众提供作品

---

① *Dramatico Entertainment, Lld. & others v British Sky Broadcasting, Lld. & others* [2012] EWHC 268 (Ch).

② Ibid, p. 75-81; see also Joel Smith and Sarah Burke, 'Record Companies Win First round v The Pirate Bay in the United Kingdom but Pirates Remain at Large: Dramatico Entertainment Ltd v British Sky Broadcasting Ltd' (2012) 34 European Intellectual Property Review 416.

③ Tay Pek San, 'Developing a Secondary Copyright Liability Regime in Malaysia: Insights from Anglo-American Jurisprudence' (2011) 1 Intellectual Property Quarterly 50.

④ *Dramatico Entertainment, Ltd. & others v British Sky Broadcasting, Ltd. & others*, 见本页注①, p. 70.

⑤ Ibid, p. 67.

权的行为只发生在传输"发出"的地方而不是"接收"的地方。①到底向公众传播行为应该发生在传输"发出"的地方还是"接收"传播内容的地方仍然不清楚。②如果答案是前者，英国法院可能对依据 CDPA 第 20 条提出的指控并无管辖权，因为 The Pirate Bay 的服务器位于英国之外。③关于 The Pirate Bay 用户的侵权行为，法官肯定了原告的证据，即英国用户涉及了上传和下载行为，因此根据 CDPA 第 20 条的目的，无论向公众传播行为发生在传输"发出"的地方还是发生在"接收"传播内容的地方并无太大关系。④从英国法院的立场出发，如果申请人提出 The Pirate Bay 运营者本身直接侵犯向公众传播权的话，做出对此问题的肯定回答应该是合情合理的了。

小　结

版权人与新技术的角逐仍在上演。在这个时候，版权要怎么做？在回答这个问题之前，我们必须要回答另一个问题：P2P 技术是否真的抑制了对作者和娱乐公司创作的刺激？虽然这仍然是一个开放的问题，但是已经有证据显示，经济刺激对文化产业的推动要小于其他产业。以唱片工业为例，一张唱片销售达到 50 万张的时候被认为是成功的金唱片。通常每年只有几百张唱片达到这一业绩，而每年上市的唱片总共有 5 万张。这表明，成功的几率不到 1%。更让人吃惊的数据是，2007 年，只有 950 张新专辑销售额超过 25,000 张。⑤即便这样，每年还是有大量的音乐人在进行音乐创作。这从一个侧面反映出音乐人的创作动力可能并不来自于经济收入。如果对 P2P 技术与音乐盗

---

① *Football Dataco, Ltd. v Sportradar GmbH* [2011] EWCA Civ 330; [2011] 1 WLR 3044. 该案的基本事实是原告拥有一个关于足球比赛赛事的数据库，于是初步指控被告（Sportradar，一个位于欧洲大陆的网站）侵犯其数据库权，因为后者抽取原告的数据信息并将其通过被告的网站向公众提供构成"再次利用"。

② Penelope Thornton, 'High Court Decision on Where the Act of 'Making Available' Takes Place for Internet Transmissions: Football Dataco, Ltd. v Sportradar GmbH'（2011）17 Computer and Telecommunication Law Review 74.

③ Alastair Shaw, ''Newz-binned': High Court Grants First Copyright Infringement Blocking Order Against a UK ISP: Twentieth Century Fox Film Corporation & Others v British Telecommunications PLC'（2012）18 Computer and Telecommunication Law Review 105.

④ Ibid.

⑤ Felix Oberholzer-Gee and Koleman Strumpf, 见"引言"P5 注①。

版的问题进一步调查,目前的调查数据显示,二者之间并没有太多联系。相反,来自于互补产品的收入有所增加。[①]例如,音乐会收入的增长速度快于专辑销售量的下降速度;电子产品和与网络有关的产品的销售量的增加则与P2P技术有很大关系。新技术为创作者提供了将自己的产品推向公众的新渠道。我们虽然对该渠道还没有完整的认识,但是,可以肯定的一点是,弱版权保护不一定抑制艺术创作,结果很可能会相反。

[①] Ibid.

第十章　搜索引擎与向公众传播权

引　言

　　2014 年在世界各地庆祝互联网诞生 25 周年之际，欧盟在网络版权司法实践中迈出了决定性的一步：链接的法律责任终于在欧盟法院的判决中得以确认，经年的争论似乎尘埃落定。链接技术已经构成网络世界运行的基础，以至于关于链接的话题似乎已经失去了新鲜感。然而这项基础性网络技术的版权法律责任问题却一直让版权人忧心忡忡，担心由于链接的使用使其版权作品的网络利用受到威胁。

第一节　链接法律责任确认在欧美的分歧

　　链接是搜索引擎检索信息以及供用户在不同网站之间切换的工具。网络技术发展到今天，几乎不存在无链接的网页。从技术上讲，用户点击"链接"后所看到的并非原始的目标网页，而只是一个被搜索时以 HTML 文件格式存在的目标网页的复制件。[①]这一复制件的制作过程被称为缓存（caching）。缓存可以在两个层面上生成，一个是用户电脑上的缓存，另一个是设链网站服务器上的缓存，后者被称为代理服务器缓存（proxy caching）。链接在缓存过程中进行复制并向公众提供复制件的行为引发了关于链接可能侵犯版权人的向公众传播权和复制权的问题。

　　如果我们把链接看作一种更有效的组织信息的工具，那么创建一个网站

[①] Hasan A Deveci, 'Hyperlinks Oscillating at the Crossroads' (2004) 4 Computer and Telecommunication Law Review 82.

其实就意味着允许被链接。除非版权法刻意赋予关于设置链接的权利，对于设链者来说，在大多数情况下借以免责的是默示授权制度。美国案例法表明，将自己的作品上传并在网络上展示，除非上传者通过技术程序阻止自动搜索，否则可以被推断为同意其他人的设链行为，其他网页就获得了可以设置链接链入该作品的默示授权。[①]除了默示授权，美国法院还通过合理使用规则来免除链接服务商的版权责任。2007 年的 *Perfect 10, Inc. v Amazon. com, Inc.* 案就是其中典型的一例。[②]

Google 将享有版权的图片微缩制成其搜索引擎链接的图标，用户点击这样的图标就可以链接到上传有原始大小的图片的网站。原告认为 Google 的该服务侵犯了图片版权中的复制权。但是法院特别考虑到搜索引擎在网络中的功能所涉及的公共利益超过了 Google 生成图标对原始图案的替代使用以及使用所具有的商业性。关于合理使用的第四要素，法院认为 Google 对图片的微缩使用并没有伤害原告作品的市场。如果本案原告将该案中 Google 对图片的使用与其他可能的技术性使用做类比，认为被告 Google 对图片的使用就相当于被告销售微缩图片给用户下载到手机，那么第四要素就有可能对原告有利，但是该案原告并没有提出这样的主张。从 Perfect 10 案的法院判决可以看出，法院认为 Google 对图片的使用构成合理使用，因为尽管 Google 的使用属于商业使用，但其使用同时也构成创新使用，这实际上就背离了 Sony 推定原则。可见，"创新使用"这一要素有可能超越其他要素而成为定案的关键。

然而，在欧洲，链接的版权法律责任认定却没有如此简单。争论的焦点集中于两方面：使公众访问目标网页的链接是否构成欧盟版权法中的向公众传播版权作品的行为，从而受版权法的规制？在链接缓存过程中，复制件的生成是否构成对版权人复制权的侵犯？

第二节 欧盟和英国版权法中的"向公众传播权"

在数字技术发展的初期，欧盟一直认为计算机网络的发展并不必然引起版权法的激烈变革。从这一立场出发，1996 年在一份关于《信息社会版权和

[①] *Field v Google, Inc.*, No CV-S-04-0413-RCJ-LRL（Dis. Nevada 2006）.
[②] *Perfect 10, Inc. v Amazon. com, Inc.*, 508 F 3d 1146（9th Cir. 2007）.

相关权问题的绿皮书》的续篇中，欧盟建议将与网络传输有关的条款尽可能与传统的向公众传播权的概念靠拢。[1]同年 5 月在世界知识产权组织（WIPO）专家委员会上讨论"关于《伯尔尼公约》议定书"的时候，欧盟提出将电子传输（electronic transmission）定义为向公众传播权的一部分，并对如何措辞提出建议。[2]直到 2001 年，《欧盟信息社会数字版权指令》引入向公众传播权，从而确立了该权利在欧盟版权法中的核心地位。《欧盟信息社会数字版权指令》第 3 条第 1 款规定，向公众传播是指通过电子传输向公众传播，包括（a）广播作品；（b）通过电子传输向公众提供作品，以使公众可以在自己选定的时间和地点接入作品。其中（b）项通常被称为"向公众提供行为"。随后，英国于 2003 年引入该权利。

2003 年之前，英国 1988 年 CDPA 中的发行权、租借权和表演权均被否认适用于链接。链接不产生发行权和租借权所需要的实体复制件；计算机生成的表演并不能被表演权所覆盖。[3]在 CDPA 规定的各项权利中，最接近链接特点的当属原第 7 条（2003 年废除了该条）规定的有线传输服务（cable programme service）。根据该条，有线传输服务是指，整个或者主要包括为了（a）在两个以上的地点接收（无论是同时接收还是按照不同用户的要求在不同时间接收）或者（b）向公众做演讲的目的，通过电信系统而不是无线电报的方式发送可视图像、声音或者其他信息的服务。[4]在英国案例法中，确有将该有线传输权适用于链接的先例。在 1997 年 *Shetland Times Ltd. v Wills* 案中，被告设置搜索引擎链接到原告网页。[5]面对侵犯了"有线传输权"的指控，被告主张，其链接行为并不包含有线传输权所要求的发送（sending）信息行为。大法官 Hamilton 在本案中支持了原告的主张，认为虽然存储于网络的信息是被动地等待用户的接入，但这并不排除信息被传送并被用户接收的可能性，所以链接过程包含对信息的发送，因此构成有线传输行为。

然而，大法官 Hamilton 对电子传输特点的理解后来被认为是过时的、不

---

[1] Follow-up. to the Green Paper on Copyright and Related Rights in the Information Society, European Commission COM (96) 568 final, Brussels, 20 November 1996 (1996), p. 14.

[2] Silke Von Lewinski and Michel M. Walter, 'Information Society Directive' in M. M. Walter and S. Von Lewinski (eds), *European Copyright Law: A Commentary* (OUP. 2010), p. 942 (11.0.19).

[3] Sec 18 and Sec 180 (2) of CDPA 1988.

[4] Sec 7 of CDPA 1988.

[5] *Shetland Times, Ltd. v Wills*, [1997] FSR 604.

严密的。①与卫星电视广播信号不同，网络上的信息通常是被用户检索，然后被"拖拽"至用户，并非从网站服务器主动"推送"至用户。如果没有人收看卫星电视节目，电视节目仍然会传送；但是如果没有人访问网站，就不会有信息的传送。从这个意义上说，网络的确不主动发送信息，只有在网络用户要求的情况下，信息才会被发送。

发送信息和提供信息之间的这种关系在欧盟法院 2013 年的案件 *Football Dataco, Ltd. and others v Sportradar GmbH and another* 中得到证实。②原告是英国一家拥有足球比赛赛事各项知识产权的公司，该公司创建有关球赛的数据并对其拥有数据库权。被告是一家德国网络公司，在其网站 betradar.com 上提供各种比赛信息，其他网站可以与被告签订合同获得设置访问 betradar.com 的链接的权利。网络用户（包括位于英国境内的用户）可以通过这些链接获取 betradar.com 上的信息。在审查相关的发送行为是否构成 1996 年《欧盟数据库法律保护指令》第 7 条中的"再利用"要素时，欧盟法院称，根据用户可以访问网站上的相关数据的事实，并不能得出结论认为网站的运营者从事了再利用行为，但是按照用户要求，将该网站的信息发送出去的行为构成对数据库的再利用。③显然，欧盟法院认为处于网站服务器上的信息本身并不足以构成对信息的发送。

网络的互动性从逻辑上排除了网络传输行为构成英国版权法上有线传输服务的可能性。④学者 K. Campbell 也认为将有线传输的概念适用于网络媒体是对其范围的过分夸大。⑤最终，2003 年的《英国版权和相关权条例》（*UK Copyright and Related Rights Regulations 2003*）废除了 CDPA 第 7 条，同时引入向公众传播权。

---

① Ben Allgrove and Paul Ganley, 'Search Engines, Data Aggregators and UK Copyright Law: A Proposal' (2007) 29 European Intellectual Property Review 227.

② (*C-173/11*) *Football Dataco, Ltd. and others v Sportradar GmbH and another* [2013] 1 CMLR 29 (CJE (Third Chamber)).

③《欧盟数据库法律保护指令》第 7 条第 2 款（b）项规定的"再利用"是指可能发生在不同成员国境内的、通过网络服务器所从事的一组接续的操作，包括从上传相关数据从而使公众可以查阅，到将数据传送给有兴趣的用户。

④ Clive Gringras, *The Law of the Internet* (2nd edn, Butterworths LexisNexis 2002), p. 229.

⑤ Kenneth J. Campbell, 'Copyright on the Internet: The View from Shetland' (1997) 19 European Intellectual Property Review 255.

第三节 链接版权责任中"新的公众"的标准及其由此产生的疑问

提供一个超文本链接等同于图书馆公布图书分类序号，通过链接或者图书分类序号用户可以找到想要的版权作品。然而，这种提供参考资料信息的行为是否构成一个独立的向公众传播行为，从而可能侵犯版权呢？在欧洲，直到最近这个问题才有了明确答案。

此前，欧洲一些国家在版权司法中已经认定链接行为可能侵犯向公众传播权。例如，在比利时的 *Google v Copiepress SCRL* 案中，比利时法院认为，尽管是用户点击了链接从而导致在其电脑上复制版权作品，但是缓存新闻报道的行为仍然构成复制和向公众提供作品的行为。这与美国对于搜索引擎的态度显然不同。美国法院并不认为 Google 直接侵犯了版权人的发行权，并且支持了 Google "复制作品的人是网络用户而并非 Google" 的主张。[①]

一直以来就有欧洲学者强烈建议，法院应该充分考虑链接在网络运行中的关键性而对其予以免责。[②]在 2014 年的 *Nils Svensson, Sten Sjgren, Madelaine Sahlman, Pia Gadd v Retriever Sverige AB* 案（Svensson 案）中欧盟法院终于讨论了关于设置链接的行为是否构成《欧盟信息社会数字版权指令》第 3 条第 1 款中的向公众传播权的问题。[③]该案中，注册用户可以通过被告人提供的链接访问存储于第三方网站的原始报纸文章。其中一位同时发表于纸质和网页报纸的文章的作者 Svensson 提出，被告人通过搜索引擎向公众提供其作品，侵犯了作者的向公众传播权。欧盟法院在该案中判决，提供链接使公众可以链入其他原本就可以自由访问的网页作品的行为不构成向公众传播行为，因而也不构成版权侵权。欧盟法院进一步指出，设置链接需要版权人授权的唯

[①] *Perfect 10, Inc. v Google, Inc.*, F Supp. 2d, 2008 WL 4217837, *3 (C. D. Cal. 2008). 美国版权法没有引入向公众传播权，而是主要将原有的发行权适用于网络传输。

[②] Jessica Litman, *Digital Copyright: Protecting Intellectual Property on the Internet* (Prometheus Books 2001), p. 183; Tanya Aplin, *Copyright Law in the Digital Society: The Challenges of Multimedia* (Hart Publishing 2005), p. 151.

[③] (C-466/12) *Nils Svensson, Sten Sjgren, Madelaine Sahlman, PiaGadd v Retriever Sverige AB*, OJ 2014.

一情况是该链接的用户对于版权作品来说属于"新的公众"（new public），即当版权人第一次授权向公众传播其作品时并未考虑在内的公众。欧盟法院认为，在该案中，因为原始网站并没有设置任何访问限制来控制潜在的网站访问者，所以原始网站的目标公众包括了所有潜在的访问者，从而不存在"新的公众"。也就是说，如果某一链接规避了目标网站所设置的访问作品的限制，包括内容限制、地理限制等，或者首次上传到目标网站的作品在该网站已经被删除，则其内容就不属于自由接入或者免费向公众提供的范畴，设置链接链入则可能构成侵权。从另一角度来说，如果某一链接构成必不可少的接入手段，用户不借助该链接就无法访问作品，这样的用户则构成"新的公众"。根据这一解释，如果向公众传播权适用于链接，那么该链接的传播行为必须是指向"新的公众"的传播。

这不是欧盟法院第一次提出"新的公众"这一标准。早在2006年的 *SGAE v Rafael Hoteles SL* 案中，欧盟法院就认定，酒店在接收电视信号以后通过有线传输将电视信号传送到各个房间的行为构成向"新的公众"传播的行为。[①] 虽然这一适用存有争议[②]，但"新的公众"标准成为认定向公众传播权的重要准则。

在 Svensson 案中，欧盟法院不仅将"新的公众"标准适用于超文本链接，甚至还支持将这一解释适用于"装框链接"（frame）的情形：即便用户点击链接后被链入作品的原始网页，但是由于原始网页内容被设链网页的广告环绕，用户有仍处于设链网页的错觉。如果原始网页获得授权向公众传播该作品，而且并未设置访问限制，那么原始网页的版权人就无法利用向公众传播权阻止设置装框链接的行为。这一解释可能导致越来越多的网站版权人设置访问限定条件来阻止装框链接。值得注意的是，法院没有进一步解释装框链接是否侵犯了其他知识产权，甚或构成不正当竞争行为。在装框链接行为中，很容易出现滥用或者非法利用被链接的目标网站内容的搭便车行为，因此并不排除版权人利用"仿冒行为"或其他不正当竞争行为规则来保护自身的利益。

虽然欧盟法院试图做出澄清，但是"新的公众"标准的不确定性使对

---

① （C-306/05） *Sociedad General de Autores y Editores de Espana*（SGAE）*v Rafael Hoteles SL*，[2006] ECR 1-11519；[2007] ECDR （CJE （Third Chamber），7 December 2006）.

② Makeen F. Makeen，'The Controversy of Simultaneous Cable Retransmission to Hotel Rooms under International and European Copyright Laws'（2010）57 J Copyright Soc' y USA 59，p. 59.

Svensson 案的判决仍然可能被欧盟成员国内国法院在类似案件中做出不同解释。例如，自由访问（free access）该如何理解？设置付费专区（paywall）显然可以否定自由访问，利用链接链入该网页的用户构成"新的公众"，则设链行为构成侵犯版权。但是，单纯的注册行为或者其他限定条件的设置是否足以构成否定自由访问？如果一个网站向所有网络用户开放，但是明确表示拒绝其他网站设置链接链入，那么该表示是否构成限定条件，从而影响到对"新的公众"的判断？如果一个可以自由访问的网页被另一网站设链链接，而两个网站的潜在用户分别为两个完全不同的特定职业群体，那么另一网站的用户是否构成"新的公众"？如果一个网站可以免费访问，但是禁止为了特定目的而使用网站内容，比如某些报纸网站的限定条款经常禁止商业使用，在这种情况下，所谓的商业使用者是否被排除在其用户之外？设置一个链接链入该网站并鼓励商业使用，是否构成向"新的公众"传播呢？更为重要的是，欧盟法院的解释也包含着这样的暗示，即如果一部作品在网络上向公众免费提供则意味着所有网络用户都可以访问该作品。如果这一解释成立，那么是否意味着链入可自由访问的侵权作品不构成向"新的公众"传播作品？按照欧盟法院的解释，如果一部作品的未授权复制件和原作品都可以在网络上免费访问，那么提供链接链入未授权复制件是否构成向"新的公众"传播，从而侵犯版权呢？但是如果原作品已经下线或者设置了访问限定条件，那么链入未授权复制件的链接是否仍然不构成向"新的公众"提供作品？这些问题有待欧盟法院做出进一步明确。

对于欧盟"新的公众"标准是否能适用于链接，英国司法还没有给出最后答案。正如大法官 Arnold 在 2013 年 *Paramount Home Entertainment International, Ltd. v British Sky Broadcasting, Ltd.* 案中承认的，设链行为是否足以构成向公众传播行为（尤其是如果该链接并没有直接指向版权作品的来源网站的时候）还存有疑问。[①]他还同时承认，版权作品所在的来源网站是否得到版权人授权会对链入的链接责任有不同影响，这一点也是值得怀疑的。

---

① *Paramount Home Entertainment International, Ltd. v British Sky Broadcasting, Ltd.* [2013] EWHC 3479（Ch）；[2014] ECDR 7（The High Court of Justice（Chancery Division），November 2013），p. 32.

第四节 链接与复制权

一、复制与作品的数字化

复制权是版权的核心,也是版权保护的基础,通过控制作品或其他保护客体的复制,权利人能够控制随后的多种使用行为。数字化技术依靠计算机技术把一定形式的信息(如文本、数值、图像和声音)输入计算机系统,并转换成二进制数字(0 和 1 两个数字)组成的编码,然后对它们进行加工组织、储存,采用数字传输技术加以传送,并可在需要的时候把这些数字化了的信息再还原成文本、数值、图形、图像、声音等原本信息形式。网络上存储和传播的作品都是通过数字化技术以二进制数字编码的形式存在的。这种数字化技术给版权作品带来了一个基本问题:数字化作品是一种翻译还是一种复制?如果是翻译,则所有数字化作品都是新生成的作品,享有独立的版权;如果是一种复制,则没有任何新作品产生。说它是网络知识产权的一个基本问题,就是因为几乎所有网络上的知识产权纠纷都会与其有关。

这个问题曾经在中国引起很大争论。1996 年世界知识产权组织在北京召开的数字技术与版权保护研讨会上,有的中国学者坚决主张数字化是一种翻译,而不是复制。[1]当时世界知识产权组织副总干事费舍尔博士竭力解释,将贝多芬的音乐数字化,录制在 CD-ROM 上,音乐本身并没有发生变化,贝多芬还是贝多芬,莫扎特还是莫扎特。确实,不论扫描还是更为复杂的数字化,改变的只是作品存在的媒介,数字化的一大优点恰恰是避免原作的失真,可见,数字化后作品是在最大程度上得到保存,而没有被演绎。

作品数字化的问题在许多发达国家和国际立法中已经得到解决。WCT 和 WPPT 都将传统的复制的概念解释或延伸到了数字化和网络环境中。美国也在 1995 年的《白皮书》中指出:将印刷作品扫描而成的数字化文件是该作品的复制件,照片、电影及录音制品的数字化都构成复制。

---

[1] 薛虹. 因特网上的版权及有关保护 [G] //郑成思. 知识产权文丛. 1 卷. 北京:中国政法大学出版社,199:1-224.

二、链接与暂时复制

链接中的复制（缓存）通常被认为属于暂时复制，从而被排除在版权侵权之外。这看似一个符合常理的解释，然而法院的判定并没有如此直截了当。《欧盟信息社会数字版权指令》第 5 条第（1）款规定，如果满足以下五项条件，复制行为被排除在复制权之外：（1）暂时的（temporary）；（2）临时或附属的（transient or incidental）；（3）是技术程序不可缺少的基础环节；（4）目的只是通过一个中介将作品在第三方之间进行网络传输，或者合法使用作品或其他版权保护客体；（5）没有独立的经济价值。[1]英国 CDPA 也规定了类似的暂时复制例外。[2]

2012 年 *Football Association Premier League, Ltd. and others v QC Leisure and others* 案虽然与链接无关，但是欧盟法院对暂时复制例外规则适用的解释为各国处理链接的问题提供了重要依据。[3]该案中，被告通过一部国外的解码设备传输原告播送的电视信号，于是被指控侵犯版权人的复制权和向公众传播权。在考虑其复制行为是否满足《欧盟信息社会数字版权指令》第 5 条第（1）款的条件从而能否被免责时，欧盟法院表示暂时复制的条件需要严格解释。欧盟法院认为该案中制作复制件的行为属于暂时的和临时的，而且构成"为了接受电视信号而由卫星解码设备和电视所运行的技术程序"的一部分。关于第 4 项条件，欧盟法院解释认为，一项使用如果是由版权人授权或是未被所适用内国法所限制，那么就属于合法使用。由于在相关程序中，对作品的使用未经版权人授权，所以就需要确定该项使用是否构成未被内国法所限制的对作品的利用。对于这个问题，欧盟法院认为，毫无疑问这些临时的复制行为使卫星解码和电视屏幕能够正常工作，因此复制行为的唯一目的是实现合法使用作品。关于第 5 项条件，欧盟法院解释认为访问有经济价值的被保护作品总是伴随着经济上的重要性，所谓"独立的经济价值"则意味着复制件的经济价值在于除了对版权保护的广播节目的收看利益之外的经济上的重要性。

在英国，关于利用链接浏览网页过程中的复制问题一直存在争论，直到

---

[1] Art 5（1）of Directive 2001/29/EC.
[2] Sec 28（A）of CDPA 1988.
[3] (C-403/08 and C-429/08) *Football Association Premier League, Ltd. and others v QC Leisure and others*; *Murphy v Media Protection Services, Ltd.* (*Joined Cases*), [2012] Bus LR 1321 (CJE).

2013年英国最高法院终于里程碑性地驳回了高级法院和上诉法院的判决，认定浏览网页过程中在用户电脑和屏幕上的复制行为构成暂时复制。在Meltwater案中，被告人Meltwater公司向其注册用户提供在线新闻检索服务，即根据注册用户提供的关键词搜索、定位网络上的新闻文章。[①]在持有原告的访问许可的情况下，被告在其网页Meltwater News中设置超文本链接，链接到其他新闻网站上的相关文章，这些文章的版权属于作为原告的各新闻出版人。被链接的新闻网站设有访问条件，只允许个人或非商业的使用。被告人网站的用户通过两种途径访问Meltwater网页：打开被告人发送的电子邮件或者直接访问Meltwater News网站。原告主张，被告的用户在通过链接访问这些新闻内容时也需要获得相关许可或者得到出版人的同意。在决定用户是否侵犯了出版人的版权从而要求用户必须获得出版人特别授权时，上诉法院认为用户接受Meltwater News服务涉及在各自电脑上复制新闻文章的行为。虽然这些文章已经被Meltwater复制，"但是这些通过打开新闻电子邮件、搜索被告网站或者通过超文本链接访问出版人网站时所进行的复制，不同于被告人设置链接时的复制"。也就是说，被告人所持有的授权并不构成对用户的复制授权。因此，用户需要单独的授权。在分析是否可以满足暂时复制的免责条件时，上诉法院强调，用户在其电脑上复制版权作品不能仅仅因为其只是在浏览网页而得到CDPA第28（A）条免责条款的保护。本案中，接收和复制Meltwater News的全部意义在于使用户可以接收和阅读这些新闻，这并不是技术程序不可或缺的组成部分，而是专门设计的技术程序所特别期望的结果。是否储存这些复制件以及储存的时间长短完全取决于用户。另外，上诉法院认为该案中的复制具有独立的经济价值，因为复制件的产生正是用户支付给Meltwater公司一定费用后的结果。因此暂时复制例外规则不适用于本案的用户在浏览网页时进行电脑复制的情形。

然而，案件中关于直接通过Meltwater网页访问版权作品是否需要版权人授权的问题被提交给英国最高法院。在2013年的 *Public Relations Consultants Association，Ltd. v Newspaper Licensing Agency，Ltd.* 案中，英国最高法院审查了常规浏览网页、缓存等行为中的技术特点是否满足《欧盟信息社会数字

[①] 即第一章讨论的 *Newspaper Licensing Agency，Ltd. and others v Meltwater Holding BV and others* 案，见P016注①。

版权指令》第 5 条第（1）款的条件问题。①参考欧盟法院在 QC Leisure 案中的解释，英国最高法院认为临时复制是实现浏览网页所要求的技术程序，如果没有相关的复制行为网络浏览是不可能正常和有效进行的，而在通常的网络浏览活动中，复制件的存储也是伴随着技术程序的运作而自动删除的。大法官 Sumption 驳斥了暂时复制例外只适用于网络代理服务器缓存的主张，认为暂时复制行为包括用户浏览网页时在硬盘和屏幕的复制。英国最高法院同意欧盟法院在 OL Leisure 案中关于合法使用的解释，认为合法是指在版权人授权之下的使用行为。关于第 5 项，英国最高法院认为对于用户来说，复制件没有独立的经济价值，因为除非下载或打印，用户访问信息的唯一价值就在于在电脑屏幕上阅读这些信息。因此通过链接浏览网页时的复制行为属于暂时复制，从而得到免责。

第五节 链接与中国的版权责任

一、中国的信息网络传播权与共同侵权责任

中国版权法没有关于暂时复制的规定，因此司法中关于链接版权责任的问题主要集中于链接行为是否侵犯信息网络传播权的认定。中国 2001 年修订《著作权法》时，对复制行为的界定并未增加数字化的复制方式。该法第 10 条第 5 项规定，复制，即以印刷、复印、拓印、录音、录像、翻录、翻拍等方式将作品制作一份或多份的行为。立法并没有对数字化是不是复制给予明确规定。只是在 2000 年颁布的《最高人民法院关于审理涉及计算机网络著作权纠纷案件适用法律若干问题的解释》第 2 条规定："受著作权法保护的作品，包括著作权法第三条规定的各类作品的数字化形式。在网络环境下无法归于著作权法第三条列举的作品范围，但在文学、艺术和科学领域内具有独创性并能以某种有形形式复制的其他智力创作成果,人民法院应当予以保护。"该条从版权法保护的作品范围这一角度解决了网络环境下数字化作品的保护问题，使版权人的权利延伸到网络环境中。但是这一规定以司法解释的形式

---

① Public Relations Consultants Association, Ltd. v Newspaper Licensing Agency, Ltd. [2013] UKSC 18；[2013] 3 CMLR 11（UK Supreme Court），at H25. Meltwater 公司是该公共关系顾问联合会（Public Relations Consultants Association）的成员之一。

出现，其效力是有限的。

与英国的向公众传播权相比，范围较窄的信息网络传播权（实际为"向公众提供权"）将适用范围限定为上传行为，因而超文本链接本身并不构成信息的传播行为。中国学者也支持这种观点，认为设置链接链入已经在网络向公众传播的作品仅仅是扩大了传播范围而并不是一次新的向公众传播。[①]然而，在另外一些案例中，被告就没有如此幸运，虽然法院仍然认定被告的链接行为不构成侵犯信息网络传播权，但对于原告提起的共同侵权指控，法院认为，由于被告在设置链接的同时，也对搜索的结果加以整理、编排，从而对直接侵权行为提供了帮助和协助，构成共同侵权。

不但我国的版权法中没有规定间接责任的问题，甚至我国的《侵权责任法》中都没有关于版权间接责任的规定。间接侵权的概念是英美法系侵权法中的概念。在我国版权法中与间接侵权最接近的概念是共同侵权。我国《民法通则》第130条规定："二人以上共同侵权造成他人损害的，应当承担连带责任。"民法中的共同侵权适用于版权侵权，例如，甲在国外非法复制了他人的作品，乙则把复制品进口到国内，乙的行为就构成共同侵权。同样，出售、出租和为出售出租或为他人出售出租之目的而保存侵权复制品的，均构成共同侵权。最高人民法院在《关于贯彻执行〈民法通则〉若干问题的意见》（试行）中对"共同侵权"的解释是："教唆、帮助他人实施侵权行为的人，为共同侵权人。"虽然最高人民法院将"帮助侵权"列为共同侵权的一种，但并未对帮助侵权的构成要件加以详细规定。根据侵权行为法的一般原理，如果行为人明知他人意欲实施侵权行为，却仍然提供实质性帮助，即构成帮助侵权。

继 2001 年在《著作权法》中引入信息网络传播权之后，2006 年《信息网络传播权条例》对相关的网络侵权责任做出了规定。2006 年 5 月国务院正式颁布的《信息网络传播权保护条例》（以下简称为《条例》）主要解决了互联网信息服务提供者的著作权侵权责任及其限制问题。

相关立法仍然是将帮助侵权作为共同侵权之一种。具体来说，《条例》第 23 条规定："网络服务提供者为服务对象提供搜索或者链接服务，在接到权利人的通知书后，根据本条例规定断开与侵权的作品、表演、录音录像制品的链接的，不承担赔偿责任；但是，明知或者应知所链接的作品、表演、录音录像制品侵权的，应当承担共同侵权责任。" 2009 年《侵权责任法》第 36

---

① 王迁. "论信息定位服务"提供者"间接侵权"行为的认定 [J]. 知识产权, 2006（1）: 11-18.

条给予了类似的规定。

二、2005年百度案

百度是世界上最大的中文搜索引擎。在2005年之前的各种搜索服务中，除了普通信息搜索模式之外，百度还开设了MP3专栏。在该专栏的页面上，设有"新歌TOP100""歌曲TOP500""歌手TOP200""歌手列表"等栏目。用户只要点击这些标题，就能进入相应的歌曲列表。例如，点击"歌手列表"，网页就会按照姓氏的拼音字母顺序显示流行歌手的姓名。用户点击歌手的名字，网页就会按照下载速度列出该歌手所演唱的歌曲链接。用户只要点击其中任一链接，就可以将其下载到硬盘加以保存。

上海步升公司是数张流行歌曲录音制品的权利人，2005年当其发现公众可以通过百度MP3专栏的"歌手列表"栏目下载其享有录制者权的歌曲后，就以百度侵犯信息网络传播权为由提起诉讼，这一诉讼被称为2005年百度案。[①]

该案类似于美国的Napster案。与Napster案不同的是，百度并没有直接提供P2P音乐文件共享软件给用户，但是其为用户提供的音乐搜索引擎服务类似于P2P网络服务，除了将可能获得的音乐作品加以分类整理，还为用户如何寻找所需音乐给予了悉心指导。

一审法院审理后认为，由于在下载过程中网页上自动弹出的下载框注明相关的歌曲文件来自百度，百度的行为已经超出了搜索引擎服务范围，"在未能明确相关MP3文件的合法来源、未经原告许可的情况下，此行为阻碍了原告在国际互联网上传播其录音制品"。因此，法院认定百度侵犯了步升公司的信息网络传播权，责令其承担停止侵权、赔偿损失的法律责任。

一审法院的上述判决的主要依据在于，百度的网页上显示被下载的MP3歌曲来自于百度。由于步升公司对涉案的录音制品享有信息网络传播权，百度未经许可就将前者的录音制品以MP3格式置于自己的网络服务器中供公众下载，因此，这一行为毫无疑问构成直接侵犯信息网络传播权。

三、2006年百度案

2006年11月北京市第一中级人民院审理了七大唱片公司诉百度案，这是

[①] 上海步升公司诉百度案，参见北京市海淀区人民法院民事判决书[(2005)海民初字第14665号]。

第二起百度作为被告的案子，称为 2006 年百度案。①在两起百度案中，争议的事实基本相同，而且 2005 年和 2006 年百度案的原告都是以百度侵犯其信息网络传播权为由提起诉讼的。

所不同的是，在 2006 年百度案中，北京市第一中级人民法院推翻北京市海淀区人民法院在 2005 年百度案中的认定，认为点击百度的链接后，在其弹出框中显示的"从百度下载"的提示语仅仅指明下载界面，而不是指侵权歌曲都来自百度服务器。因此，法院最终认定所有涉案歌曲均来自于其他网站，百度并不构成对信息网络传播权的侵犯，也就是说，百度没有直接上传这些歌曲至自己的服务器并提供给用户，这些歌曲全部位于其他服务器上，而链接仅仅是扩大了传播的范围，而不是再一次进行信息网络传播。这类似于非中心化的 P2P 网络音乐共享技术。对此，与 2005 年百度案的解释相同，法院认为未经许可将他人享有著作权的录音制品转成 MP3 格式，并置于网上供公众下载，即上传行为是对信息网络传播权的直接侵犯。那么百度的行为到底有没有侵权？百度的行为到底属于什么性质呢？

由于百度并没有从事将 MP3 歌曲置于其网络服务器上的侵权行为，本案的焦点问题就成为：百度人为地设置"歌手列表""新歌 TOP100"等栏目，使公众可以通过点击歌手姓名、热门流行歌曲排行榜中列出的歌曲链接，轻而易举地找到并下载未经授权就被置于网上进行传播的 MP3 歌曲。百度人为地设置众多 MP3 歌曲栏目的行为，是否构成在明知或者应知他人正在实施侵权行为的情况下提供实质性帮助的行为呢？由于原告有证据证明，在当时该类服务网站一般都在未获得著作权人、表演者和唱片公司授权的情况下就将其热门歌曲放置在网络上以供下载。换言之，当时网络中出现的所有免费 MP3 热门流行歌曲均是未经授权的。因此，百度对于其他网站中存在的热门流行 MP3 歌曲均为侵权内容不可能不知晓。因此，在这里，百度构成《信息网络传播权保护条例》第 23 条规定的"应知"，符合侵权的要件。

值得注意的是，和欧盟的向公众传播权相比，中国的信息网络传播权中并没有包含"新的公众"的概念。欧盟法院与中国法院在链接的法律地位问题上可能得出了相同的结论，即设置链接行为一般都不构成网络传播行为，但是二者却依据了不同的理由和法律适用原则：欧盟通过解释向公众传播权

---

① 2006 年七大唱片公司诉百度案，参见北京市第一中级人民法院民事判决书 [（2006）一中民初字第 8747、8995、7978、8478、9765、10170 和 8488 号]。

使其适用于链接,追究设链者的直接侵权责任;而中国则主要依据共同侵权责任来追究设链行为。与欧盟及英国司法相比,中国版权法回避了链接中的复制问题,只不过是很难确保将来的技术发展不会将暂时复制问题再一次摆在中国版权法面前。

遗憾的是,在两次百度案中,原告均没有针对百度共同侵权提出指控,法院也就没有机会来讨论百度是否构成共同侵权的问题。而在另一起涉及"雅虎!中国"的案子中,法院就不得不面对这一问题了。

四、"雅虎!中国"案

2007年,由于与百度案同样的理由,十一大唱片公司诉阿里巴巴(雅虎!中国)。[①]在该案中,被告设置链接使用户可以链接到存储于第三方网站的歌曲。但是该案被告是通过两种方式完成这种链接服务的:一是通过提供一个空白搜索框,用户可以自行键入需要搜索的音乐;二是通过歌曲列表或歌手列表,而这个列表是被告经过整理、加工以后形成的一个分类目录,例如"女歌手""男歌手""最热门十首"等栏目,用户可以直接点击栏目中的歌曲名或歌手名。两相比较,当然后一种方式更为便捷。

该案原告除了主张雅虎直接侵权之外,还补充了一项诉讼请求,即"被告即使不构成上述侵权行为,亦未尽到合理注意义务,构成诱使、参与、帮助他人实施侵权行为"。这就给法院审查被告的帮助侵权提供了机会。我们知道,法院只能在原告的诉讼请求范围内进行审理。但是北京高级人民法院驳回了直接侵权的指控,因为被告网页服务器上并没有存储任何侵权歌曲。

关于共同侵权的问题,法院注意到了两种不同链接方式的区别,认为如果用户通过自行键入歌曲或歌手的名字,那么链接到的歌曲网站可能是合法的也可能是非法的。但是通过点击栏目的链接,则很少有机会链接到合法的音乐,因为当时很少有合法的数字音乐在网络上传输。而被告的链接服务构成对传播行为的帮助,而且应该知道搜索的结果是侵权的,所以被告的行为构成共同侵权。

雅虎案的判决对中国 ISP 版权共同侵权案产生了重大影响。在同年的泛亚诉百度案(2007年)中,北京第一中级人民法院认为所有涉案歌曲在百度

---

① 十一大唱片公司诉阿里巴巴(雅虎!中国)案,参见北京市第二中级人民法院民事判决书〔(2007)二中民字第 2621 号至二中民字第 2631 号〕。

上只能通过空白搜索框的方式链接，因此百度不可能提前知道所链接的网页是合法的还是非法的。①而空白搜索框为用户提供了合法和非法两种可能的搜索结果。因此并不构成对侵权行为的帮助。

在 2010 年涉及百度的案子中，百度 MP3 歌词搜索服务被指控侵犯版权。②2010 年 7 月，北京第一中级人民法院二审肯定了一审判决，发现由百度上传的歌词存储于百度服务器，而且，点击百度网页上的"歌词"按钮，百度页面就会直接显示歌曲的歌词。法院认为，这种服务已经超出链接服务的基本功能，构成对复制权和信息网络传播权的直接侵犯。

这一结果显示，法院适用了与泛亚案相同的原则，单纯的链接服务并不构成侵权，但是内容的缓存服务构成侵权。虽然用户电脑屏幕上显示的搜索结果可能都是一样，但是服务形式不同，从而导致了不同的法律后果。法院考虑了与美国帮助侵权认定要素相类似的标准，即对音乐等搜索结果的编辑和加工行为。中国法院区别了用于侵权的服务和那些可能用于侵权也可能用于非侵权的服务。在确定版权共同侵权时，对"编辑、加工整理"和"明知或应知"等关键要素的考虑已经与美国法院的司法非常接近。虽然中国法中还没有间接侵权的概念，但是中国法院已经开始考虑认定网络服务商版权侵权责任的相关因素。

小　结

欧盟法院关于链接侵犯向公众传播权的新解释让很多通过超文本链接分享他人作品的网站松了一口气，但是这一解释并没有给设置链入任何网络内容的链接以全权授权。新解释解决了到目前为止保护版权人合法利益与对基础网络技术支持之间的矛盾冲突，这是版权法又一次对新技术的适应与妥协。向公众传播权的"新的公众"标准对于利用超文本链接连接各类版权作品的服务以很大的自由空间，而暂时复制例外规则在链接缓存复制中的适用也保证了公众自由浏览网页的权利。虽然欧盟法院分析的结论与中国的相同，但

---

① 浙江泛亚电子商务公司诉百度，参见北京高级人民法院民事判决书〔（2007）高民终字第 1201 号〕。

② 百度公司与中国音乐著作权协会纠纷案，参见北京市第一中级人民法院民事判决书〔（2010）一中民终字第 10275 号〕。

其分析过程和所依据的理论却截然不同。两种通路，哪个更能适应将来技术的发展，仍需假以时日来检验。

面对复杂的版权间接侵权问题，中国的立法和司法反映出不同的态度。中国立法显得保守谨慎，试图保持法律体系的稳定和可预见性，避免在版权法和侵权法方面的大变动。而中国法院在面对网络环境的争议时却倾向于采取一种更主动的角色。民法法系的传统使得中国法院无权在立法之外制定法律。然而，考虑到中国快速发展的经济，中国版权法目前需要一个更为灵活的框架为法官确立规则提供合法基础。在实务中，中国法院较多地采用了美国间接侵权在认定版权侵权时考虑的要素，以此来弥补中国版权立法与数字传输带来的问题之间的缺口。虽然中国的法院将"知道"因素与"控制"因素融合，但是在中国侵权法中并没有基于"控制"因素的替代责任原则。现有的《侵权责任法》第36条规定的"知道"要素并没有提供清晰具体的认定标准。

第十一章 网络服务商(ISP)的版权责任

第一节 ISP 类型的划分

ISP有不同的划分标准,最早的一类将ISP划分为网络接入服务商(internet access provider)和平台服务提供商(internet platform provider),认为前者提供通道服务,而后者提供内容服务。随着网络服务技术的发展,服务内容不断丰富,服务商的种类也在不断增加。目前可以将网络中介(online intermediaries)分为四种:连接工具、浏览工具、商业和社交网络以及传统的商业服务辅助机构。不同的ISP对其所涉及的直接网络活动有不同程度的影响。

作为最基础的一个层面,连接类 ISP 提供接入网络服务。这类 ISP 包括电信服务商,例如电话公司和有线电信服务、网络接入服务提供者(如主机服务提供者、各种研究机构、大学等)、Wi-Fi 的提供者(如咖啡厅、餐厅和图书馆等)。

浏览工具是通过提供网络内容的索引,使用户更容易接入网络内容,比如搜索引擎服务等提供上网浏览辅助服务的网络中介。这类 ISP 包括搜索引擎、聚合网站(aggregation site,将特定主题的网站的链接汇集起来提供给用户的网站)以及其他为用户提供链接到相关网站的超文本链接的网站。这类网站包括那些非法提供免费音乐、电影、游戏、软件下载的网站,例如上文提到的 The Pirate Bay 网站。

第三类商业和社交网络是由相关用户组成的、网页内容由用户制作的商业性或社交性的网络服务。商业性网站包括在线拍卖商如 eBay,或者连接买家和卖家的网站如亚马逊(amazon.com)、天猫。社交网络为用户的交流提供平台,如脸书(facebook)、推特(twitter)、微信(WeChat)等。社交网络还包括由用户创建内容的网站,如 YouTube、维基百科(Wikipedia)、博客

（Blog）等。

第四类包括传统的商业机构的在线服务，如零售商的网络旗舰店以及金融机构的在线服务，如支付宝、PayPal、携程网、Lastminutes、Expedia 等。

中国版权法没有对网络服务提供人做出明确分类，但是 2000 年 11 月《最高人民法院关于审理涉及计算机网络著作权纠纷案件适用法律若干问题的解释》中提到"提供内容服务的网络服务提供者"，这一点似乎暗示我们的立法意图是将 ISP 分为"内容服务的提供者"和"中介服务的提供者"，并使其承担不同的责任。上述《解释》第 5 条已经明文规定了提供内容服务的网络服务提供者在明知网络用户侵犯他人著作权的行为时仍然提供服务的，应当承担共同侵权责任。但是对只是以中介人的身份行事的网络服务提供者如链接提供人的责任则未有提及。与上文提到的司法解释的"暗示"不同，2005 年 4 月 13 日国家版权局和信息产业部联合发布的《互联网著作权行政保护办法》将"互联网信息服务活动"做了一个分类，将网络服务商的行为分为两类，一类网络服务商的行为为"根据互联网内容提供者的指令，通过互联网自动提供作品、录音录像制品等内容的上载、存储、链接或者搜索等功能，且对存储或传输的内容不进行任何编辑、修改或者选择的行为"，即不主动提供内容或参与内容提供（即编辑、修改或者选择的行为）的网络服务商行为；另一类就是直接提供互联网内容的行为。

与此不同，美国 DMCA 并没有区分提供不同服务的网络服务提供人，而只是限定提供几种特定"服务"的 ISP 在一定条件下可以免除辅助侵权之责，较之笼统地规定"提供内容服务的网络服务提供者"更显得明确。中国 ISP 类型的分类意在两种不同的 ISP 的行为适用不同的责任规则。但是，由于实践中一个 ISP 同时担任信息的直接提供者和信息的传播者多重角色，而区分"提供内容的"和"提供中介的"两种 ISP 有多少实践意义已经不大。

第二节 追究 ISP 版权责任的理由

关于网络服务商的法律责任，由开始关注连接服务的服务商到后来主要集中在浏览工具和社交网络的法律责任，具体问题则集中于 ISP 是否应该以及在多大程度上对其他人的侵权行为承担责任的方面。

ISP 的责任首先引起注意的原因是它的规模比真正违法行为人要大很多。数字技术使鉴别和定位网络用户的身份难度加大，而且起诉个别侵权行为人的难度也加大。但是如果一个商家规模足够大，其规模可以使其成为有声誉的明星企业，成为一个吸引眼球的中介，小企业就可以搭其顺风车。因为它们更容易被识别，一旦诉讼，任何对这些中介下达的限制禁令都会对那些直接侵权者产生更为严重的影响。因此，对于唱片公司来说，针对版权侵权指控那些少数的大的中介服务商比如 The Pirate Bay、YouTube 辅助侵权要比起诉那些成千上万的实际版权侵权人要有效很多。

其次，之所以将大规模的中介指控为民事诉讼的对象，是因为它们比那些直接违法者可能赚得更多。而终端用户往往缺乏经济能力来救济受害人的经济损失，最终导致判决无法执行（judgment-proof）。

再次，大型的网络中介也是所谓的"看门人"（gatekeepers）：管理者主要靠这些中介提供的手段来筛选非法内容，这又往往超过终端用户的知识范围和理解能力。管理者可能更需要依靠"看门人"来管理网络。

最后，但又并非无关紧要的一点是管辖问题。在刑事领域，当一个直接违法者不处于规制者辖区的时候，总会有当地的、在规制者辖区的中介例如地方性的 ISP。即便是在民事领域，针对一个地区的 ISP 来执行一个判决要比针对一个国外的违法者容易很多。

虽然有上述的优势，但是追究一个中介的法律责任还是存在缺陷。

首先，一般来说，法律责任基于过错。在刑事领域，具备过错的主观状态（mens rea）的行为才会被追究刑事责任；在民事领域，基于故意或过失责任，而严格责任适用的范围非常有限。这也就是说，让一个"无辜"的人或任何无法阻止违法行为的人承担责任都是不公平的。随着数字传输技术由"中心化"向"非中心化"发展，对于这些网络中介来说，它们通常并不知道，或者无法控制它们"帮助"的那些网络交流和传输活动的内容。那么，要求网络中介需要具备何种程度的"知道"或者"控制"才能足以让它们牵连到直接违法行为中？直接侵权人和间接侵权者之间的界限不总是非常清楚的。

其次，如果因为责任的关系，让 ISP 对网络进行监控，必然会增加其运行成本，这种增加的成本一定会被转嫁到终端用户头上。无论怎样，双边的损害都可能会对治理者明确鼓励的互联网行为产生负面影响。

最后，通过科以间接责任，ISP 可能会被迫成为"看门人"去筛选非法内容,这样,作为一个司法主体,它们就行使了只有公权力者才能行使的权力——警察权。但是这些 ISP 却缺乏独立性和必要的法律素养,在追求利润的情况下,难免滥用权力。这样容易使网络监控审查超过必要限度;更重要的是,这种权力的滥用是以网络用户只能获得有限的网络资源为代价。正因如此,很多 ISP 认为除非法院下达有效的命令,否则它们不会删除任何网络内容或者关闭任何网站。

第三节 能否免责?

一、美国 DMCA 中的安全港

如果传统版权中的合理使用及其他抗辩都无法适用于 ISP 的行为,那么就需要考察 ISP 的间接侵权责任。针对间接责任,美国 1998 年的 DMCA 中为 ISP 提供了"安全港"的保护。如果符合条件,ISP 可以得到"安全港"庇护而免受法律责任。美国版权立法制定了在用户传输或者上传了侵权或被指控为侵权文件的情况下,其网络服务商可以免责的条款。[①]DMCA 第 512 条第 (a) 和 (b) 款规定了四种 ISP 可以免除经济赔偿责任的情况:第一,提供互联网接入服务;第二,提供系统缓存或暂时存储;第三,为用户上传的文件提供被动存储或主机缓存;第四,提供定位工具,例如链入第三方网站的服务。[②]与前文讨论的向公众提供行为关系最为密切的是第四项。而在适用该项"安全港"保护必须满足三个条件:第一,不知(无论是实际不知道还是推定不知道)在第三方网站发生的直接侵权行为。一旦知道,ISP 必须迅速采取措施移除或者阻断接入侵权文件。第二,假设该 ISP 有权或者有能力控制直接侵权行为,而它并没有从侵权行为中直接获益。第三,该 ISP 必须按照"通知删除"程序采取了措施。[③]

尽管该项"安全港"为 ISP 提供了一项抗辩理由,但是也引出了一个颇

[①] 美国的法律实践表明,其合理使用制度是一个一般性的为直接侵权人而不是那些为直接侵权提供帮助的人设计的抗辩。参见 David Nimmer, Copyright: Sacred Text, Technology, and the DMCA (Kluwer Law International 2003), D, *Copyright: Sacred Text, Technology, and the DMCA* (Kluwer Law International, Hague 2003, p. 256.

[②] Sec 512 (a) - (d) of 17 U.S.C.

[③] Sec 512 (d) (1) - (3) of 17 U.S.C.

有争议的问题：这项"安全港"抗辩是否与普通法上的辅助责任相矛盾？例如，在 Napster 案中，初审法院判定如果被告具备主观"知道"要件从而满足帮助侵权责任的条件，那么它也应该"知道"侵权行为从而无法适用"安全港"规则。在 *Columbia Pictures Indus., Inc. v Fung* 案中，当法院得出结论认为引诱侵权与 DMCA "安全港"条款本质上是相互矛盾的时候，法官 Wilson 解释道：从很多方面看，DMCA 都是版权间接侵权法律原则的"重述"——在很多案子中，如果被告需要承担间接侵权责任，那么该被告就无法得到 DMCA 的免责；如果一个被告无须承担间接侵权责任，那么该被告就可以获得 DMCA 的保护。①

很多评论者也同意该观点。例如，R. Reese 支持了 Fung 案中法院的决定，认为在很多情况下，服务商的引诱行为很可能实际知道其用户从事的侵权行为，而这种"知道"可以否定该服务商获得"安全港"的保护。②M. Lemley 也认为 DMCA 第 512 条第（d）款基本上是辅助侵权和引诱侵权规则的"镜像"，因此几乎没有为那些创新者提供针对间接侵权进行指控的保护。③J. Ginsburg 则认为如果一个互联网上的企业被追究间接版权责任，那么就不大可能按照制定法获得免责。④

但是这一点并没有得到一致的支持。美国第九巡回法院在 Napster 案二审中撤销了区法院的相关观点，理由是 DMCA 条文的措辞一定有其用意，其目的并不是对普通法中间接侵权的简单重复。但是，第九巡回法院并没有就 Napster 的"安全港"免责抗辩做过多的分析，而是将其留给了下级法院在重审中考察。⑤

美国 DMCA 中的"安全港"规则并不是其普通法上的间接侵权责任的重复，而是提出了一个失去免责保护的更高的主观"知道"标准和经济获利标

---

① *Columbia Pictures Indus., Inc. v Fung*, No CV 06-5578, 2009 US Dist LEXIS 122661 (C. D. Cal. Dec 21, 2009), p. 57.

② R. Anthony Reese, 'The Relationship. Between the ISP. Safe Harbors and Liability for Inducement' (2011) 8 Stan Tech L Rev; see also J. C. Charlesworth, 'The Moral of the Story: What Grokster Has to Teach About the DMCA' (2011) 6 Stan Tech L Rev.

③ Mark A. Lemley and R. Anthony Reese, 'Reducing Digital Copyright Infringement without Restricting Innovation' (2003) 56 Stan L Rev 1345.

④ Jane C. Ginsburg, 'Separating the Sony Sheep. from the Grokster Goats: Reckoning the Future Business Plans of Copyright-Dependent Technology Entrepreneurs'. 见 P121 注①。

⑤ A&M Records, Inc. v Napster, Inc., 239 F 3d 1004 (9th Cir. 2001), p. 1025.

准。对直接侵权的"明知"是服务商无法获得"安全港"保护的一项条件。如果该服务商确实具备了一定的"明知"条件，它将会失去获得"安全港"保护的机会，而不得不面对版权人的侵权指控。但是美国国会在其立法报告中明确指出，仅仅要求一个理智的服务商基于事实和环境"应该知道"直接侵权行为，并不足以适用"安全港"免责条款。①在网络服务商要么"明知"发生在第三方网站的直接侵权行为，要么"意识到"明显的侵权文件的事实或存在侵权环境的情况下，它们必须移除或者阻断接入侵权文件。②上述解释中的第二部分对行为人主观状态的要求就是通常所说的"红旗规则"——要求对一个理性的人来说，直接侵权行为必须是明显的。国会的立法报告对此的解释是，法院必须审查被告人是否在主观上"意识到"这些（侵权）事实。③而该标准十分接近普通法中的"明知"标准。同时，下议院议会司法委员会（Senate Judiciary Committee）建议，这里的"意识到"应该从主观和客观两个方面判定，探查是否在相同或类似情况下对一个普通的理性人来说侵权行为是明显的。④制定法上的"意识到"标准比普通法上的"应知"标准要求更多。美国普通法上的"应知"标准是认定辅助侵权的关键要素。法院的原则是，如果一个被告实际知道侵权行为或者一个普通处于被告处境的理性人应该知道侵权行为的存在，就可以认定该被告具备"知道"的主观状态。因此，"安全港"与普通法上的辅助责任都承认"明知"丧失保护和满足归责的条件。但是"安全港"与辅助责任不同的是，在普通法上，如果该被告"应该知道"侵权行为存在的主观状态但仍然满足施以责任的条件，但是"安全港"规则并不保护那些尽管主观上缺乏"明知"但是"意识到"明显的侵权行为存在的辅助侵权行为人。基于这种接近"明知"的"意识到"标准，一个服务商的主观状态可能满足认定辅助侵权的指控，但是这种主观状态可能并不足以使其丧失"安全港"的保护。

二、《欧盟电子商务指令》中的"安全港"规则

2000 年的《欧盟电子商务指令》为提供"单纯的管道""缓存"和"主

---

① US, *House of Representatives Report*（H. R. Rep.）No. 105-551（Ⅱ）（1998），p. 53.
② David Nimmer, *Copyright Illuminated*：*Refocusing the Diffuse US Statute*（Kluwer Law International 2008），p. 135.
③ US（1998），*House of Representatives Report*，p. 44，见本页注①。
④ US，Senate Report（S. Rep.）No. 105-190（1998），p. 44.

机存储"服务的 ISP 提供了与美国 DMCA 第 512 条极为类似的"安全港"规则。但是，相比之下，欧盟立法并未涉及为超文本链接和定位工具服务免责的条款，而是将这一问题留待将来进一步讨论。由于缺乏对信息定位工具服务的免责，所以欧盟立法没有为搜索引擎提供"安全港"的保护。[①]

有人认为《欧盟电子商务指令》第 12 条（针对提供单纯管道服务的 ISP 的免责条款）可以适用于搜索引擎运行中制作缓存复制件的行为。[②]按照该条，在以下三种情形下，ISP 不需要承担责任：（1）没有发起传输行为；（2）没有选择传输文件的接收者；（3）没有选择和修改传输文件。但是这一规定似乎很难适用于搜索引擎，因为搜索引擎制作缓存复制件的暂时复制行为并不是传输本身，而且传输的文件也不是由搜索引擎服务的接收者提供的。更为重要的是，传输内容是经过搜索引擎选择和修正过的。

最近欧盟法院考虑将《欧盟电子商务指令》第 14 条（针对提供主机缓存服务的免责条款）适用于 Google 的 Google AdWords 项目。[③]但是因为 AdWords 项目的操作与搜索引擎并不相同，因此欧盟法院的认定是否有利于搜索引擎服务的提供者值得怀疑。在 AdWords 服务中，Google 的用户在向 Google 付费后，赞助商链接将会出现在搜索结果网页。从技术上看，像 Google 这类搜索引擎，在操作过程中应版权人的要求不会存储信息，但是对自己搜索的信息会加以控制、制作索引和复制件。因此，《欧盟电子商务指令》中的免责条款并不是特别针对搜索引擎服务商的。因此，一个英国法院可能会对 Kelly 案以及 Perfect 10 案做出与美国法院非常不同的认定，除非法院认为，由于版权人向公众提供作品但没有采取任何技术手段阻止搜索引擎的复制，因此实际上版权人给予了复制许可。

关于《欧盟电子商务指令》第 14 条是否可以保护 P2P 文件分享网站，英国法院除了简单的一句"对于公开侵犯版权的行为不存在任何抗辩"之外，

[①] 参见《欧盟电子商务指令》第 21 条。值得注意的是，有的欧盟成员国在国内立法中，为链接和搜索引擎服务提供了额外的免责保护，例如奥地利和法国。参见 J. C. Ginsburg, 'Toward Supranational Copyright Law? The WTO Panel Decision and the'Three-Step. Test'for Copyright Exceptions' (2001) 1 Revue Internationale du Droit d'Auteur (RIDA) 3.

[②] Ben Allgrove and Paul Ganley，见 P134 注①。

[③] C-236/08（C-236/08）Google France & Google，Inc. v Louis Vuitton [2010] EUECJ（ECJ 23 March 2010）.

没有给出更为具体的回答。①而由于被告提出他们的服务只是一种中介服务，瑞典法院在 The Pirate Bay 案中关于该条是否可以适用于 The Pirate Bay 网站给出了一些线索。在评价 The Pirate Bay 的功能时，瑞典法院认为只有《欧盟电子商务指令》第 14 条（及其内国法的相关适用条款）而不是第 12 条或者 13 条适用于 The Pirate Bay，因为被告实际上在其主机上缓存了侵权文件。从英国对 The Pirate Bay 案的判决来看，英国法院应该是会效仿瑞典法院的做法，将《欧盟电子商务指令》第 14 条适用于第三代 P2P 文件分享网络。英国法院认为 The Pirate Bay 绝不仅仅是一个被动的对 .torrent 文件的传输者，而是从事处理和制作索引以供搜索的服务提供者，这样的服务提供者应该清楚地意识到在其提供的平台上有侵权行为的存在。但是，在类似的美国案例 Fung 案中，美国法院却拒绝适用 DMCA 第 512 条第（c）款（相当于《欧盟电子商务指令》的第 14 条），因为被告承认侵权文件并没有经过或留存在被告的系统中。而美国法院倾向于将第 512 条第（d）款适用于包括第三代 P2P 分享软件的情形。②

2005 年，英国贸易和工业部（the Department of Trade and Industry，DTI）发动了关于扩展"单纯管道"服务类型的免责条款，以使其可以覆盖超文本链接、定位工具以及数据聚合服务的立法咨询，但是 DTI 最终的结论是，没有足够证据能够证明扩展任何"安全港"免责条款的合理性。③

三、中国的"安全港"规则

中国《信息网络传播权保护条例》第 20—23 条实际上相当于中国的"安全港"规则。根据该规定，ISP 在提供并不选择和修订传输内容的自动接入服务、为提高网络传输效率的自动缓存服务、通过信息网络为公众提供信息存储服务以及搜索和链接服务时，可以免除版权侵权的赔偿责任。在最后一种情形中，立法规定了特殊的"通知和删除"程序作为适用该"安全港"保护条款的前提：

"网络服务提供者为服务对象提供搜索或者链接服务，在接到权利人的通

---

① *Dramatico Entertainment, Ltd. & others v British Sky Broadcasting, Ltd. & others*，p. 81，见 P128 注①。
② *Columbia Pictures Indus., Inc. v Fung*，见 P152 注①。
③ U. K. DTI, *Consultation Document on the Electronic Commerce Directive：the Liability of Hyperlinkers, Location Tool Services and Content Aggregators*（2005）。

知书后，根据本条例规定断开与侵权的作品、表演、录音录像制品的链接的，不承担赔偿责任；但是，明知或者应知所链接的作品、表演、录音录像制品侵权的，应当承担共同侵权责任。"①

这一条款被认为是直接移植了美国 DMCA 中的"红旗规则"。然而，将《信息网络传播权保护条例》与美国的 DMCA 第 512 条第（d）款比较，中国的"安全港"规则缺乏"明知"的要求与"通知和删除"程序之间的不同关系。根据美国的规则，在任何情况下，服务商只要在知道或者意识到存在侵权行为从而移除了非法内容就可以获得"安全港"保护。也就是说，美国的"通知和删除"程序在获得"安全港"保护中扮演着非常重要的角色，虽然服务商被证明"明知"或者"意识到"侵权行为，但只要进行了删除行为就可以免责。然而，在中国，如果搜索引擎服务商"明知或应知"被链接的文件是侵权文件，它将不会再得到"安全港"的保护，无论其是否采取了删除措施。为了证明被告无法获得"安全港"保护，原告只要能够证明被告"明知或者应知"侵权行为即可。对于原告来说，只要证明被告收到原告发出的书面通知就很容易证明被告的"明知"，似乎没有必要证明被告对"通知"的忽视。因此，第 23 条后半部分的"明知或应知"是一个比"通知和删除"程序更关键的要素，而后者显然只是一个证明被告对直接侵权行为的主观状态的要素。②按照第 23 条的字面意思解读，即便权利人没有发出警告性的通知，只要能够证明被告主观的"明知或应知"，被告仍然可能要承担责任。因此，问题就成了如何证明被告人的主观"知道"状态。

大部分中国法院则根据"通知和删除"程序来证明《信息网络传播权保护条例》第 23 条对于主观状态的要求。一般来说，除非设链者自己承认知道被链接的内容侵权，否则权利人向设链者发出通知就成为证明设链者"明知"的唯一途径。《信息网络传播权保护条例》第 14 条规定，对提供信息存储空间或者提供搜索、链接服务的网络服务提供者，权利人认为其服务所涉及的作品、表演、录音录像制品，侵犯自己的信息网络传播权或者被删除、改变了自己的权利管理电子信息的，可以向该网络服务提供者提交书面通知，要求网络服务提供者删除该作品、表演、录音录像制品，或者断开与该作品、

---

① 参见《信息网络传播权保护条例》第 23 条。
② Yong Wan, 'China's Regulations on the Right of Communication through the Information Network'（2006）54 J Copyright Soc'y USA 525.

表演、录音录像制品的链接。毫无疑问,如果版权人向 ISP 发出了合格的通知书就可以证明后者对侵权行为的"应知"。但是,如果通知书具有瑕疵呢?在实务中,这个问题仍存在争议。有人认为,如果版权人发出了有瑕疵的通知书,即便作为被告的搜索引擎服务商收到该通知,也无法证明后者具备了"应知"条件。例如,在上一章讨论的泛亚案中,被告百度公司认为原告发出的通知书中仅仅提供了 MP3 格式的歌曲的名称而没有歌手以及专辑的名称,而搜索引擎只根据歌曲名称无法阻断被指控的链接,否则可能会错误地阻断其他享有权利的链接。最终法院认定,原告没有发出合格的通知书,因此百度侵权的指控并不成立。

然而,有些法院却持不同观点,认为即便通知书不合格,但是收到通知仍然能够证明被告在主观上已经意识到被指控的侵权行为。例如,在"Yahoo!中国"案中,北京高级人民法院认为基于原告不间断地发出通知,被告应当知道其搜索结果中含有侵权内容,即便是这些通知并没有包含所有的被指控侵权歌曲的 URL 地址链接。但是这一观点值得商榷,因为如果一个不合格的通知书被认为是确定被告主观状态的标准,那将不利于敦促版权人发出合格有效的通知书。因此,对一份不合格的通知书的合理解释应该是,它可以影响对于一个搜索引擎服务商是否要承担共同侵权责任的主观状态的判定,但是无法满足得到"安全港"保护的要求。

在缺乏通知书的情况下,版权人如何证明一个 ISP 主观上的"明知"呢?在很多案子中,中国法院都认定,ISP 应该承担与其经营模式相当的"注意义务"。如果将第三代 P2P 分享网络的服务归为对传输内容"处理和管理"的行为,那么这类服务商应该适用《信息网络传播权保护条例》第 22 条而不是 23 条。按照第 22 条第 3 款规定,要求 ISP 主观上"不知道也没有合理的理由应当知道服务对象提供的作品、表演、录音录像制品侵权"的才可以免责。[①]虽然与 23 条"明知或者应知"措辞不同,但"有合理的理由应当知道"与"应知"含义相同。[②]在这里,无论是"有合理理由知道"还是"应知"都显然比"明知"的要求低。[③]据此,至少推定的"知道"状态足以将一个提供主

[①] 参见《信息网络传播权保护条例》第 22 条第 3 款。
[②] 在《信息网络传播权保护条例》的英文版中,二者的英文表述完全一致。
[③] 值得注意的是,似乎二者的证明责任也有不同分配。第 22 条,将证明可以获得"安全港"保护的证明责任分配给被告,而第 23 条将证明被告主观上的"知道"状态足以使其失去"安全港"保护的证明责任分配给了原告。

机缓存和搜索服务的 ISP 拽出"安全港"。在泛亚案中，法院指出，即便是给予了合理的注意，要求被告知道被链接的网页侵权也是十分困难的。在该判决中，"合理注意"措辞的使用意味着，被告没有义务对是否发生侵权行为进行实质的调查，但是有义务通过合理推断对事实加以分析。如果通过对事实的合理推断，被指控的事实对于搜索引擎来说并不是显而易见的，则搜索引擎服务商可以对被链接网页的侵权行为免责。

值得注意的是，证明被告主观"知道或有合理理由知道"的证据同时也证明了被告应该承担共同责任的主观状态。这一点不同于美国的"安全港"规则。正如上文所述，美国法院针对普通法上认定辅助侵权与适用制定法的"安全港"采取了不同的标准。美国为搜索引擎提供的"安全港"并不保护那些严重的辅助侵权行为人。美国法院可能会很严格地解释 DMCA 第 512 条第（d）款的含义，辅助侵权人主观上要具备接近"明知"的"意识到"直接侵权行为才会失去该项"安全港"保护。对美国的原告来说，证明被告无法获得"安全港"保护要比证明被告的辅助侵权责任难度大。但是，在中国，对版权人来说，只要证明被告无法获得"安全港"保护就可以证明被告的共同侵权责任。中国法院对搜索引擎获得"安全港"免责保护提出了更高的注意义务的要求。这就意味着一个搜索引擎服务商要承担更为严格的审查责任来保证自己不用承担法律责任。

第四节　ISP 责任的发展趋势

ISP 责任问题在互联网时代异常复杂。各种类型的数字传播中介呈金字塔形分布，而且各国法院的立场不同，各国法院做出判断所依据的概念也不同，这些因素都增加了确认 ISP 法律责任问题的难度。纵观各国司法和立法，对 ISP 为第三方违法行为承担责任存在各式各样的认定结果：有不科以任何责任的，有科以"通知和删除"责任的，有科以特别的监控义务的，还有科以一般的监控义务的。这仍然是一个新兴的富有活力的法律领域，此时下任何定论都显得为时过早。

但这并不意味着我们无法窥到关于 ISP 责任认定的趋势。在决定 ISP 责任和免责时，各国法院都会根据一些因素在不同程度上考虑 ISP 对直接侵权的参与程度，这些因素包括，主观上实际知道（actual knowledge）或推定知道（constructive knowledge），对侵权行为的相关的控制能力以及从侵权行为中所获的经济利益，等等。

在欧洲，主机缓存行为的免责条件基于"中立"的概念；同样的，美国法院也会为中立性的工具找到免责的理由，即便该理由会被用来帮助一些非法行为。但问题在于，中立概念弹性过大，导致了以其为价值基础但结论并不一致的判决。免责所基于的"中立性"的认定与其说是一个客观事实的认定过程，不如说是一个与政策相连的各种要素考量的结果。例如，说 Google 是一个中立的网络服务提供者，并不意味着它是一个单纯的"词汇的媒人"，它会为搜索结果排序、提供超过用户要求的促销和推送，这恰好证明了与"不知道、不可能知道，或者无法控制第三方的违法行为"相反的事实。当法官说 Google 是中立的时候，法官的意思可能只是考虑到 Google 为整个网络世界提供浏览网页的便利时的关键角色和影响，而不应该承担"知道或控制其搜索结果"的责任。最终，法院都会从公共利益的角度出发权衡这样的责任分配是否更为公平和有效：避免将由于第三方违法行为造成的损失施加于无辜的受害者，或者让无辜的 ISP 来为损失"埋单"。这样的疑问仍然存在：为什么在事实类似的情况下，法院在这一权衡过程中会得出不同的结论？

值得注意的是，各国对于实体责任与免责之间的关系有不同的司法态度。首先，有些法律规定，在免责规则适用之前，首先得判定被告需要承担责任。但是，正如前述，在涉及连接和浏览工具等网络中介时，法院一般不适用免责规则，而是直接否认其应该承担实体法律责任，使得免责条款成为多余。相反，至少在欧洲，涉及内容的主机缓存服务的服务商一般不大会得益于免责条款，因为法院会大费周章地找办法避开主机缓存服务免责条款的适用，或通过推定该 ISP 是直接或间接侵权人，或直接"改造"（reinvent）主机缓存服务免责条款，使其义务更接近实体法律规定的责任，再次使免责条款适用没有意义。

那么我们就需要提出这样的问题，在欧洲是否需要《欧盟电子商务指令》中的免责条款？这些免责条款是否可用？如果最终实体责任胜过免责条款（不管这些免责条款是什么），那么对于上一个问题的答案就是否定的。这种观点并非过激，因为各国实体法均已经在多年实践中发展并验证了反映一定程度的为第三方违法行为承担责任者的过错和无过错的抗辩理由。为什么 ISP 不能像其线下同行那样简单地适用这些传统的实体法上的概念？或者简单地说，我们是否需要单独的适用于 ISP 的版权规则？

大体看来，欧洲关于 ISP 的责任发展趋势是，Web2.0 提供商面对的法律责任要比浏览工具提供商（即超文本链接和搜索引擎）严格。这种司法上的态度差异或可以用其不同的所谓的"功能"来解释。搜索引擎比 Web2.0 对于发挥互联网的功能更为根本和重要，而前者被法官认为是构成互联网最基本的"砖瓦"。即便是有很高的相似度，但在用户的观念中，Web2.0 对社会的重要性也是不同的。例如，对于 eBay、脸书、YouTube 或维基百科这些网站，是否都应该适用同一种规则原则和免责体系？以商业为主的 eBay 可能排在有娱乐成分的社交网络如脸书或者 Youtube 之后，有时候后者在政治或社会上的影响还会很大。相反，作为一个非营利性的教育网站的维基百科，在法官看来比"推特"更为重要。例如，尽管法国法官在一些案子中认定了在线中介的责任，但是对于维基百科的诽谤责任和侵犯隐私责任则没有认定，依据的就是《欧盟电子商务指令》第 14 条（主机缓存服务）。但是，同样是由用户创建内容的另一个网站 MySpace 与维基百科有什么不同呢？欧盟立法使用了很多模棱两可的词语，例如"消极性"（passive nature）、"知道"（knowledge）、"控制"（control）等来描述其特点，从而认定其法律责任。

另外一个对网络中介责任认定态度不同的原因源于各国不同的规制传统，这种传统使法官或倾向于保护 ISP 或对其施以法律责任。例如，在法国，三起涉及 Google AdWords 的商标案，法官认定 Google 承担商标侵权责任；另外涉及 eBay 的案子也可以看出，法国倾向于认定 ISP 的法律责任。相反，美国表现出明显的亲 ISP 的倾向，这种倾向表现在其实体法以及免责条款上。尽管其文本上的免责条款明确立法目的是推动自我规制，但是事实上它没有能够提供一个自我规制的激励机制。

或许，各国对 ISP 责任持不同态度的更为合理的解释是经济因素。比如，目前大型的 ISP 都是美国人的，减轻其负担以促其发展既是其自身的利益，也是美国之利益所在。同样，在法国，大多案子涉及的都是法国著名品牌或相关的法国文化，因此案件的结果直接关系到法国的经济利益。虽然在经济利益和责任之间未必总有联系，但是经济要素非常可能影响到司法和立法的立场底线，而这样做似乎也无可厚非。

除此之外，影响到上述不同态度的因素还包括被诉客体以及与其相关联的违法行为的范围。例如，知识产权不包含在美国立法中的一般免责条款，1996年的《高尚传播法案》(*Communication Decency Act 1996*) 第230条的事实就说明，知识产权带来的是特殊问题。无论是哪里的法官，相比知识产权案件，对网络诽谤案中的ISP都比较偏爱，可能因为知识产权案件中的违法行为表现多样，随之而产生的对公共利益和私人利益的影响也大不相同。违法行为的量也暗示了在"明知"方面的状态，也就是说，如此之大的侵权行为，ISP怎么可能不知道呢？

第十二章　后稀缺时代的版权

当"技术问题技术解决"的观点被提出来后,大家对此隐喻的理解通常是,无论新技术给版权人带来何种难题,人们总能从这些技术本身找到相应的解决办法。为了避免绝对,Clark 先生在其提出这一观点的文章的最后指出,或许问题的解决办法不在该技术本身,该技术也一定是问题解决之道的一部分。但是,即便是这样一个"扩大版本"的观点,我们仍然无法理解何为"技术"(machine),何为问题,何为解决办法。"技术问题技术解决"的逻辑必然是,任何在线作品以及在线作品的使用都可以通过"数字锁"以及有限的许可来控制。果真如此的话,消费者面对的只有两种选择——接受或者拒绝施加给他们的条件,只有如此简单的非此即彼的选择。技术——网络技术服务提供商的化身将成为网络警察去惩罚那些有办法打破这种系统的人。在这样的逻辑中,我们不再需要合理使用或者任何公众利益条款。网络中介在技术(潜在的"律法")的支持下可以成为互联网的规制者,可以排除和限制一切已有的对版权的"限制"。本书分析的结论是,Clark 先生的隐喻指出了在互联网时代人类行为为什么发生,但是他错误地建议技术可以解决人类行为的问题。技术,如同法律,是人类创造和控制的,人类行为的问题只能由人类自身来解决,而非技术。

300 年以来,版权总是处于技术革命的旋涡中心。而版权所体现的利益就像钟摆一样,随着技术的发展不断在公共利益与版权人控制的利益之间来回摆动以保持平衡。在公众看来,数字技术时代的版权之战是个多防线的战场。娱乐和出版公司相信,网络成为无法控制作品使用的"蛮荒之地"。但是,版权本身并不是仙子的仙尘,落在什么上面什么就会神奇地具有了价值魔力。

我们必须回答的问题是:传统版权赋予权利的路径是否会打击对创造性活动投资的积极性?立法者和司法者应该将版权"禁止入内"的牌子竖立在什么地方?立法者如何决定哪些客体可以纳入版权保护而哪些客体应该属于

其他知识产权，甚至将其留在知识产权之外？新的信息技术是否为作者和消费者提供了新的法律环境？我们的版权法是否顺应了新的市场趋势？

我们在 20 世纪规制几乎所有的产业，从航空业到电话业再到电力等，这些规制通常是因为我们无法预判一个产业没有政府确定竞争对手的市场准入后果会是什么。我们无法摆脱所有的规制，也同样无法摆脱版权。但是，我们逐渐了解到是市场而不是政府控制着市场准入，而且我们没有理由限制这样的市场。没有消费者、没有读者，任何作品都没有价值，版权也没有价值。相反，商品的经济价值来源于购买者的需求。

在互联网产生之前，文化产品的创造和销售是一个规模巨大的产业链。任何人都可能写一首歌曲或者一部电影剧本，但是实际制作一张唱片和拍摄一部电影就没那么容易了，它需要一系列配套的商业设施。即便是对产业本身来说，写一部小说很便宜，然而想在市场销售这部小说却需要一个广泛连接的销售网络。而拥有这些销售网络和设施的公司投资巨大，因此他们会在收益中分得一大块（通常是 80%或者更多）。[1]值得注意的是，在那个时代，不单单是合法的印刷和发行行业需要巨大投资，盗版行业同样需要资金支持。虽然投资可能要小于正规印刷厂和书店，但即便是街角书摊的盗版书，它也需要有印刷设施支持，同时卖书商还要躲避警察的追查。在评价大范围内版权侵权的影响时的主要困难之一就是，非法下载与销售的增长或减少之间的关系到底如何。[2]正如 20 世纪 70 年代美国最高法院审理著名的 *Williams & Wilkins* 案时，在面对被告方证人指出原告的利润实际上处于增长趋势时，原告律师 Latman 机敏地反问：那么到底图书馆的复印与原告企业利润的增长有何种关系呢？[3]

在 20 世纪 70 年代出现可以从电视上录制电影的家庭录制机（VCR）之前，复制电影几乎是不可能的。到了 80 年代，录音磁带技术的产生使个人可以复制唱片。虽然有人预计这两项技术进步会使盗版行业迅速摧毁合法产业，但是，由于这两项技术也只是允许个人制作少量的复制件，因此还不足以撼动盗版行业作为一项经营的经济根基，合法产业更不会因此而遭遇毁灭。

互联网的产生催生了两项相关的彻底变革。第一，数字媒体的兴起使创

---

[1] Mark A. Lemley, 'IP. in a World without Scarcity' (2015) 90 NYU L Rev 460.
[2] Floris Kreikent and David Koepsel，见 P068 注①。
[3] 详见第五章。

造活动与生产及销售活动分离。一般来说，版权中强调"作品"与其"载体"是分开的。作品属于智力成果的范畴，具有无形性；一件作品往往需要借助一定的文字、符号（影像符号、声音符号）等形式来反映创作者的情感和对客观世界的认识。作品需要借助一定的形式表现出来，需要附着在某一物品上，该物品即作品的载体。载体是负载作品的物质实体，是财产所有权的保护对象。比如，书和小说、报纸和文章、CD和音乐作品、电视机和电视节目，都是载体和作品的关系。一件作品可以以不同的载体来记载，例如，一件口述作品可以以书稿为载体，也可以以录音形式保存。载体的转移和灭失，并不必然导致作品的灭失。虽然有些作品（比如美术作品）只存在于其特定的物质载体中，但即便是购买了作品的复制件（载体或者特定的载体）也并不意味着你获得了作品的版权。

但是，随着数字技术的出现，所有的创作都是以"信息"的形式表现出来的。开始是文本，一本书可以在电脑上完成而不是在纸张上书写出来；后来，音乐、电影和其他艺术表现形式几乎都可以以信息的形式呈现。[①]由于作品的"信息化"，作品的复制不再需要大型的复制设备，作品的销售也会加速且没有品质上的损耗。廉价的销售使任何人都可以完成销售活动。艺术家不再需要将他们的作品转让给书商或者唱片公司，他们自己就可以发行数字形式的作品。

数字技术的发展彻底改变了文化产业的现状：我们目前的文化产品不再是稀缺资源。但我们目前的经营模式都是建立在产品的稀缺性基础上的：我们付费是因为它们花费了资源，而这些资源又是有限的。虽然智力产品没有天然的稀缺性，但是版权制度却是建立在人为的稀缺性基础上的：版权使权利人可以通过控制印制和销量来保持产品的价格。但是，这种建立在稀缺性基础上的制度在稀缺性丧失以后，必然就会出现问题。

版权理论清楚地告诉我们，如果创作与文化产品的生产分离的话，就需要很强的产权来重建失去的稀缺性。[②]从版权发展的历史我们可以看到，版权一直致力于解决这样的问题：当复制成本下降到比创作成本更便宜的时候，复制成本与创作成本的差距越大，我们越需要版权来鼓励人们成为创作者而

---

① 当然，有些艺术形式无法转化成数字形式，例如舞蹈作品和雕塑。从某些方面来说，这类艺术作品无论怎样数字化，还是无法等同于原作本身，但这类艺术品也是最难被复制的。

② Mark A. Lemley, 'IP. in a World without Scarcity' IP. in a World without Scarcity, 见 P163 注①。

不是模仿者。①版权法正是通过制造一种人为的稀缺性来保持复制的成本，使其至少与创作成本相同。

数字技术不但使创作与生产分离，而且大大降低了生产和销售的成本，这也使复制成本远远低于创造的成本。在这种情形下，按照标准的版权理论，大多数人会去复制而不是创造。传统上，面对这种情形，必须通过加强版权权利而人为地增加生产和销售成本，以保持对创作的刺激。也正是因为复制和生产的成本如此低廉，我们必须人为地大幅度增加成本以重建稀缺性，最终目的是维持我们目前的经济模式——控制。

文化产业也正是这么做的。文化产业的经营者们游说立法者通过了一系列的新规则强化版权权利，并增加了对侵权人施以重罪的处罚条款；②他们还对在网络传输版权作品的人发动数以万计的诉讼，指控那些或多或少与盗版有联系的人，从软件销售者到搜索引擎；他们甚至还建议修改互联网最基本的特性，期望捕获整个互联网域名系统。③但是，这些努力却未见成效。版权侵权仍然保持着增长的势头。原因很简单——文化产品的传播处于自由状态——虽然制裁了 Napster 这样的软件网络提供商，还是有更多的 P2P 分享软件出现；虽然捕获了大量的侵权域名，还是有更多的域名超出政府控制的范围。另外，这种努力失败的原因还在于版权人对利用新技术的行为进行打击以降低版权侵权的同时也破坏了新技术的社会价值。

按照版权理论，互联网如此支持盗版，那么必然抑制创作。但是，事实恰好相反，人们创作和分享的文化产品较以往更多而不是更少。经济学者表示，虽然唱片业收入较最高年份 1999 年有很大下降，但有更多的歌曲投入市场，有更多的艺术家产生，更大的音乐购买量得以实现。④而对这些音乐从艺术标准上评价，一点也不逊色于前互联网时代的音乐。以目前最大的视频网

---

① William M. Landes and Richard A. Posner, *The Economic Structure of Intellectual Property Law*（Harvard University Press 2003），p. 40-41.

② 多个国家在版权法中增加对侵权人的刑事责任追究的条款。如美国 1976 年《版权法》（2012 年修订版）第 2319 条（b）款第（2）项规定，对侵犯版权者最重可以判处 10 年以上有期徒刑。有趣的是，美国司法部在 20 世纪 90 年代做的一项调查显示，强奸罪被判处徒刑的平均年限是 9.74 年。参见 Mark A. Lemley, 'The Regulatory Turn in IP'（2013）36 Harv J L & Pub Pol'y 109.

③ 详见下文。

④ Mark Cooper, 'Structured Viral Communications: The Political Economy and Social Organization of Digital Disintermediation'（2011）9 J on Telecomm & High Tech L 15.

站 YouTube 为例，据调查，每分钟大概有超过 300 小时的视频内容被上传到该视频网站，而这个数据在 2010 年的时候是 35 小时。①同时，电影行业也达到了自己收益最好的时期，有更多的电影上映。更有专家发现，自从"臭名昭著"的 P2P 文件共享软件出现以来，电影的产量不但没有下降反而有了显著的提高。②纸质报纸的收益有所下降，但这并不意味着新闻报道量的下降，相反，更多的新闻以更快的速度从更多的途径出现，因为数字时代个人已经具备了记录并传播新闻事件的能力。而且，新闻报道的质量也并没有因此而下降。有研究发现，随着互联网的介入，新闻报道显示出更为成熟复杂的发展趋势。③总地来说，文化产业呈现的状态远不是所谓的处于"崩溃"的边缘，相反，这个行业正处于收益逐渐上升的状态。

更令人吃惊的是，人们为了在互联网上进行分享而创作出更多的文化产品。之前学者们担心，由于网络分享者可以免费消费文化产品会使创作者的创作热情衰减，但是无论版权的历史如何，学者们都没有想到这是一个多么错误的估计——人们宁愿花大把的时间创作作品而只是为了在网络上与他人分享。维基百科的知识、免费的食谱、电视节目和视频游戏的索引、餐馆和店铺的评论……花样繁多的各种分享被上传到网络，人们乐此不疲。

为什么在没有版权刺激的情况下，人们还是会创作如此丰富的内容并乐于分享呢？这实际上说明，技术并没有降低创作和营销新作品的收益。的确，成千上万的用户在没有支付任何补偿给创作者的情况下分享成千上万的作品，但是 P2P 软件如此流行的事实无法告诉我们技术对文化产业利润的影响。如果本来需要付费购买而现在可以免费获得，在这种情况下，弱版权保护确实可能削弱文化产业利润。但是，关键问题是，消费者是否认为那些受版权保护的作品和免费获得的作品之间存在替代关系？所谓的替代产品是指那些满足消费者类似需求的产品。具有替代关系的两个产品之间，其中之一价格的下降将导致对另一产品需求的降低。例如，如果消费者认为从一首原创歌曲中截取若干部分加以混合创作出来的集锦歌曲（mash-up）是可以替代原创歌

---

① 统计数据参见网址 https: //www. youtube. com/yt/press/statistics. html，访问日期 2015 年 7 月 9 日。

② Felix Oberholzer-Gee and Koleman Strumpf, p. 19, 见"引言" P5 注①。

③ Abdallah Salami and Robert Seamans, 'The Effect of the Internet on Newspaper Readability' (NET Institute Working Paper No 14-13 Available at SSRN：http: //ssrncom/abstract=2506422 or http: //dxdoiorg/102139/ssrn2506422）（2014）.

曲的话，那么消费者不大可能去购买原创歌曲。但是如果消费者通过集锦歌曲学会了如何欣赏这首原创歌曲，那么对原创歌曲的需求也会增加。在这种情况下，原创歌曲与该集锦歌曲之间就互为补充而非替代。作为互为补充的产品，其中之一的价格降低将导致对另一产品需求的增加，例如音乐和iPod。随着P2P文件分享音乐的有效价格的削减，MP3播放器的需求量却上涨了，事实上有更多的消费者愿意为苹果公司的系列产品付费。

实践中，对新创作与技术之间是替代还是补充关系的判断常常是困难的。历史也证明了这一点。20世纪20年代，很多人认为收音机与唱片之间具有替代关系；到了60年代，人们又认为杂志的复印本与原本之间具有替代关系；80年代，又有人认为VCR可能成为电影放映和播放的替代品。结果，也并未花很长时间，文化产业经营者就发现这些技术带来了新的经营模式。今天，音乐公司认为版权保护作品与在P2P网络中分享的复制件之间是相互替代的，因为本来需要购买这些音乐作品的消费者现在可以免费从网络下载，他们自然会选择后者而不是前者。但是，有些人认为，原创音乐与P2P网络传播的音乐复制件之间根本毫无关系，因为在P2P网络分享音乐的人绝大部分是那些不愿意花一分钱去购买一个喜爱的歌手的最新专辑的人。在一份专业调查中，65%的受访者承认他们不会去购买专辑，因为他们可以下载。但是80%的受访者因为首先下载了某专辑进行试听，然后至少购买过一张专辑。[1]显然，即便弱版权保护被证明减少了文化产业的利润，也无法证明利润的减少抑制了创作和对作品的销售、传播。我们可以从两个方面证明这一点。

首先，随着版权保护减弱，音乐、电影和图书的有效价格将会下降，消费者会转向它们的替代产品。但是如果创作者的收入来自于这些替代品，那么对于创新的整体刺激就不会被抑制。例如，由于音乐可以免费获得，因此音乐会的价格很可能会上升，因此音乐家从音乐会获得的收入将不会因为免费音乐而受损。[2]同样的，如果越来越多的消费者熟悉某位作家，那么这位作家通过签售和演讲所获得的收入将会上升。

其次，产业利润下降不会抑制创作的原因与创作者的动机有关。创作者之所以创作除了利益最大化之外，也包含很重要的非经济因素，例如表达的

---

[1] Felix Oberholzer-Gee and Koleman Strumpf，见"引言"P5注①。
[2] Julie Holland Mortimera，Chris Noskob and Alan Sorensenc，'Supply Responses to Digital Distribution: Recorded Music and Live Performances'（2012）24 Information Economics and Policy 3.

渴望、名望、社会地位，甚至酒吧的免费啤酒。正如学者 Tim Wu 所指出的，"人类渴求言说、创作、建树，有时不期望获得经济上的回报而只是为了表达而表达，这一点并不新鲜。在没有免费下载的前网络时代，甚至商业电视之前，由于同样的表达的愿望、与他人交流的愿望促使了广播的产生，从没有人听说要获得回报的话"①。总之，创作者在金钱刺激减少的情况下也同样可能享受创作的过程。这些都表明，金钱刺激对艺术创作质量和数量的影响可能在减少。

前互联网时代，作者、中介商（如出版人、销售商）与公众三方因为一个重要的事实常结为联盟：向公众提供文化产品让消费者获得这些产品通常是代价高昂的。因为高昂的复制和销售成本，创作者和中介商的利益经常捆绑在一起。这种紧密的关系也解释了为什么中间商和其他能够为侵权提供帮助的技术制造商被追究版权责任，因为他们数量有限。创作者当然被认为是集中式生产和销售网络的一个环节：消费者从唱片公司而非作曲家手中购买音乐。这种集中式的供销系统保证了传统商业模式的有效性和稳定性。版权法为此提供了支持。300 年来，版权产品的销售者为创作者争取权利，为作品开拓市场，通过各种条件、设施和服务将作品推向公众，同时也向创作者提供金钱刺激。销售商们当然并不只是为了"科学进步"而进入市场，而恰是为了自身的利益。唱片工业最关心的是将对音乐作品的控制最大化以保证它们在市场上已有的主导地位。然而，新的传播技术为创作者与消费者之间提供了一条交流通道，唱片公司在市场的独占控制权开始消解。正如前文解释的，在数字传输中，是信息的接收者而不是信息的发送者决定了在什么时间和地点接收作品。P2P 技术使用户可以相互分享他们无限的能力，在存储、搜索、追踪和传输文件方面相互合作。互联网极大地改变了创作、复制和销售的可能形式。个人用户很自然地想要利用网络的无限潜能去获得、利用和传播信息及文化产品。这种需求是巨大的、呈增长趋势的。技术催生了新的市场消费期待，这种期待或被满足或被拒绝。如果这种期待被满足则版权人就可以获得利润，如果版权人拒绝满足这些需求，那么版权人势必要找到其他方式让这种需求得到满足。

---

① Tim Wu, *The Master Switch: the Rise and Fall of Information Empires* (Pbk. edn, Atlantic 2012), p. 37; 其他学者也表达了同样的观点，参见 Neil W. Netanel, *Copyright's Paradox* (OUP. 2008), p. 60.

随着技术的迅速发展，消费者的期待与版权工业拒绝满足这种期待之间的矛盾也越来越深。例如，1997年当Google创建时，新的由搜索结果生成的免费广告经营模式遭到拒绝，因为当时已有的商业模式是"门户性的"，也就是说以尽量使消费者留在自己的网页为宗旨，与搜索引擎所做的刚好相反，后者专门将消费者推送到其他相关网站。[①]音乐工业中发生了同样的事情。唱片公司原以为他们只要可以继续销售专辑CD，而不管消费者期望从网络上下载单曲的需求就可以保持其市场地位。报纸也犯了同样的错误，忽视了消费者期望阅读某篇单独文章而不是购买整份纸质报纸的需求。这其中的规则与传统的供销商业模式正好相反，网络平台使之前所有的模式相形见绌。消费者提供了决定文化产品及其购销关系如何构建的推动力。正如因特网的创建者Berners Lee所言，整个网络的飞速发展并不是因为一个权威机构的决定或者命令，而仅仅是因为网民选择了它。[②]

面对这种挑战，版权工业没能满足消费者的需求。为了保持自己在文化市场中的地位，版权人以为"只要赋予他们更多的独占权利以及发动更多的诉讼就能解决消费者拒绝收费产品的问题"。但是，从经济学分析我们看到，只有在三项条件满足的情况下，权利的缩减才会抑制艺术创作。第一，原创作品与P2P网络的复制件之间存在紧密的替代关系；第二，创作者与娱乐公司无法很顺利地从之前的收入来源转向收益相当的"替代品"的销售；第三，收入减少到相当程度，使之成为减少创作的动机。但，事实告诉我们，这种情况并没有发生。

互联网技术只是即将到来的使创作与制造及传输分离的更多技术的先兆，而这些技术无疑将会像互联网一样大幅度降低这三个方面的成本。这些技术向版权的基础发出挑战，而且也向已有的作为一个整体的经济形态发出挑战。互联网发展到目前给我们的启示与鼓励是，即便没有有效版权的保护，人类只要有机会仍然会创作。而这一启示将会在互联网的形态下重塑我们的版权法。

[①] John Battelle, *The Search：How Google and Its Rivals Rewrote the Rules of Business and Transformed our Culture* (Rev. edn, Nicholas Brealey 2006), p. 105, 142-143.

[②] Yochai Benkler, *The Wealth of Networks* (Yale University Press 2006), p. 85.

参考资料

一、英文

Bach v Longman, (1777) 2 Cowp 263

Burrow-Giles Lithographic Co. v Sarony, 111 US 53 (1884)

(C-406-10) SAS Institute, Inc. v World Programming Ltd. Reference for a preliminary ruling pursuant to art267 TFEU from the High Court of Justice (Chancery Division) (United Kingdom)

Computer, Inc. v Mackintosh Computers, Ltd., 58 [1986] 28 DLR (4th) 178 (Fed. Ct.)

Donaldson v Beckett, (1774) 1 Eng Rep 837 (HL) 838

Ets-Hokin v Skyy Spirits, Inc., 225 F 3d 1068, 1078 (9th Cir., 2000)

Horgan v MacMillian, Inc., 789 F 2d 157 (2d Cir. 1986)

Horgan v MacMillian, Inc., 621 F Supp 1169 (S. D. N. Y., 1985)

Millar v Taylor, 98 ER 201; (1769) 4 Burr 2303 (Court of King's Bench)

Monotype Imaging, Inc. v Bitstream, Inc., 376 F Supp 2d 877, 887 (N. D. 11. 2005)

Tonson v Collins, 96 ER 169; (1761) 1 Wm Bl 301

White-Smith Music Publishing Co. v Apollo Co., 209 US 1 (1908)

Williams & Wilkins Co. v United States, 487 F 2d 1345 (Ct. Cl. 1973. cert. granted, 94 S. Ct. 2602 (1974) (No. 73-1279))

Field v Google, Inc., No CV-S-04-0413-RCJ-LRL (Dis. Nevada 2006)

Gyles v Wilcox, (1741) 2 AtK 141

Pope v Curl, (1741) 2 Atk 342

Sayre v Moore, 102 ER 139 (Court of King's Bench, 1785)

Gray v Russell, 10 F Cas 1035 (C. C. D. Mass. 1839)

Folsom v Marsh, 9 F Cas 342 (C. C. D. Mass. 1841 (No. 4901))

Luco v United States, 64 US (23 How) 515, 541 (1859)

Dickens v Eastern Province Herald, (1861) 4 Searle 33

Copyright Act Amendment, ch. 26, sec 1, 13 Stat. 540 (1865) (repeal 1870)

Rossiter v Hall, 20 Fed Cas 1253, No 12,082 (C. C. E. D. N. Y., 1866)

Wood v Abbott, 30 Fed Cas 424, No 17,938 (C. C. S. D. N. Y., 1866)

Baker v Selden, 101 US 99 (1879)

Hollinrake v TrusweU1, 3 Ch 420 (1894)

Edison v Lubin, 122 Fed 240, 242 (3d Cir. 1903)

American Mutoscope & Biograph Co., v Edison Mfg. Co., 137 Fed 262, 266 (D. C. D. N. J. 1905)

US Copyright Act 1909

Metro-Goldwyn-Mayer Distributing Corp. v Bijou Theatre Co., 59 F 2d 70 (D. C. D. Mass. 1931)

Hawkes and Son v Paramount Film Servic, [1934] 1 Ch 593

L. C. Page v Fox Film Corp., 83 F 2d 196, 199 (2d Cir. 1936)

Columbia Broad. Sys., Inc. v. Loew's, Inc., 356 UA 43 (1958)

Swedish Copyright Act (1960:729) on Copyright in Literary and Artistic Works

University of London Press v University Tutorial Press, [1916] 2 Ch 601

Fortnightly v United Artists Televisio, Inc., 392 US 390 (1968)

Gershwin Publ'g Corp. v Columbia Artists Mgmt., Inc., 443 F 2d 1159 (2d Cir. 1971)

Ladbroke (Football) v William Hill (Football), Ltd., [1980] RPC 539 (CA)

CBS v Ames Records and Tapes, [1982] Ch 91 (Ch. D)

Apple Computer, Inc. v Franklin Computer Corp., 714 F 2d 1240 (3rd Cir 1983)

Apple Computer v Computer Edge Pty, Ltd., (1983) 50 ALR 581; (1984) FSR 246

Donoghue v Allied Newspapers, [1938] Ch 106

Merchandising Corp. of America v Harpbond, [1983] FSR 32

Apple Computer v Computer Edge Pty, Ltd., (1984) 53 ALR 225

Apple Computer, Inc. v Formula Int' l, Inc., 725 F 2d 521 (9th Cir. 1984)

Sony Corp. of America v Universal City Studios, Inc., 464 U S 417 (1984)

Computer Edge Pty, Ltd. v Apple Computer, (1986) CLR 171

Whelan Assocs., Inc. v Jaslow Dental Laboratory, Inc., 797 F 2d 1222 (3d Cir. 1986)

Jaslow Dental Laboratory, Inc. v Whelan Assocs., Inc., 479 US 1031 (1987)

CBS Songs, Ltd. v Amstrad Consumer Electronics, Plc., [1988] AC 1013 (House of Lords)

Green Paper on Copyright and the Challenge of Technology——Copyright Issues Requiring Immediate Action, Document COM(88)172 final (June 7, 1988)

J & S Davis (Holdings), Ltd. v Wright Health Group, Ltd., [1988] RPC 403

Lotus Development, Corp. v Paperback Software Int'l, 740 F Supp 37 (D. Mass. 1990)

Campbell v Acuff-Rose Music, Inc., 754 F Supp 1150 (M. D. Tenn. 1991)

Computer Assocs. Int'l, Inc v Altai, Inc., 775 F Supp 544 (E. D. N. Y. 1991)

Campbell v Acuff-Rose Music, Inc., 972 F 2d 1429 (6th Cir. 1992)

Computer Associates International, Inc. v Altai, Inc., 982 F 2d 693 (2d Cir. 1992)

Sega v Accolade, 977 F2d 1510 (9th Cir. 1992)

Hohn Richardson Computer, Ltd. v Flanders, [1993] FSR 497

Lotus Development Corp. v Borland International, Inc., 831 F Supp 223 (D. Mass. 1993)

Campbell v Acuff-Rose Music, Inc., 510 US 569 (1994)

Lotus Development Corp. v Borland International, Inc., 49 F 3d 807 (1st Cir. 1995)

Follow-up to the Green Paper on Copyright and Related Rights in the Information Society, European Commission COM (96) 568 final, Brussels, 20 November 1996

Lotus Development Corp. v Borland International, Inc., 116 S Ct 804 (1996)

World Copyright Treaty 1996

Would Performances and Phonograms Treaty 1996

Shetland Times Ltd v Wills, [1997] FSR 604

Mattel, Inc. v Pitt, 229 F Supp 2d 1206 (C. D. CAL. 1998)

Pro Sieben Media AG v Carlton UK Television, Ltd., [1999] 1 WLR 605 (CA)

Cantor Fitzgerald v Tradition, [2000] RPC 95

Hyde Park Residence v Yelland, [2000] 3 WLR 215, [2001] L R 143 (Ch.)

SHL Imaging, Inc. v Artisan House, Inc., 117 F Supp 2d 301, 306 (S. D. N. Y. 2000)

Universal City Studios, Inc. v Reinmerdes, 111 F Supp 2d 294, 346 (S. D. N. Y. 2000)

Designers Guild v Russell William, Ltd., [2001] 1 All ER 700

Directive 2001/29/EC of the European Parliament and of the Council of 22 May 2001 on the Harmonisation of Certain Aspects of Copyright and Related Rights in the Information Society

A&M Records, Inc. v Napster, Inc., 239 F 3d 1004 (9th Cir. 2001)

Ashdown v Telegraph Group, Ltd., [2002] L R 149 (Ch.)

In re Aimster Copyright Litig., 334 F 3d (7th Cir 2003)

Recording Inds. Ass'n of Am., Inc. v Verizon Internet Serv., Inc., 351 F 3d 1229 (D. C. Cir. 2003)

UK Copyright and Related Rights Regulations, SI 2003 No. 2498

Navitaire v Easyjet, [2004] EWHC 1725 (Ch)

Perfect 10, Inc. v Amazon. com, Inc., 508 F 3d 1146 (9th Cir. 2007)

Sociedad General de Autores y Editores de Espana (SGAE) v Rafael Hoteles SL, (C-306/05) [2006] ECR 1-11519; [2007] ECDR (CJE (Third Chamber), 7 December 2006)

Perfect 10, Inc. v Google, Inc., F Supp 2d, 2008 WL 4217837, *3 (C. D. Cal. 2008)

Schrock v Learning Curve Int'l, Inc., 531 F Supp 2d 990, 994 (N. D. I 11. 2008)

Columbia Pictures Indus., Inc. v Fung, No CV 06-5578, 2009 US Dist LEXIS 122661 (C. D. Cal. Dec 21, 2009)

The Pirate Bay case, Public Prosecutor v Neij Unreported, TR (Swe)

(C-236/08) Google France & Google Inc. v Louis Vuitton, [2010] EUECJ (ECJ 23 March 2010)

SAS v WPL, [2010] EWHC 1829 (Ch)

Twentieth Century Fox Film, Corp. v Newzbin, Ltd., [2010] EWHC 608 (Ch); [2010] ECC (Ch. D)

(C-403/08 and C-429/08) Football Association Premier League Ltd and others v QC Leisure and others; Murphy v Media Protection Services, Ltd., (Joined Cases), [2012] Bus LR 1321 (CJE)

Football Dataco, Ltd., v Sportradar GmbH, [2011] EWCA Civ 330; [2011] 1 WLR 3044

Newspaper Licensing Agency Ltd and others v Meltwater Holding BV and others, [2010] EWHC 3099 (Ch); [2012] Bus LR 53 (Court of Appeal)

Twentieth Century Fox Film, Corp. v British Telecommunications, plc., [2011] EWHC 1981 (Ch) (Ch. D)

(C-173/11) Football Dataco Ltd and others v Sportradar GmbH and another, [2013] 1 CMLR 29 (CJE (Third Chamber))

Dramatico Entertainment Limited & others v British Sky Broadcasting Limited & others, [2012] EWHC 268 (Ch)

Paramount Home Entertainment International, Ltd. v British Sky Broadcasting, Ltd., [2013] EWHC 3479 (Ch); [2014] ECDR 7 (The High Court of Justice (Chancery Division), November 2013)

Public Relations Consultants Association, Ltd., v Newspaper Licensing Agency, Ltd., [2013] UKSC 18; [2013] 3 CMLR 11 (UK Supreme Court)

SAS Institute, Inc. v World Programming, Ltd., [2013] EWCA Civ 1482; 211113

(C-466/12) Nils Svensson, Sten Sjgren, Madelaine Sahlman, PiaGadd v Retriever Sverige AB, OJ 2014

(US) WGoIP, Intellectual Property and the National Information Infrastructure ——The White Paper of the Working Group on Intellectual Property Rights (1995)

Allgrove B and Ganley P, 'Search Engines, Data Aggregators and UK Copyright Law: A Proposal' (2007) 29 European Intellectual Property Review 227

Aplin T, Copyright Law in the Digital Society: The Challenges of Multimedia (Hart Publishing 2005)

Barlow JP, 'A Declaration of the Independence of Cyberspace' <https: //projects. eff. org/~barlow/Declaration-Final. html>

Battelle J, The Search: How Google and Its Rivals Rewrote the Rules of Business and Transformed our Culture (Rev. edn, Nicholas Brealey 2006)

Benkler Y, The Wealth of Networks (Yale University Press 2006)

Bowrey K, 'Copyright, Photography and Computer Works - The Fiction of an Original Expression' (1995) 18 University of New South Wales Law Journal (UNSWLJ) 278

Boyle J, 'The Second Enclosure Movement and the Construction of the Public Domain' (2003) 66 Law and Contemporary Problems 33

Bruce TM, 'In the Language of Pictures: How Copyright Law Fails to Adequately Account for Photography' (2012) 115 West Virginia Law Review 93

Burrell R, 'Reining in Copyright Law: Is Fair Use the Answer?' (2001) 4 Intellectual Property Quarterly 361

Burrell R and Coleman A, Copyright Exceptions The Digital Impact (CUP 2005)

Campbell KJ, 'Copyright on the Internet: The View from Shetland' (1997) 19 European Intellectual Property Review 255

Charlesworth JC, 'The Moral of the Story: What Grokster Has to Teach About the DMCA' (2011) 6 Stan Tech L Rev

CONTU, Final Reprot of National Commission on New Technological Uses of Copyrighted Works (1979)

Cooper M, 'Structured Viral Communications: The Political Economy and Social Organization of Digital Disintermediation' (2011) 9 J on Telecomm & High Tech L 15

Corbett S, 'What if Object Code Had Been Excluded from Protection as a Literary Work in Copyright Law - A New Zealand Perspective' (2008) Mich St L Rev 173

Correa CM, 'Fair Use in the Digital Era' (2002) 33 International Review of Intellectual Property and Competition Law 570

Davies G, Copyright and the Public Interests (2nd edn, Sweet & Maxwell 2002)

Deazley R, 'The Myth of Copyright at Common Law' (2003) 62 Cambridge Law Journal 106

Deazley R, Rethinking Copyright: History, theory, language (Edward Elgar Publishing Ltd 2008)

Deveci HA, 'Hyperlinks Oscillating at the Crossroads' (2004) 4 Computer and Telecommunication Law Review 82

DTI UK, Consultation Document on the Electronic Commerce Directive: the Liability of Hyper-linkers, Location Tool Services and Content Aggregators (2005)

Dusollier S, 'Exceptions and Technological Measures in the European Copyright Directive of 2001——An Empty Promise' (2003) 34 International Review of Intellectual Property and Competition Law 62

Easterbrook FH, 'Cyberspace and the Law of the Horse' (1996) U Chi Legal F 207

Edstrom J and Nillson H, 'The Pirate Bay Verdict - Predictable, and Yet...' (2009) 31 European Intellectual Property Review 483

Farley CH, 'The Lingering Effects of Copyright's Response to the Invention of Photography' (2004) 65 U Pitt L Rev 385

Ficsor M, The Law of Copyright and the Internet, The 1996 WIPO Treaties, Their Interpretation and Implementation (OUP 2002)

Fitzgerald B, 'Underlying Rationales of Fair Use: Simplifying the Copyright Act' (1998) 2 Southern Cross University Law Review 153

Garnett KM and others, Copinger and Skone James on Copyright, vol 1 (16th edn, Sweet and Maxwell 2011)

Geiger C, 'Flexibilising Copyright - Remedies to the Privatisation of Information by Copyright Law' (2008) 39 International Review of Intellectual Property and Competition Law 178

Geiger C, Griffiths J and Hilty RM, 'Towards a Balanced Interpretation of the "Three-step Test" in Copyright Caw' (2008) 30 European Intellectual Property Review 489

Gernsheim H, The Rise of Photography 1850-1880: The Age of Collodion (The History of Photography, Vol 2) (Thames & Hudson 1988)

Giblin R, Code Wars: 10 Years of P2P Software Litigation (Edward Elgar 2011)

Ginsburg JC, 'Toward Supranational Copyright Law? The WTO Panel Decision and the'Three-Step Test'for Copyright Exceptions' (2001) 1 Revue Internationale du Droit d'Auteur (RIDA) 3

Ginsburg JC, '"Une Chose Publique"? The Author's Domain and the Public Domain in Early British, French and US Copyright Law' (2006) 65 Cambridge Law Journal 636

Ginsburg JC, 'Separating the Sony Sheep from the Grokster Goats: Reckoning the Future Business Plans of Copyright-Dependent Technology Entrepreneurs' (2008) 50 Ariz L Rev 577

Goldstein P, Copyright's Highway: from Gutenberg to the Celestial Jukebox (Hill and Wang 1994)

Goldstein P, 'Fair Use in a Change World' (2003) 50 Journal of the Copyright Society of the USA 133

Goldstein P, 'Fair Use in Context' (2007) 31 Colum J L & Arts 433

Gorden WJ, 'Excuse and Justification in the Law of Fair Use Transaction Costs Have Always Been Only Part of the Story' (2003) 50 Journal of the Copyright Society of the USA 149

Gringras C, The Law of the Internet (2nd edn, Butterworths LexisNexis 2002)

Haque H, 'Is the Time Ripe for Another Exclusive Right? A Proposal' (2008) 30 European Intellectual Property Review 371

Hardy IT, 'Not so Different: Tangible, Intangible, Digital, and Analog Works and Their Comparison for Copyright Purposes' (2001) 26 U Dayton L Rev 211

Hocking R, 'Secondary Liability in Copyright Infringement: Still No Newz?' (2012) 23 Ent L R 83

J. A. L. Sterling, World Copyright Law (2nd edn, Thomson Sweet & Maxwell 2003)

James S, Copinger and Skone James on the Law of Copyright (8th edn, Sweet & Maxwell 1948)

Jones RH, 'The Myth of the Idea/Expression Dichotomy in Copyright Law' (1990) 10 Pace L Rev 551

Karjala DS, 'Copyright Protection of Computer Software in the United States and Japan: Part 1' (1991) 13 European Intellectual Property Review 195

Kreikent F and Koepsel D, 'Coase and Copyight' (2013) 1 U Ill JL Tech & Pol'y

Landes WM and Posner RA, The Economic Structure of Intellectual Property Law (Harvard University Press 2003)

Lehman BA, INFO. Infrastructure Task Force, Intellectual Property and the National Information Infrastructure 17 (1995)

Lemley MA, 'The Regulatory Turn in IP' (2013) 36 Harv J L & Pub Pol'y 109

Lemley MA, 'IP in a World without Scarcity' (2015) 90 NYU L Rev 460

Lemley MA and Reese RA, 'Reducing Digital Copyright Infringement without Restricting Innovation' (2003) 56 Stan L Rev 1345

Lessig L, Code and Other Laws of Cyberspace (Basic Books 1999)

Lessig L, Code Version 2.0 (Basic Books 2006)

Lewinski SV and Walter MM, 'Information Society Directive' in Walter MM and Lewinski SV (eds), European Copyright Law: A Commentary (OUP 2010)

Litman J, Digital Copyright: Protecting Intellectual Property on the Internet (Prometheus Books 2001)

Litman J, 'The Sony Paradox' (2005) 55 Case Western Reserve Law Review 917

Maddrey TB, 'Photography, Creators, and the Changing Needs of Copyright Law' (2013) 16 SMU Sci & Tech L Rev

Makeen MF, 'The Controversy of Simultaneous Cable Retransmission to Hotel Rooms under International and European Copyright Laws' (2010) 57 J Copyright Soc'y USA 59

Masiyakurima P, 'The Futility of the Idea/Expression Dichotomy in UK Copyright Law' (2007) 38 International Review of Intellectual Property and Competition Law 548

McCarthy DM, 'Copyright Infringement——Redefining the Scope of Pretection Copyright Affords the Non-Literal Elements of a Computer Program——Computer Associates International, Inc. v Altai, Inc., 982 F. 2d 693 (2d Cir. 1992)' (1993) 66 Temple Law Review 273

Menell PS and Nimmer D, 'Unwinding Sony' (2007) 95 Cal L Rev 941

Mortimera JH, Noskob C and Sorensenc A, 'Supply Responses to Digital Distribution: Recorded Music and Live Performances' (2012) 24 Information Economics and Policy 3Netanel NW, Copyright's Paradox (OUP 2008)

Nimmer D, 'A Riff on Fair Use in the DMCA' (2000) 148 U Pa L Rev 673

Nimmer D, Copyright: Sacred Text, Technology, and the DMCA (Kluwer Law International 2003)

Nimmer D, Copyright Illuminated: Refocusing the Diffuse US Statute (Kluwer Law International 2008)

Nimmer MB, 'Does Copyright Abridge the First Amendment Guarantees of Free Speech and Press?' (1970) 17 UCLA Law Review 1180

Oberholzer-Gee F and Strumpf K, 'File Sharing and Copyright' in Lerner J and Stern S (eds), Innovation Policy and the Economy, vol National Bureau of Economic Research (University of Chicago Press 2010) <http://www.nber.org/books/lern09-1>

Patry WF, How to Fix Copyright (OUP 2011)

Patterson LR and Thomas CM, 'Personal Use in Copyright Law: An Unrecognized Constitutional Right' (2003) 50 Journal of the Copyright Society of the USA 457

Reese RA, 'The Relationship Between the ISP Safe Harbors and Liability for Inducement' (2011) 8 Stan Tech L Rev

Row J, 'A Brief History of Digital Photography' (Oct. 22, 2012) <http://www.lightstalking.com/a-brief-history-of-digital-photography.>

Salami A and Seamans R, 'The Effect of the Internet on Newspaper Readability'（NET Institute Working Paper No 14-13 Available at SSRN: http: //ssrncom/ abstract=2506422 or http: //dxdoiorg/102139/ssrn2506422）

Samuelson P, 'Economic and Constitutional Influences on Copyright Law in the United States'（2001）23 European Intellectual Property Review 409

Samuelson P and Giushko RJ, 'Intellectual Property Rights for Digital Library and Hypertext Publishing Systems'（1993）6 Harv J L & Tech 237

San TP, 'Developing a Secondary Copyright Liability Regime in Malaysia: Insights from Anglo-American Jurisprudence'（2011）1 Intellectual Property Quarterly 50

Shaw A, ''Newz-binned': High Court Grants First Copyright Infringement Blocking Order Against a UK ISP: Twentieth Century Fox Film Corporation & Others v British Telecommunications PLC'（2012）18 Computer and Telecommunication Law Review 105

Smith J and Burke S, 'Record Companies Win First round v The Pirate Bay in the United Kingdom but Pirates Remain at Large: Dramatico Entertainment Ltd v British Sky Broadcasting Ltd'（2012）34 European Intellectual Property Review 416

Soltysinski S, 'Protection of Computer Programs: Comparative and International Aspects'（1990）1 International Review of Intellectual Property and Competition Law 7

Sousa JP, 'The Menace of Mechanical Music'（1906）8 Originally published in Appleton's Magazine （1906）278

Stokes S, 'Leslie A. Kelly v Arriba Soft Corp.: A View From the United Kingdom' （2000）22 European Intellectual Property Review 599

Stokes S, 'Publication Reveiw on On the Origin of the Right to Copy （Deazley, Ronan）'（2005）16 Entertainment Law Review 41

Sword LF, 'Photocopying and Copyright Law- William & Wilkins Co. v United States: How Unfair Can "Fair Use" Be?'（1974）63 Kentucky Law Journal 256

Taylor WD, 'Copyright Protection for Computer Software after Whelan Associates v Jaslow Dental Laboratory'（1989）54 Missouri Law Review 121

The Subcomm. on Courts CL, and the Admin. of Justice of the H. Comm., Home Recording of Copyrighted Works: Hearing on H. R. 4783, H. R. 4794,

H. R. 4808 on the Judiciary, 97th Cong. 8. (1982)

Thornton P, 'High Court Decision on Where the Act of 'Making Available' Takes Place for Internet Transmissions: Football Dataco Ltd v Sportradar GmbH' (2011) 17 Computer and Telecommunication Law Review 74

Tuchman M, 'Judge Leval's Transformation Standard: Can It Really Distinguish Foul From Fair?' (2003) 51 Journal of the Copyright Society of the USA 101

US, House of Representatives Report (H. R. Rep.) No. 105-551 (II) (1998)

US, Senate Report (S. Rep.) No. 105-190 (1998)

Wan Y, 'China's Regulations on the Right of Communication through the Information Network' (2006) 54 J Copyright Soc'y USA 525

Wu T, The Master Switch: the Rise and Fall of Information Empires (Pbk. edn, Atlantic 2012)

Yan M, 'The Law Surrounding the Facilitation of Online Copyright Infringement' (2012) 34 European Intellectual Property Review 122

二、中文

吴汉东. 知识产权法 [M]. 北京：中国政法大学出版社，2012.

薛虹. 因特网上的版权及有关保护 [G] //郑成思. 知识产权文丛. 1 卷. 北京：中国政法大学出版社，1999：1-224.

郑成思. 版权法 [M]. 北京：中国人民大学出版社，2009.

后 记

有学者称,版权与数字技术的关系问题绝不适合一个缺乏判断力的人去讨论,可见其关系的异常复杂和变幻多端。在新技术革命的冲击下,版权理论面临着重大变革。传统的版权是建立在文化产品的稀缺性基础之上的,技术限制使版权产品成为一种"超级明星"商品,而法律则对这一"明星"地位进行了确认,形成版权保护的"技术加法律"的传统格局。然而,数字技术改变了文化产品稀缺性这一根本特点,文化产品的创作、复制和传输变得廉价和便捷。传统版权控制体系的技术控制已然改变,后稀缺时代版权将向什么方向发展?

在此学术领域悠游十数年,作者经历了困惑、焦灼、沉淀等过程,也才逐渐略有心得,终于积累成就本书。但是,在此领域下任何结论都为时过早,很多问题还需更深入的研究,仅希冀本书能提出问题并抛砖引玉。本书涉及的案例时间跨度较大,上至18世纪,下至刚过去不久的2014年,撰写亦参考了当前国际最新学术研究成果,文后参考资料及脚注采用的是第四版牛津大学法学权威索引标准(The Oxford University Standard for Citation of Legal Authorities)(Fourth Edition)的格式,以供参考。

在本书即将付梓之际,面对亲人、师友、读者,我感到诚惶诚恐,由于水平所限,错漏之处在所难免,恳请不吝指正。

龙井瑢
2015 年岁末